海上保險
原理與實務

袁建華 編著

財經錢線

前　言

　　保險在社會經濟生活中所起的作用越來越大，成為中國金融業三大支柱產業之一。世界各國海上貿易的發展離不開海上貨物運輸，海上貨物運輸離不開海上貨物運輸保險。為此，作者根據多年的海上保險教學、研究和實踐經驗，編寫了本教材，以滿足學生和保險從業人員對海上保險實務操作知識的需要。

　　本教材以綜合素質培養為基礎，以能力培養為主線，吸收了現代保險的最新理論和國內外學者、專家的最新研究成果，並借鑑了國外海上保險的先進經驗，力求理論聯繫實際，學以致用。本書集理論、業務、實訓為一體，具體表現為：第一，在強調海上保險基本理論的前提下，突出業務，特別是注重學生模擬實訓。這是本書的最大特點，也是與其他教材的不同之處。學生通過模擬實訓，能掌握海上保險業務流程，理解海上保險運輸貨物英文條款、協會貨物保險英文條款、船舶保險英文條款，熟悉不同險種的英語表達，學會批單、索賠函件的英文寫作等。第二，對專業術語或名詞解釋採用了英語與漢語對照的形式，有些則完全用英文解釋。這樣做旨在讓讀者根據原文更好地理解專業術語的含義。眾所周知，海上運輸貨物保險業務是國際性的業務，各國的保險條款、提單和信用證等均使用英語。讀者在學習過程當中，有機會接觸到專業英語詞彙，以後從事海上運輸貨物或船舶保險業務時，就會感到得心應手。

　　全書共分為三篇：第一篇論述了海上保險的基本原理；第二篇翔實論述了海上運輸貨物保險、船舶保險的實務；第三篇提出了海上保險實訓要求，供讀者進行全真實務操練，包括客戶的投保、保險公司的承保、保險單的批改、客戶的索賠、保險人的理賠、保險人的追償等實務操作。因此，本書可作為保險系、國際貿易系和金融系本科學生教材，也可供涉外保險業務從業人員自學之用。

　　本書在編寫過程中，得到了廣東金融學院各級領導的支持，特別是得到了廣東金融學院副院長郭頌平教授的指導以及保險系系主任劉連生教授的鼓勵和指導，同時，借鑑了許多同行的理論與實務，在此致以誠摯的感謝。另外還要感謝中國人民財產保險股份有限公司深圳分公司提供了部分實務材料。本書在出版過程中，得到了西南財經大學出版社的大力支持，在此表示衷心感謝。由於時間和水準有限，本書難免存在一些不足和缺點，敬請廣大讀者批評指正。

袁建華

目　錄

第一篇　海上保險原理

第 1 章　海上保險概述 …………………………………………………… (3)
第一節　海上風險 ………………………………………………… (3)
第二節　海上保險特徵與作用 …………………………………… (10)
第三節　海上保險的產生與發展 ………………………………… (13)
第四節　海上保險的分類 ………………………………………… (23)
本章自測題 ………………………………………………………… (28)

第 2 章　海上保險遵循的原則 …………………………………………… (31)
第一節　可保利益原則 …………………………………………… (31)
第二節　最大誠信原則 …………………………………………… (35)
第三節　近因原則 ………………………………………………… (41)
第四節　保險補償原則 …………………………………………… (45)
第五節　追償原則 ………………………………………………… (46)
本章自測題 ………………………………………………………… (48)

第 3 章　海上保險合同 …………………………………………………… (51)
第一節　海上保險合同的要素與法律特徵 ……………………… (51)
第二節　海上保險合同的民事法律關係 ………………………… (55)
第三節　海上保險合同的訂立、解除與轉讓 …………………… (59)
第四節　海上保險合同履行的法律規定 ………………………… (63)
本章自測題 ………………………………………………………… (67)

第 4 章　海上保險損失的界定 …………………………………………… (70)
第一節　全部損失 ………………………………………………… (71)
第二節　部分損失 ………………………………………………… (76)
第三節　費用損失 ………………………………………………… (86)
本章自測題 ………………………………………………………… (89)

第二篇　海上保險實務

第 5 章　海上運輸貨物保險的險種概述 ·············(95)
　　第一節　中國海上運輸貨物保險基本險 ·············(95)
　　第二節　中國海上運輸貨物保險附加險 ·············(97)
　　第三節　中國海上運輸貨物保險專門險 ·············(100)
　　第四節　英國倫敦協會貨物保險新條款 ·············(104)
　　本章自測題 ·············(111)

第 6 章　海上運輸貨物保險的承保 ·············(114)
　　第一節　海上運輸貨物保險的投保 ·············(114)
　　第二節　海上運輸貨物保險的核保 ·············(123)
　　本章自測題 ·············(130)

第 7 章　海上保險費率 ·············(133)
　　第一節　海上保險費率的定義及特點 ·············(133)
　　第二節　制定海上保險費率的原則 ·············(134)
　　第三節　海上保險費率的確定 ·············(137)
　　第四節　海上保險費的退費 ·············(144)
　　本章自測題 ·············(148)

第 8 章　海上運輸貨物保險的理賠 ·············(151)
　　第一節　海上運輸貨物保險的索賠 ·············(151)
　　第二節　海上運輸貨物保險的理賠 ·············(154)
　　本章自測題 ·············(164)

第 9 章　海上運輸貨物保險的追償 ·············(167)
　　第一節　保險追償與理賠的關係 ·············(167)
　　第二節　海上保險賠償爭議的處理 ·············(173)
　　本章自測題 ·············(183)

第 10 章　海上船舶保險 ·············(186)
　　第一節　船舶保險概述 ·············(186)
　　第二節　中國船舶保險條款 ·············(191)
　　第三節　倫敦協會船舶保險條款 ·············(197)
　　第四節　船舶保險理賠概述 ·············(202)
　　第五節　船東保賠保險 ·············(208)

本章自測題 ………………………………………………………………（211）

第三篇　全真海上保險實訓

實訓 1　客戶的投保 ……………………………………………………（217）
　　一、背景知識 …………………………………………………（217）
　　二、海洋貨物運輸投保單 ……………………………………（218）
　　三、海洋貨物運輸投保單的填寫 ……………………………（220）
　　四、投保單填寫模擬練習 ……………………………………（221）

實訓 2　保險公司的承保 ………………………………………………（225）
　　一、背景知識 …………………………………………………（225）
　　二、海洋貨物運輸保險單 ……………………………………（226）
　　三、保險單的填寫 ……………………………………………（231）
　　四、保險單填寫模擬練習 ……………………………………（232）

實訓 3　保險單的批改 …………………………………………………（236）
　　一、背景知識 …………………………………………………（236）
　　二、保險批單 …………………………………………………（237）
　　三、保險批單的英文寫作 ……………………………………（238）
　　四、保險批單寫作模擬練習 …………………………………（239）

實訓 4　客戶的索賠 ……………………………………………………（240）
　　一、背景知識 …………………………………………………（240）
　　二、索賠程序 …………………………………………………（240）
　　三、英文索賠函的寫作 ………………………………………（252）
　　四、索賠函寫作模擬練習 ……………………………………（253）

實訓 5　保險人的理賠 …………………………………………………（254）
　　一、背景知識 …………………………………………………（254）
　　二、理賠程序 …………………………………………………（254）
　　三、理賠英文函的寫作 ………………………………………（258）
　　四、理賠計算、填表模擬練習 ………………………………（258）

實訓 6　保險人的追償 …………………………………………………（260）
　　一、背景知識 …………………………………………………（260）
　　二、追償程序 …………………………………………………（260）
　　三、追償函的英文寫作 ………………………………………（263）

四、追償函英文模擬寫作練習 ………………………………………（264）

附錄　海上保險模擬試題及部分自測題參考答案 ……………………（265）

第一篇

海上保險原理

第1章 海上保險概述

學習目標

通過對本章的學習，應達到以下目標：
1. 理解海上風險的概念；
2. 瞭解海上風險的種類；
3. 掌握海上保險的概念；
4. 掌握海上保險的特徵與作用；
5. 弄清海上保險的種類。

本章內容

第一節　海上風險
第二節　海上保險特徵與作用
第三節　海上保險的產生與發展
第四節　海上保險的分類
本章自測題

第一節　海上風險

一、海上風險的概念（Concept of Marine Perils）

海上風險一般是指船舶或貨物在海上航行中發生的或隨海上運輸所發生的風險。具體來說，海上風險是指與海上貨物運輸有關的風險，指船舶、貨物在海上運

輸過程中可能發生損失的風險，即導致海上貨物運輸發生損失的不確定性。英國 1906 年《海上保險法》① 給「海上風險」下的定義為：「Marine perils」means the perils consequent on, or incidental to, the navigation of the sea, that is to say, perils of the sea, fire, war perils, pirates, rovers, theives, captures, seizures, restraints, and detainments of princes and peoples, jettisons, barratry, and any other perils, either of the like kind or which may be designated by the policy.（「海上風險」是指因航海所發生的風險，也就是海難、火災、戰爭、海盜、搶劫、盜竊、捕獲、拘留、限制，以及王子和人民的扣押、拋棄、船長的不法行為或其他類似性質或保單註明的諸如此類的風險。）

保險人承保的海上風險都在保單中或保險條款中明確規定，保險人只負責由保單列明的風險造成的保險標的的損失。正確理解各種風險的確切含義十分重要。

保險人承保的各種海上風險源於英國勞合社的船、貨保險單（Ship & Goods Policy，簡稱 S.G. 保單）中的風險條款，雖然中國現行的海洋運輸貨物保險條款和英國協會貨物新條款中的承保風險與勞合社 S.G. 保單中規定的風險條款不盡相同，但都是在 S.G. 保單的基礎上，結合國際貿易及國際運輸方式的發展逐步修訂、擴充而成的。

在現代海上保險業務中，保險人所承保的海上風險有特定範圍。一方面，它並不包括一切在海上發生的風險，另一方面，它又不局限於航海中所發生的風險。也就是說，「海上風險」是一個廣義的概念，它既指海上航行中所特有的風險，也包括一些與海上運輸貨物有關的特種風險。

海上風險也叫海難。這是保險專業的術語，是經過世界保險界長期經驗累積形成的具有特定概念和內容的專門名詞，不能從一般字面意思去理解，因為事實上它並不包括海上的一切危險。它所包括的只是海上發生的自然災害和意外事故。自然災害是由於自然界變異引起破壞力量所造成的現象。意外事故是指由於不屬意料之中的原因或者不可抗拒的原因所造成的事故。

風險必須具備兩個基本條件：一是必須是屬於海上及航海中的風險，也就是說在性質上與海洋相關或為海上航行所特有的風險；二是必須是某種偶然發生的意外事故，不包括經常發生的意外事故，不包括經常發生的或不可避免的海上風險損失，如船舶在航行中因風浪經常侵襲而造成的自然磨損。

二、海上風險的種類（Category）

按照海上風險的性質，海上風險可分為海難（Perils of the Sea）和外來風險兩種，海難又分為自然災害和意外事故。

前面談到，海難是指海上發生的自然災害和意外事故。值得注意的是，海難並非包括航海時所發生的一切災難或意外事故。英國 1906 年《海上保險法》附則第

---

① 轉摘自北大法律信息網 www.chinalawinfo.com。

七條規定：「海難」是指海上偶然發生的事故或災難，並不包括風和浪的普通作用。因此，一般常見的可預測的海浪並不是海難。現分別對自然災害、意外事故和外來風險加以說明：

（一）自然災害（Natural Calamities）

自然災害一般是指不以人們意志為轉移的自然力量所引起的災難。但在海上保險中，它並不是泛指一切由於自然力量所造成的災難。不同國家或同一國家在不同時期對自然災害的解釋都有所不同。一般而言，自然災害是指惡劣氣候、雷電、地震、海嘯、浮冰和洪水等發生在海上的人力不可抗拒的自然界破壞力量所造成的災害。

（1）惡劣氣候（Atrocious Weather）。這通常是指船舶遭遇海上暴風雨、颶風和大浪等自然現象而發生的事故，包括船舶因顛簸、傾斜造成船體破裂，船上機器設備損壞，或因此而引起船上所載貨物浸水、散包、破碎、衝走以及因關閉通風設備致使貨艙內濕度過大映及貨物等損失。在實務中，保險人對「惡劣氣候」一詞也沒有統一明確的定義，往往根據風險的具體情況進行解釋。例如，中國對暴風的解釋為：風力在8級以上，風速在17.2米/秒以上即構成暴風責任。

（2）雷電（Lightning）。這主要是指雷擊閃電自然現象造成航行於海上的船舶及其所載貨物的直接損毀、由雷電直接造成的或引起火災所造成的損失。例如，因雷擊中船上桅杆造成倒塌，壓壞船艙，致使海水浸入，貨物受海水浸泡的損失屬於雷電責任。

（3）地震（Earthquake）。這是指因地殼發生急遽震動引起地面斷裂和變形的地質現象，是一種突發性的災害。地震發生在海底，就會引起海水強烈擾動，產生高達數十米的巨浪，即為海嘯。

（4）火山爆發（Volcanic Eruption）。這是指直接或歸因於火山爆發所致貨物或船舶的損失。陸地上發生的地震雖不影響船舶在海上的航運，但火山爆發可能影響停泊在港口的船貨。例如，船舶停泊在港口等待卸貨或貨物在轉運港口裝卸時，船舶和貨物就有可能遭受損壞或滅失。

（5）海嘯（Tsunami）。這是指由於地震或風暴引起海水巨大漲落，導致航行於海上的船舶及其所載貨物的損毀或滅失。海嘯可分為地震海嘯和風暴海嘯兩種。地震海嘯指海底的地殼發生變異或海底的火山噴發引起海水劇烈震盪產生巨浪；風暴海嘯是指海上風暴引起海面異常升起形成巨浪，致使貨物和船舶受到損害或滅失。海嘯的破壞力很大，尤其是襲擊某一擁擠港口或地區，會使船舶互相碰撞，船只沉沒，甚至把一些大船衝向海灘，退潮時發生擱淺等。2004年12月26日發生在東南亞的海嘯便造成巨大財產損失，其中遇難者人數接近30萬人[①]。

（6）洪水（Flood）。這是指偶然爆發的具有意外災害性質的大水。一般而言，

---

① 中國新聞網（Chinanews. com）：東南亞地震海嘯造成重大人員傷亡，遇難人數接近30萬。具體數字為印度尼西亞238,945人，斯里蘭卡30,957人，印度16,389人，泰國5,393人，馬爾代夫82人，馬來西亞68人，緬甸61人，孟加拉2人，索馬里298人，坦桑尼亞10人，肯尼亞1人，總計292,206人。

山洪暴發、江河泛濫、潮水上岸及倒灌或暴雨積水成災，造成航行或停泊於沿海水面的船舶及其所載貨物被淹沒、衝散、衝毀、浸泡等損失，都屬於洪水責任。

（7）浮冰（Floating Ice）。這是指極地大陸冰川或山谷冰川末端因崩裂滑落海中而形成冰山，它們大部分沉於水下，僅小部露出水面，隨海流向低緯度地區漂流，沿途不斷融化破裂，因而對航海安全造成危害。「泰坦尼克號」（Titanic）海難事件就是由於船底撞在流動的冰山（Iceberg）上，造成船毀人亡的人間悲劇。

（8）其他人力不可抗拒的災害（Other Calamities Beyond Manpower）。它通常包括浪擊落海和海水、湖水、河水進入船舶、駁船、運輸工具、集裝箱等。浪擊落海是指艙面貨物受海浪衝擊落海而造成的損失，不包括在惡劣氣候情況下船身晃動而造成貨物落海的損失。海水等進入船舶的危險，不僅包括海水，還包括湖水和河水進入船舶等運輸工具或貯存處所造成的損失。

此外，發生在中國沿海城市的幾種主要海洋災害，有些與海上運輸有關，有些與海上運輸沒有太大關係，現介紹如下①：

（1）風暴潮。風暴潮是指由臺風、溫帶氣旋、冷鋒的強風作用和氣壓驟變等強烈的天氣變化引起的海面異常升降，使受其影響的海區的潮位大大地超過平常潮位的現象。影響中國的臺風風暴潮分佈在東海、南海、黃海南部及臺灣地區以東太平洋海域；溫帶氣旋風暴潮一般分佈在渤海、黃海北部。其中臺風風暴潮對中國沿海地區的影響較為強烈，浙江沿岸、福建、廣東、海南沿海是多發區域。風暴潮給沿岸地區帶來巨額的經濟損失，如：2005年中國大陸的第一場臺風「海棠」在不到一天的時間內共造成福建、浙江兩地直接經濟損失80.93億元，並導致浙江3人死亡；臺風「達維」9月26日在海南省萬寧市沿海登陸，造成海南、廣東、廣西三省900多萬人受災，死亡21人，農作物受災面積103萬公頃，倒塌房屋3萬多間，直接經濟損失121億元。

（2）赤潮。赤潮是指海洋中某些微小的浮遊藻類、原生動物或細菌在一定的環境條件下暴發性繁殖或集聚而引起水體變色的一種有害的生態異常現象。它是一種常見的海洋災害，它會破壞生態平衡和漁業環境，危害漁業和養殖業，有毒赤潮還能通過食物鏈轉移造成人畜中毒死亡。據國家海洋局報導，自2005年3月31日在浙江省溫州市南麂外側海域首次發現赤潮以來，國家海洋局共監視監測到赤潮11次。

（3）海岸侵蝕。海岸侵蝕是指在自然力（包括風、浪、流、潮）的作用下，海洋泥沙支出大於輸入、沉積物淨損失的過程，即海水動力的衝擊造成海岸線的後退和海灘的下蝕。海岸侵蝕現象普遍存在，中國70%左右的砂質海岸線以及幾乎所有開闊的淤泥質海岸線均存在海岸侵蝕現象。如海南省文昌縣由於珊瑚礁被開採，海岸已後退兩百餘米，造成大量的椰樹林被海水淹沒。

（4）海霧。海霧由海面低層大氣中水霧凝結所致，通常呈乳白色，產生時常

---

① 陳君．海洋災害知多少．海洋世界，2005（12）．

使海面能見度降到 1 千米以下。海霧是一種危害很大的海洋災害。無論在海上還是在海岸帶地區，海霧都因其大大降低能見度而對交通運輸、漁業捕撈和養殖、海上油氣勘探開發以及軍事活動等造成不利影響。如 1993 年 5 月，中國國家海洋局所屬 4,000 噸級遠洋科學考察船「向陽紅 16 號」在北緯 29 度、東經 134 度舟山群島海域與一外籍貨輪相撞而沉沒，在事故中死亡 3 人，經濟損失近億元。

（5）海水入侵。在沿海地區，大量開採地下水導致地下水位大幅度下降，海水侵入沿海含水層並逐漸向內陸滲透，這種現象被稱為海水入侵。海水入侵的直接後果是地下淡水受到海水的污染，沿岸土地鹽鹼化，水源受到破壞，沿海建築物受損等。20 世紀 80 年代以來，由於地下水的過量開採，中國遼寧、河北、天津、山東、江蘇、上海、廣西、海南和臺灣等省市均發生不同程度的海水入侵加劇現象，其中環渤海地區比較嚴重。

（6）沿海地面下沉。地面下沉是指某一區域內由於開採地下水或其他地下流體導致地表淺部鬆散、沉積物壓實或壓密引起地面海拔下降的現象，又稱地面沉降或地陷，其特點是波及範圍廣，下沉速率緩慢，不易察覺，但對建築物、城市建設和農田水利危害極大。中國海岸帶是人口、城市最集中的地區，受人類活動影響最為深刻。該地區由於人們大量開採地下水，地下水位下降，產生地下漏斗，造成地面下沉。

（7）海上溢油。海上溢油是指在海上作業或航行過程中發生的石油泄漏事件。石油在海洋表面上形成面積廣大的油膜，阻止空氣中的氧氣向海水中溶解，同時石油的分解也消耗水中的溶解氧，造成海水缺氧，而且重金屬和有毒有機化合物等有毒物質在海域中累積，並通過海洋生物的富集作用對海洋動物和以此為食的其他生物造成毒害。2004 年 12 月 7 日，巴拿馬籍集裝箱船和德國籍集裝箱船在珠江口發生碰撞，其中德國籍船舶的燃油艙破損，約 1,200 噸燃油溢漏，在海上形成了長 16,668 米、寬 200 米的油帶，是中國近年來較大的一次海洋污染事件。

（8）海平面上升。近年來溫室氣體不斷增加，全球氣溫上升，導致海水受熱膨脹，高山冰川融化，南極冰蓋解體，造成海平面絕對上升。人為因素導致的陸地地面下沉又造成了海平面的相對上升。海平面上升對人類環境的危害嚴重。首先，海平面上升可淹沒一些低窪的沿海地區，加強了海洋動力因素向海灘推進，侵蝕海岸，從而變「桑田」為「滄海」。其次，海平面上升使風暴潮強度加大，頻次增多，不僅危及沿海地區人民生命財產安全，而且還會使土地鹽鹼化，海水內侵，造成農業減產，破壞生態環境。

（9）外來物種入侵。伴隨著人們的經濟活動和國際交往增多，一些物種由原生存地移居到另一個新的生存環境並在新的棲息地繁殖並建立穩定種群，這些物種被稱為外來物種。有針對性地引進優良動植物品種，可豐富生物多樣性，又能帶來諸多效益，但若引種不當或缺乏管理，則會引發較大負面影響。以養殖生物為例，鮑魚、牡蠣、扇貝、對蝦、魚類、藻類等大量從國外引入中國，在養殖過程中由於各種方式導致養殖對象進入自然海域，不僅與土著生物爭奪生存空間、餌料，爭奪

生態位，並且傳播疾病，與土著生物雜交導致遺傳污染，降低土著生物的生存能力，導致土著生物自然群體減少甚至瀕於滅絕。

（二）意外事故（Accidents）

海上意外事故是指船舶或其他海上運輸工具遭遇外來的、突然的、非意料中的事故，如船舶擱淺、觸礁、沉沒、互撞、與流冰或其他物體碰撞、船舶失蹤以及火災、爆炸等。海上保險所承保的意外事故並不是泛指的海上意外事故，而是指保險條款規定的特定範圍內的意外事故。

（1）擱淺（Grounding）。這是指由於意外的原因，船體與海底、海灘、海岸或其他障礙物（如沉船、木樁等）緊密接觸，並擱置其上，且持續一定時間，如停航達12小時以上，處於失去進退自由的狀態。船舶擱淺時，如果貨物已載於船上，保險人則應對該貨物的一切損失負賠償責任，即使其損失的近因並非擱淺，保險人仍舊應負責。如果擱淺經常發生在特定的地區，或發生在運河中，或發生在港內退潮時間，則不得視為擱淺。因為船舶擱淺必須是在意外的、偶然的情況下發生，而且船舶必須是擱置在沙灘、岩礁、河床或其他障礙物之上，不能繼續前進。

（2）觸礁（Stranding）。這是指船舶在航行過程中，船身或船底意外地接觸海中岩礁或其他障礙物而仍能繼續前進的一種狀態。區分觸礁與擱淺的標準是：如果船舶接觸水中障礙物以後，船舶仍能繼續移動，通常被認為是觸礁；如果船舶接觸障礙物之後，船舶不能往前移動，通常被認為是擱淺。不論是觸礁還是擱淺，必須是不可預料的一種情況。如果船舶經常在某處發生與觸礁類似的情況，一般不能認為是觸礁。

（3）沉沒（Sunk）。這是指船體的全部或大部分已經浸入水中，失去繼續航行能力。如果船體有一部分浸入水中，但仍有航行能力，一般說來不能認為船已沉沒。

（4）碰撞（Collision）。這是指船舶在航行中與其他可航行的物體發生猛烈接觸，或船舶與任何漂浮物體、航行物體、浮冰、沉船殘骸以及港口、碼頭、河堤等建築物的接觸。換言之，碰撞是指船舶與船舶或非船舶的其他物體的碰撞。

船舶構成碰撞事故必須具備相應的條件：首先，要有船與船或船與其他物體之間的實際接觸，如果船舶的損失是由於另一條船舶路過時的波浪造成的，則不屬於碰撞損失。其次，碰撞和損失要有必然的因果關係。

（5）失蹤（Missing）。這是指船舶在海上航行中失去聯繫且超過一定的期限。關於「一定的期限」，各個國家都有不同的規定，一般說來，船舶失蹤4～6個月被認為失蹤。被保險船舶和貨物一旦宣告失蹤，應由保險人當做海上風險損失負責賠償。如果保險人賠償損失後，船舶和貨物又重新找到，該船舶和貨物的所有權應歸保險人所有。

（6）傾覆（Overturn）。這是指船舶意外地失去平衡，船身傾覆或傾斜，處於非正常的狀態，如果不進行施救不能繼續航行。

（7）火災（Fire）。這是指船舶在航海中，因意外起火失去控制，使貨物被燒

毀、燒焦、菸燻等造成貨物的損失。火災與起火或著火不同，貨物起火或著火後燒到一定程度和範圍才構成火災。在英國海上保險實務中，保險價值的3%遭受火災損失，才構成火災風險。這種3%的火災損失比率是指同一航程中每次火災事故的損失率。如果同一航程連續發生三次火災，而每次火災的損失率都在3%以下，從理論上就不能構成海上保險中的火災風險。然而如果三次火災損失合計超過3%，保險公司以火災風險給予損失賠償。

在運輸貨物保險中，由於貨物自燃引起的火災損失得不到保險公司的賠償。在船舶保險中，如果火災是船舶本身的潛在缺陷引起的，也得不到保險公司的賠償。

（8）爆炸（Explosion）。這一般是指物體內部發生急遽的分解或燃燒，迸發出大量氣體和熱力，致使物體本身及周圍其他物體遭受猛烈破壞的現象。船舶在海上航行中，發生爆炸的原因很多。例如，船舶鍋爐爆炸致使船舶和貨物受損或貨物因氣候影響發生化學變化引起爆炸等。

（9）暴力偷盜（Violent Pilferage）。這是指使用暴力掠奪貨物或船舶的行為，即用強制暴力手段非法獲取貨品。暴力盜竊不包括暗中偷竊行為，也不包括船上人員或旅客的偷竊。根據國際貿易慣例，出口商備好貨物托運出去後，對該貨物無法繼續加以監護，而承運人在接受託運的貨物後，對該貨物在法律上負有安全保管的責任。如果發生監守自盜而導致貨物損失，承運人應該承擔法律責任。同樣，貨物被外人偷竊，承運人也應該賠償。

（10）投棄（Jettison）。這亦稱海難拋棄，是指當船舶遇到海上災害事故處於緊急情況下，船長為了共同安全而命令將船上貨物及其財產、物料等投棄入海中的一種行為。投棄作為共同海損中的一種特有的事故，其成立應具備一定的條件：①被投棄的貨物或財產必須是以適當方式積載於船上，並具有事實上的使用價值。②被投棄的貨物必須是按照慣例或訂有協議可裝於甲板上的貨物。③被投棄的貨物必須是正常性質的貨物。④投棄所避免的風險必須是保險公司承保的風險。

（11）船長、船員的惡意行為（Barratry of the Master and Mariners）。這是指船長或船員故意損害船東或租船人利益的行為，或是船員對船長的反抗行為，包括丟棄船舶、縱火焚燒、鑿洞沉沒、故意使船舶擱淺、非法出售船舶和貨物、侵占價款、違法走私而被扣押或沒收等。構成惡意行為的條件必須是船長或船員的行為，船東事先不知情，也未縱容、共謀或授意，如船長即為船東則不構成船長的惡意行為，而為船東的惡意行為，屬於海上保險的除外責任。惡意行為必須是故意的，即出於不良動機的行為。

（三）外來風險（Extraneous Perils）

外來風險一般是指海上風險以外的其他外來原因所造成的風險，也就是說，外來原因是因外部因素引起的風險。因此，類似貨物的自然耗損和本質缺陷等屬於必然發生的損失，都不應包括在外來風險引起的損失之列。具體說來，包括偷竊、破碎、淡水雨淋、受潮、受熱、發霉、串味、玷污、滲漏、鉤損、銹損等。

此外，保險人還可以特約承保由於軍事政治、國家政策法令以及行政措施等特

殊外來原因所引起的風險。常見的特殊外來風險有戰爭、罷工、交貨不到和拒收等。

外來風險不是船舶遭遇海上自然災害和意外事故引起的，但在海上運輸過程中是經常發生的。為了充分保障被保險人的利益，一般經過事先協商約定，保險人對這類風險是予以承保的。關於外來原因，將在第5章「海上運輸貨物保險的險種概述」中詳細闡述。

第二節　海上保險的特徵與作用

海上保險是海上特定領域範圍內的一種保險。它具有國際性，與國際航運、對外貿易、國際金融息息相關。它的立法、適用條款在國際範圍內逐步趨向統一。

海上保險是以海上貨物運輸有關的財產、利益或責任作為保險標的，涉及的主要標的物包括船舶、貨物、運費及船東責任等。海上保險在性質上屬於財產保險範疇，是一種特殊形式的財產保險。

隨著科學技術的發展，人們對各種自然災害和意外事故的預防和控制能力不斷取得進步，但是災害事故的發生仍不能完全避免，同時，新出現的風險經常威脅著人們的生命和財產安全。要使生產繼續，生活保持長久安定，通過保險的方式進行經濟補償仍然是一種經濟的有效方式之一，也是現代社會進行再生產的必要條件。海上保險不僅表現為一種經濟補償關係，同時也體現為一種法律關係。在海上保險所體現的這種經濟關係和法律關係當中，經濟關係是基礎，不同的經濟關係決定著不同的法律關係，法律關係是經濟關係的反應，但它作為上層建築的一個組成部分，對經濟關係具有一定的反作用，兩者相互統一，共同構成海上保險概念的內容。

海上保險集合眾多面臨遭受同樣風險的經濟單位，採用大數法則的原理，讓眾多經濟單位共同承擔某一個可能發生損失的經濟單位的風險，對某一個可能發生損失的經濟單位給予經濟補償，以確保社會經濟生活的安定。當然，確定這種經濟補償關係是通過訂立海上保險合同，由投保人交納保險費，建立保險基金，保險人按照合同規定履行賠償義務來實現的。關於海上保險合同，將在第3章詳細闡述。

一、海上保險的特徵（Characteristics of Marine Insurance）

海上保險的保障對象大多為從事國際貿易的經營者。貨物從一個地方運送到另一個地方，從一個國家到另一個國家，因而是一種國際性保險，有許多與眾不同的特點。

1. 承保風險的綜合性（Comprehension）

海上保險承保的風險已經超過一般財產保險的承保風險範圍。海上保險承保的風險，從性質上看，既有財產和利益上的風險，又有責任上的風險；從範圍上看，既有海上風險，又有陸上風險和航空風險；從風險的種類上看，既有自然災害和意

外事故引起的客觀風險，又有外來原因引起的主觀風險；從形式上看，既有靜止狀態中的風險，又有流動狀態中的風險。海上保險承保風險的種類之多，變化之大，是其他任何保險所不能比擬的，充分顯示了它的綜合性質。

2. 保險種類的多樣性（Diversity）

保險種類是指保險的險種和險別。在海上保險中，由於運輸方式及各種保險標的需要獲得的風險保障多種多樣，客觀上便要求多種多樣的保險險種和險別，以滿足不同的保障需求。海上保險的險種包括運輸工具保險、運輸貨物保險和運費保險等，而各種保險又因運輸方式的不同，可分為海上運輸保險、陸上運輸保險、航空運輸保險和多式聯合運輸保險等。以海上運輸貨物的保險為例，根據貨物的不同特性，可以分為海上運輸貨物保險、海上運輸冷藏貨物保險和集裝箱貨物運輸保險等。同時，在同一類險種中，根據承保責任範圍的不同又可以分為若干險別，比如平安險（Free from Particular Average）、水漬險（With Particular Average）和一切險（All Risks）等。

3. 保障對象的多變性（Changeability）

海上保險的保障對象的多變性，主要指海上保險中貨物運輸保險的被保險人的變動趨勢。海上保險中的船舶保險合同是一種對人合同，船舶保險單的轉讓必須得到保險人的書面同意，它不能隨著船舶所有權或經營權的轉移而自動轉移。然而，貨物運輸保險合同與此不同，由於貨物所有人將貨物托運之後，他就失去了對貨物的控制與管理，貨物是否發生損失，主要取決於貨物本身因素和運送人的因素，而與貨主或托運人沒有必然的聯繫。在這種情況下，貨物所有人或被保險人是誰，不能作為保險人確定是否承保以及採用什麼條件承保的依據。因此，貨物運輸保險單可以隨著保險標的的轉讓而轉讓，也不需要徵得保險人的同意，只要原被保險人在保險單上背書即可。海上保險承保的貨物是國際貿易中的買賣貨物，國際貿易的目的不僅是實現貨物的使用價值，更重要的是實現貨物的價值或貨物的增值。這種獨特的貿易目的決定了貨物在運輸過程中頻繁易手，不斷變換其所有人。貨物所有者的不斷更換，必然引起貨物運輸保險的被保險人不斷變化。海上保險保障對象的多變性特徵是海上貨物運輸保險的重要特點。

4. 保險關係的國際性（Internationalism）

海上保險保障的對象大都是從事國際貿易、遠洋運輸和海上資源開發的經營者，其財產無論是運輸工具還是運輸貨物，都是往返於不同的國家或地區的遠距離運輸，這種保險的主體和客體的存在形式和運行方式，使海上保險成為一種國際性的保險。正是由於這種原因，海上保險合同的簽訂與履行應當遵循國際法律有關規定。海上保險矛盾和糾紛的解決，應當遵循國際慣例和通用準則。

5. 確定責任的複雜性（Complexity）

船舶是進行海上運輸的工具，是完成海上運輸生產活動的基本要素之一。海上保險的承保標的以船舶及其運輸的貨物為主。船舶和貨物要求從起運港運到目的港，後者有時還要求「倉至倉」或「門至門」，以實現其航運經營的目的。因此，

保險標的在長途運輸中，經常處於流動狀態。基於地理環境和自然條件的千差萬別，海洋水域比內河或陸上風險要大得多、複雜得多，這既增加了保險標的出險的機會，也增加了保險人在異國他鄉進行船舶或貨損檢驗、理賠的難度，即使在當地委託了對船舶、貨物的檢驗和理賠代理，但對某些大案、要案不得不親臨現場；又因海上運輸保險又分平安險、水漬險、一切險等險別，進而增加了確定責任的複雜性。

二、海上保險的作用（Functions of Marine Insurance）

海上保險作為財產保險的一種表現形式，同其他財產保險一樣，具有經濟損失補償、保證社會再生產過程的正常運轉、組織防災防損、促進企業搞好風險管理、分散危險、提高企業經濟效益等功能。另一方面，海上保險又發揮著獨特的作用。

（一）對保險人而言

（1）增加或平衡外匯收入與支出。海上保險的承保標的多為遠洋運輸輪船和進出口貿易貨物，其中相當一部分的保險是以外匯繳付保險費和處理賠款的。業務通過國內保險公司承保，可以增加或平衡保險人的外匯收入與支出，這對國家、企業和個人都有益處。

（2）擴大對外聯繫，引入先進保險技術。海上保險是一種國際的保險行為，這種國際性的保險活動必將擴大對外聯繫，增進國際間的交往，能夠與世界同行溝通信息，學習他人的先進經驗和最新保險技術，不斷更新和提高保險人員的業務知識和保險技能。

（二）對被保險人而言

（1）提高資金運用能力。海上保險的投保人多為進出口貿易公司和遠洋運輸部門，倘若沒有海上保險的存在，這些企業必將自行提存足夠的風險準備金，以防隨時可能遭遇的災害事故。而這種準備金的留有數量，少則無濟於事，多則影響生產流通資金的運用，通過投保海上保障，就可以以少量的保險費，將其風險轉嫁給保險公司，進而將有限的資金用於生產經營方面。

（2）確保資金運用安全。進出口貿易工作實際上是買賣雙方為各自的目的通過適當的方式進行錢貨交接的活動。出口商負責將其貨物交給進口商，而後者負責將貨款交給前者。由於雙方往往相隔千山萬水，難以做到一手交錢、一手交貨，根據國際貿易慣例，通常都是先交貨後付款，偶爾亦有先付款後交貨的貿易方式。不管哪種做法，一旦貨物遭遇海難，必然有一方遭受損失。由此可見，在涉外商貿交往中，不論是買方的資金還是賣方的貨物，都存在著一種潛在的客觀風險。而保險公司提供的海上保險制度，可使上述風險得以轉嫁，只要貿易方投保適當的險種或險別，不管海難何時發生，均可使貿易雙方化險為夷，進而確保其資金運轉的安全性。

（3）保證企業正常經營。天有不測風雲，人有旦夕禍福。無論是從事國際貿易的企業經營者，還是從事國際運輸的經營者，都無法迴避運輸過程中的風險及其

造成的損失。一旦這樣的災害事故造成了企業自身不能承受的經濟損失，企業將會面臨經營中斷或破產的危險。如果企業將運輸過程中可能發生的危險通過海上保險的方式轉嫁出去，保險事故造成的經濟損失可以通過保險人的補償而得以恢復，企業經營可保證正常進行。

（4）保障貿易的正常利潤。在商品經濟存在的條件下，追求貿易利潤、獲得營業利益是貿易經營者的重要目的。因此，貿易經營者投保海上保險的保險金額並不限於貨物的成本，除此之外還包括正當的貿易利潤。在海上保險實務中，經營者按照貨物成本加若干比率加成投保，如果貨物安全到達目的地，貿易經營者可以賺得預期利潤，即使貨物在運輸途中因保險事故而導致經濟損失，經營者也能按照投保時約定的保險金額向保險公司索賠，在這個賠償金額中，含有貿易經營者的預期利潤。因此，海上保險對經營者貿易利潤的實現具有十分重要的作用。

第三節　海上保險的產生與發展

一、海上保險的產生（Formation of Marine Insurance）

（一）漢穆拉比法典

對於海上保險的形成，可以從《漢穆拉比法典》中得到答案。《漢穆拉比法典》是現存最全面最完整的古巴比倫法律的匯編。法典記載了古巴比倫第一王朝第六代國王漢穆拉比在位（約公元前1792年—公元前1750年）時的情況，其中包括一直到他在位末期所收集起來的法律方面的決定。它的主要來源是1901年法國東方學者樊尚·施伊爾在伊朗蘇薩發掘出的黑色玄武岩石柱上所刻的楔形文字，故又稱「石柱法」。石柱現存巴黎羅浮宮博物館，高2.25米，上部周長1.65米，底部周長1.90米，石柱頂部則是71厘米高的浮雕，表現太陽神夏馬修正坐著向漢穆拉比授予權杖，漢穆拉比站在夏馬修面前舉手錶示敬意，柱體碑文所用語言為典型的古巴比倫方言，結構分前言、法律條文和結尾三部分，中間的法律條文經泥板抄寫補充後，可分為282條，其中包括：

（1）關於審判的規定（第1～5條）；

（2）關於盜竊動產和奴隸的規定（第6～25條）；

（3）關於各種不動產的佔有、繼承、轉讓、租賃、抵押等方面的權利和義務的規定（第26～88條，其中第67～70條、第79～88條殘缺）；

（4）關於借貸、經商、債務方面的規定（第89～126條，其中第92、93、97、98條有殘缺）；

（5）關於婚姻、家庭的規定（第127～194條）；

（6）關於傷害不同地位的人予以不同處罰的規定（第195～214條）；

（7）關於各種職業人員的報酬和責任的規定（第215～240條）；

（8）關於租用工具、牲畜及雇工的規定（第 241～277 條）；

（9）關於奴隸（第 278～282 條）等內容。

在《漢穆拉比法典》中，首次出現了海上保險意識的萌芽，其中第 100 條規定：「塔木卡（商人）以銀交與沙馬魯（為塔木卡服務之行商）經營買賣，令其出發，而沙馬魯應在旅途中使委託彼之銀獲利，倘沙馬魯於所至之處獲利，則應結算所取全部銀額之利息，而後應計算自己的日期，以償還塔木卡」。第 101 條規定：「倘在所到之處未曾獲利，則沙馬魯應按所取銀，加倍交還塔木卡」。第 102 條規定：「倘塔木卡以銀貸與沙馬魯而不計息，而沙馬魯於所至之處遭受損失，則彼應以全部本金歸還塔木卡」。第 103 條規定：「倘所運之一切於中途被敵人劫去，則沙馬魯應指神為誓，並免償還責任」。人們從中可以看到，貨主雇商隊行商，貨主與商隊利潤分享，如果商隊不歸或歸來時無貨無利，貨主可將商隊人員的財產甚至妻子作為自己的債務奴隸；商隊的貨物被強盜打劫，經當事人宣誓無縱容或過失等情況後，可免除當事人的債務。這種貨主遭受風險的損失由收高額利息來彌補的做法，實為海上保險的雛形。

（二）《羅第安法》（Rhodian Law）與早期的海上保險

《羅第安法》是目前已知的世界上最早的一部海商法，由地中海羅第安島附近的古希臘人和腓尼基人制訂。從公元前 9 世紀開始流傳，直到公元前 3 世紀～公元前 2 世紀最後形成。

《羅第安法》的形成與早期海上保險的產生密切相關。公元前 10 世紀前後是海上貿易興起的時代。航海在當時是生財的捷徑，也是充滿冒險的危途。愛琴海沿岸的古希臘人和地中海東岸的腓尼基人以擅長航海而聞名於世。不過，他們所駕馭的船舶構造簡單，抵禦海上風浪的能力很差，海上還常有海盜出沒，使得海上貿易損失很大。為了使海上航行可能遭受的損失得到合理的補償，古希臘人和腓尼基的商人們規定，損失由全體受益者共同承擔。當時，在愛琴海和地中海沿岸的商人們中間，已共同默守著一個原則：「我為眾人，眾人為我」（One for all and all for one）。它的產生意味著早期海上保險的萌芽。共同海損原則在《羅第安法》中得到了充分的體現，其中有如下規定：「如果為了減輕船舶的負擔，將載物拋棄入海，由於這項拋棄是為了全體的利益而採取的，其損失應由全體受益方分攤。」

而後，到了公元前 7 世紀，古希臘精明的商人和金融家又發明了船舶抵押貸款。船主或貨主在出海之前，可以用船舶或船上貨物為抵押，到交易所向債主貸款。若船舶、貨物遭到海難，視其損失程度，可免除部分或全部債務責任；如果船舶、貨物安全抵達目的地，則需償還全部本金和利息。當時，在雅典城內有著很多這樣的交易所。由於債主承擔了船舶航行的巨大風險，因而船舶抵押貸款的利息大大高於一般借款的利息。在當時，一般的借款利息為 12%～18%，而據《羅第安法》記載，船舶抵押貸款的利息高達 24%～36%，其中超出正常利息的部分在《羅第安法》中稱為「溢價」，這實際上就是最早形式的海上保險費。船舶抵押貸

款的創立，標誌著世界保險史上第一個險種——海上保險的誕生。

遺憾的是《羅第安法》後來失傳了，沒有以文字形式保存下來，只能從古羅馬法學家們的著作中搜尋到它的零碎資料。資料的主要部分被收入在拜占庭皇帝查士丁尼一世（527—565 年在位）編著的《法學匯纂》和拜占庭帝國 7 世紀編製的《羅第安海商法》（Rhodian Sea Law）之中。儘管如此，我們依然可以從《羅第安法》這些零碎資料中窺見海上保險的產生和早期海上保險的情況。《羅第安法》中規定的船舶抵押貸款一直持續了一千多年，直到 1230 年羅馬教皇格雷戈里九世（1170—1241 年）頒布利息禁令，取消了船舶抵押貸款制度。於是抵押貸款就轉化為預先支付危險負擔費的無償貸款制度，這已經同現代海上保險相差無幾了。

（三）共同海損原則的創立和發展

共同海損是指為了使船舶或船上貨物避免共同危險，有意地、合理地做出的特殊犧牲或支付的特殊費用。造成共同海損的損失應由船、貨（包括不同的貨主）各方共同負擔。

共同海損原則起源於愛琴文化。遠在公元前 9 世紀，古希臘南端的愛琴海諸島中間，貿易商船往返頻繁。當時的貿易尚處在初級階段，貿易只限於零售交易，經營的人也只是行商。開始時，船、貨為一人所有，航行時遇到風浪，損害了船舶或貨物，僅系一個人的損失，不存在任何賠償問題。後來，產生了接受承運業務，即為許多人承載貨物。當船舶在航行中出現危險時，經常採取的有效措施是拋棄一部分承運貨物入海，以便減輕船載，避免船、貨全部傾覆。在決定拋棄時，對拋棄誰家財產不免引起船主和各個貨主之間的爭論，任何一方都不願將自己的財產為他人的利益做出犧牲。為避免爭論，便於在緊急時刻採取有效措施，解除船、貨危險，以東地中海羅第安島為中心的船貨主們逐漸形成了一種做法：在船舶發生危險時，由船長做出拋棄的決定。同時，拋棄引起的損失也由全體船主、貨主分攤。這種做法後來被列入《羅第安法》中，共同海損原則由此創立了。可是，《羅第安法》沒有保存下來，僅見於羅馬法學家著作中，其中有關共同海損的思想主要體現在公元 7 世紀拜占庭帝國編纂的《羅第安海商法》之中。共同海損原則現存最早的成文法規出現在《羅第安法》之後的《羅馬法》裡。從公元前 449 年頒布的《十二銅表法》到公元 6 世紀的《查士丁尼法典》，有著很多關於共同海損的記載和判例，有「在天氣惡劣時鋸斷桅和拋入海」的記錄，有「為大家犧牲的財產應由大家補償」之處理方式等。在《羅馬法》中，除了規定在緊急情況下為了解除共同危險採取措施造成的所謂「自願犧牲」應由受益方分攤以外，還初次訂明由於一般意外事故造成的損失仍然由遭受損失的一方自行負責，首次把共同海損和單獨海損區別開來。

中世紀以後，共同海損原則運用得更為廣泛，內容也有進一步擴展。12 世紀英國著名的《奧萊龍法集》的海事判例卷中，共有 3 條提到了共同海損原則：

（1）船舶在危急情況下，為了船、貨、人員的安全，船長有權拋物，損失部分由受益的船、貨方按比例分攤。

（2）船舶遭遇大風浪，為了搶救船、貨，船長可以砍斷桅杆或船錨鏈索，這些損失也應像拋貨一樣受到分攤補償，貨主應在貨物卸離船舶以前支付分攤金額。

（3）船舶發生拋棄，船上的全都貨物和動產，除了供船員飲水使用的必不可少的器皿或已經剪裁的布匹及用舊的衣服外，都應均等地參加分攤。

《奧萊龍法集》的上述條文對後來歐洲各國制定海上法規有著很大的影響，受其影響的有波羅的海《維斯比法集》、荷蘭《阿姆斯特丹法》、比利時《佛蘭德法》、義大利《熱那亞法》、西班牙《加泰羅尼亞法》等。法國1556年至1584年出版的《海洋指南手冊》中，首次對共同海損原則進行了定義：「保險人對貨物裝船以後發生的費用、滅失和損壞有向貨主賠償的責任。這些費用、滅失和損壞統稱為共同海損，並可分為幾類。第一類稱為共同海損，是為了救護船舶和貨物採取拋貨、砍斷錨鏈、船帆或船桅杆而引起的損失和費用。由於這類海損是由船船和全體貨物共同分分攤賠償的，因此稱為共同海損。」這個共同海損原則的定義成為以後相當長一段時期幾乎所有歐洲國家制訂海商法的依據。

經過近代的機器大工業的發展，海上運輸業發生了重大的變革，尤其是蒸汽機船代替了木帆船，大大增加了船舶遠洋航行和抵禦海上災害的能力。即便如此，在21世紀的今天，古老的處理共同海損的原則不僅未被廢除，反而在國際運輸中通過契約的形式被繼續普遍使用。目前，幾乎所有的與海上運輸有關的契約，如租船合同、提單、保險單等，都毫無例外地訂有與共同海損有關的條款。

為了便於記憶，國內有些學者把海上保險的形成分為五個階段：

（1）一般借貸階段，即船東和貨主為了解決因災害事故造成的經營中斷，以船舶或貨物作為抵押，向債權人借款，以此作為彌補資金繼續進行貿易經營活動，當然這只是小規模的進行。

（2）冒險借貸階段，即從事海上貿易的債務人以船舶或貨物作為抵押取得貸款。如果船舶、貨物安全抵達目的港，債務人將本金和利息一同償還債權人。如果航行途中遭遇災害事故，則按照事先約定，債務人免除償還借款或部分免除借款。

義大利北部的倫巴第人因幫助教會徵收繳納來的稅款而控制了歐洲大陸的金融樞紐。倫巴第人為繞過教皇的禁令，確保海上貿易在低風險環境下通暢進行，採取了「虛假借款」的方式，也稱為冒險借款。在航海之前，由資本所有人（保險商）以借款人的地位向貿易商（被保險人）虛擬地借一筆款項，如果船舶和貨物安全抵達目的地，資本所有人不再償還借款；反之，如果船舶和貨物中途沉沒或損毀，資本所有人就要償還所謂的借款（相當於保險賠款）。作為代價，貿易商需事先付一筆危險負擔費（相當於保險費）。冒險借款不再是投機性地擠入運輸貨物的高額利潤的分紅，而是具有了事先收取保險費的現代意義的海上保險。倫巴第人最初是用口頭締約來進行冒險借款的，約在一百年後出現了書面合同。

（3）假裝買賣階段。它的產生是由於羅馬教皇格雷戈里九世頒布《禁止利息法》，因此，人們只能改變形式，從事不與利息禁止法規發生衝突的假裝買賣。假裝買賣是指在航行開始以前，債權人向債務人以支付本金的形式買進船舶或貨物。

當船舶安全到達目的地時,事前所訂立的買賣合同自動解除,債務人將事前接受的貸款加上危險分擔費歸還債權人。如果發生海難不能完成航運,買賣合同依然有效。債權人對債務人遭受的船舶或貸款的損失進行賠償。債務人向債權人交納的危險分擔費類似於保險合同中的保險費。而債權人支付給債務人的損失賠償費也具有保險金的性質。

(4) 保險借貸階段,是指當債務人不需要向債權人籌措資金的情況下,仍然發生假裝借貸關係,債務人的目的不是為了籌措航運資金,而是為了將海上風險轉嫁給債權人。保險借貸已經接近於海上保險。

(5) 海上保險階段,即船東或貨主事先向債權人交納一定的報酬,但不接受債權人的借貸資金。當船舶或貨物安全達到目的港後,交納的報酬不退,當做承擔風險的報酬;當船舶或貨物遭受意外損失後,債權人向船東或貨主給予船舶或貨物的經濟補償。

二、海上保險的發展 (Development of Marine Insurance)

(一) 義大利是現代海上保險的發源地

公元476年,隨著西羅馬帝國的覆滅,歐洲歷史進入了封建制的中世紀。中世紀初葉,歐洲最富有的國家是東羅馬帝國,亦稱拜占庭帝國。它的國都君士坦丁堡(現伊斯坦布爾)位於歐亞兩大陸交會處,扼黑海咽喉,控制地中海商路,海上貿易十分發達。拜占庭帝國曾於公元7世紀編製《羅第安海商法》,它繼承《羅馬法》的傳統,解決了海損責任問題。同時,古羅馬盛行的船舶和貨物抵押借款形式的早期海上保險仍在那裡沿用。

11世紀末,由羅馬教皇烏爾班二世煽動開始了十字軍①東徵。1096—1099年第一次東徵時,義大利的比薩、熱那亞、威尼斯等城市為十字軍提供海運船只和海軍,參加了攻掠地中海城市,他們不但從戰爭中獲得大量戰利品,還控制了敘利亞和巴勒斯坦的貿易,分得了被占領的1/3土地。在1202—1204年的第四次東徵中,威尼斯商船承擔運送教皇英諾森三世的十字軍。他們誘使十字軍改變原定進攻埃及的路線,轉而進攻拜占庭。1204年,十字軍攻占君士坦丁堡,粉碎了義大利海上貿易的勁敵。從此,威尼斯、佛羅倫薩、熱那亞、比薩的商人控制了東方和歐洲的仲介貿易,這些城市遂成為當時世界銀行業、商業和海上保險業的中心。

當時的義大利和拜占庭人沿用希臘時代的船舶和貨物抵押借款方式來進行海上保險。遇到海難,造成船與貨的損失時,貸款者只能分文不獲。如果商船一路順風,盈利歸來時,貸款者便可收回貸款,並可享用一筆可觀的紅利,作為其擔受風險的報酬。貸款紅利最低15%,最高達40%。這種做法帶有很大的投機性,教皇對此十分反感。1230年,教皇格雷戈里九世終於頒布禁令,以杜絕高利貸為名取

---

① 11~13世紀末,羅馬教皇、西歐諸國的封建主、商人以奪取土耳其伊斯蘭教占領的基督教聖地——耶路撒冷為號召而組織的侵略軍。

締了船舶和貨物抵押借款。

1347年10月23日,世界上發現的最早的保險單在熱那亞出現了。它承保從熱那亞到馬喬卡的船舶保障,由商人喬治‧勒克維倫承保。保單的措辭類似虛設的借款,規定船舶安全到達目的地後契約無效,如中途發生損失,合同成立,由資本所有人支付一定金額,而保險費則在契約訂立時以定金名義繳付給資本所有人,並規定:船舶變更航道使契約無效。但保單沒有訂明保險人所承保的風險,它還不具有現代保險單的基本形式。但是保險史上把這張保單稱之為世界上第一張保險單,保險單的名稱是比薩(Pisa)保險單。1384年,在義大利佛羅倫薩簽訂的一張保險單把海上災害、天災、火災、拋棄、王子的禁制等列為承保的風險責任,這張保單具有現代保險單的格式。

這張保險單同其他商業契約一樣,是由專業的撰寫人草擬。據一位義大利律師15世紀的調查,熱那亞一地就有200名這樣的撰寫人,有位熱那亞人就草擬了80份保險單,可見當時義大利的海上保險已相當發達。莎士比亞在《威尼斯商人》中就描寫了當時海上保險及其種類。同時,第一家海上保險公司也於1424年在熱那亞成立。

隨著海上保險的發展,保險糾紛相應增多,這就要求國家制訂法令加以管理。1468年,威尼斯仿效1435年《巴塞羅那法典》訂立了關於法院如何保證保險單實施及防止詐欺的法令。1522年佛羅倫薩制訂了一部比較完整的條例,並規定了標準保險單的格式。

14世紀以後,隨著海上貿易中心的轉移,海上保險自義大利經葡萄牙、西班牙傳到了荷蘭。善於經商的倫巴第人移居到英國,並操縱了倫敦金融市場,海上保險又傳入了英國。今日倫敦的保險中心倫巴第街(Lombard Street)就是因當時義大利倫巴第商人聚居而得名,倫敦的倫巴第大街就是義大利海上保險在英國開始的歷史見證。

(二)英國是現代海上保險發展的中心

英國之所以發展成為現代海上保險的中心,是因為它的對外貿易迅速發展。16世紀以前,英國的對外貿易與海上保險先後操縱在義大利和漢薩同盟的商人手中。此後,英國採取了排斥外國商人勢力的措施,促進了英國海上保險的發展。

1564年,經英皇特許,英國商人獲得組織貿易公司壟斷經營海外某一地區貿易的特權。

1574年,伊麗莎白女王特許,在倫敦皇家保險交易所內設立保險商會,辦理所存保險單的登記,並參照《安特衛普法令》及交易所的習慣制定標準保險單。

1601年,伊麗莎白女王制定第一部有關海上保險的成文法——《涉及保險單的立法》,並規定在保險商會內設立仲裁庭,以解決海上保險的爭議案件。

17世紀初期,英國的資產階級革命促進了本國資本主義的發展,同時開始了向國外大規模殖民掠奪,使英國逐步成為世界貿易和航運業占壟斷優勢的殖民帝國,相應地也給它創造了世界海上保險盟主的有利條件,商人提出了設立專營海上

保險壟斷組織的要求。

1720 年，英王授予皇家交易所（Royal Insurance Exchange）及倫敦保險公司（London Insurance Company）經營海上保險的權利，其他公司和合夥組織不得經營海上保險。

17 世紀中期，最值得一提的是英國勞合社的形成和發展。當時，在倫敦塔街開設的一家咖啡館，經營咖啡館的人叫愛德華·勞埃德（Edward Lloyd）。勞埃德把顧客最關心的有關船舶貨物的航運行情和國際貿易、法律、氣候等方面的情報收集整理以後，及時傳播給前來喝咖啡的顧客。從此，咖啡館就逐漸成為經營海運的船東、貿易商人、經紀人、高利貸者聚集的地方，他們在此洽談業務，傳播航運和貿易信息。後來，保險商人也利用這一場所與被保險人洽談保險業務，並逐步發展到在咖啡館內設立寫字臺，成為固定的投保場所。被保險人在這裡可以將他們要求保險的文件放在桌子上，任何願意承保的保險人均可在文件上簽上自己的姓名及其份額。當整個投保金額分派或認購完畢時，一份海上保險合同完成。

1696 年勞埃德編輯印刷《勞埃德新聞》（Lloyd's News），為海上承保業務提供準確的運輸信息。他於 1734 年出版《船舶日誌》（List of Ships），刊載往返英國的船舶信息，也就是現在的《勞埃德船舶日報》（Lloyd's List）的前身。勞埃德於 1713 年去世，他的繼承人繼續經營咖啡館，並提供可靠的船舶運輸信息。不久，勞埃德咖啡館成為當時海上信息中心。

起初在勞埃德咖啡館內承接保險業務的商人還是各干各的，各自對其承保業務負責。1769 年承保人內部發生矛盾，一部分不正直的承保人搞起了賭博保險（即沒有可保利益也可投保）。另一部分正直的保險人與他們分道揚鑣，這部分人共 79 人，重新組織起來，每人出資 100 英鎊，另覓新址，成立了專營海上保險的 Lloyd's 組織，新址設在 Pope's Head Alley。由於新址地方太小，1774 年，他們不得不在皇家保險交易所租用房間經營海上保險業務，原來的咖啡館形象逐漸消失了。

1871 年，英國議會通過《勞埃德法案》，以法律的形式確定它是一個私人承保人社團。該社團被命名為勞埃德公司，又名倫敦勞合社，從此獲得法人資格。需要指出的是，勞合社是目前世界上唯一允許個人經營保險業務的保險市場，它與英國另一個由保險公司組成的公司市場並存，構成世界上具有特色的雙軌制保險市場。在這個市場裡面，風險可以買賣。把風險賣給承保人的是保險經紀人，接受風險的人稱之為承保人。在當時的情況下，如果想成為勞合社會員（Names），需要交納 15,000 英鎊，而在 1995 年，則要交納 250,000 英鎊才能成為一名會員。眾多會員組成一個辛迪加（Syndicate）。1995 年，勞合社市場有 31,000 多名會員，由 370 個辛迪加組織進行管理。

勞合社的保險業務分五個部分進行，即會員、承保代理人、經紀人、客戶和勞合社社團。會員把各自的股本交給勞合社委員會（Lloyd's Committee），然後組成大小不一的承保辛迪加，每人在辛迪加中只為自己承擔的份額負責，彼此之間不負連帶的責任。辛迪加的事務由承保代理人管理，代表會員辦理保險業務，不與保險客

戶直接打交道，只接受經紀人提供的業務。經紀人代表客戶與承保人接觸，為客戶安排投保和提供諮詢服務。

保險交易由經紀人在接受客戶的保險要求以後，先出具一張寫有被保險人姓名、保險期限、承保風險和險別、保險金額等情況的承保條（Slip），然後交給承保辛迪加，由該辛迪加的首席承保人確定費率，並簽名寫上自己承保的風險比例。經紀人持承保條到其他辛迪加組織對風險進行分派，直到全部分完為止。經紀人把承保條送到勞合社保單簽訂處，經查驗核對後，承保條換成正式保單，蓋章簽發，保險手續完成。

現在的勞合社位於英國倫敦金融城，每年承保的保費約 78 億英鎊，占整個倫敦保險市場總保費的 50% 以上，占世界再保險市場的 3%，占世界商業直接保險市場的 1%。

歷史上，勞合社設計了第一張盜竊保險單，為第一輛汽車和第一架飛機提供保險；近年來，勞合社又在計算機、石油能源保險和衛星保險處於領先地位。勞合社設計的條款和保單格式在世界保險業中有廣泛的影響，其制定的費率對世界保險業產生深遠影響。美國「9/11」恐怖襲擊事件①，讓勞合社付出了沉重的代價，勞合社支付了約 13 億英鎊的保險賠款，是勞合社成立三百多年來最大的一樁索賠案。

勞合社有三級資金安全保障鏈：第一級是辛迪加資金，辛迪加收到的所有保費以信託基金的方式以流動資產進行保存，以此作為賠付的首要支出資金；第二級是會員基金，約抽取保費的 30%～40%，分帳戶存入勞合社信託基金，僅限於會員自己使用；第三級為中央基金，由勞合社會員的每年捐贈、發行次級債、辛迪加貸款等部分組成，由勞合社管理，歸全體辛迪加所有，辛迪加無法支付賠款時可以動用。2007 年，勞合社中央基金的償付能力是 19.51 億英鎊。

勞合社在世界上一百多個國家和地區設有機構，許多國家和地區，如新加坡、香港，都把引進勞合社作為當地保險市場開放的標誌之一和提升自己國際金融中心地位的一個手段。

20 世紀 70 年代以來，勞合社就開始以再保險的方式支持中國保險市場，與國內各大保險公司建立了長期的友好合作關係，其間參與了影響中國國計民生的重大項目的再保險服務，例如中國民航機隊、衛星發射、大亞灣等核電站、渤海和南海的石油開發、地震等自然災害的保險項目。

2007 年 4 月，勞合社宣布在中國金融中心城市上海開業。勞合社（中國）有限公司註冊資本 2 億元人民幣，業務範圍包括中國境內的再保險業務、中國境內的轉分保業務、國際再保險業務。勞合社在中國以設立子公司的模式開展業務，業務

---

① 指的是 2001 年 9 月 11 日恐怖分子劫持的飛機撞擊美國紐約世貿中心和華盛頓五角大樓的歷史事件。2001 年 9 月 11 日，四架民航客機在美國的上空飛翔，然而這四架飛機卻被劫機犯無聲無息地劫持。當美國人剛剛準備開始一天的工作之時，紐約世貿中心連續發生撞機事件，世貿中心的摩天大樓轟然倒塌，化為一片廢墟，造成了 3000 多人喪生。此次事件拉開了美國反恐的序幕。

模式上保留原有獨特市場結構。目前，有15個辛迪加進入了中國，並有5個辛迪加派人常駐中國；業務內容沿襲勞合社傳統的優勢業務，譬如船舶、衛星、火災、航空等再保險業務以及顧問業務。

勞合社已經發展成為一個現代化的保險市場，由勞合社公司、社員、辛迪加、管理代理公司、保險經紀公司等市場主體參與。勞合社公司僅是一個管理機構，向其成員提供交易場所和服務。辛迪加是勞合社經營保險業務的基本單元，符合規定資金條件的社員通過加入辛迪加開展業務。勞合社最初都是個人社員，每個社員要對其承保的業務承擔無限的賠償責任。20世紀90年代，勞合社進行了改革，開始接納有限責任的法人組織，並允許個人社員退社或重組為有限責任的社員。管理代理公司是發起和管理辛迪加的機構，通常一個管理代理公司負責一個以上的辛迪加。勞合社的業務都是通過經紀公司來進行撮合的，這些經紀人對於特殊的風險類別尤為精通。

截至2007年年底，勞合社共有1017位法人組織社員、1124位個人社員、75個辛迪加、46家管理代理公司以及176家經紀公司，勞合社承保能力達161億英鎊。勞合社93.1%的資金來源於法人組織，而全球最大的保險和再保險集團是最主要的資金來源，約占資金來源的35%。

勞合社2007年稅前利潤為38.46億英鎊，增幅5.02%；綜合成本率為84%，低於美國、歐洲、百慕大保險和再保險同行業水準。按承保地域劃分，北美、英國和歐洲大陸仍是勞合社最主要的市場。

從英國勞合社的形成和發展的一個側面可看到海上保險的產生和發展。除了勞合社外，其他保險組織的設立以及保險法規的制定，對英國發展成為現代海上保險中心也有很大的影響。1829年，《保險專營法》被取消，一度壟斷英國海上保險的局面被打破，其他保險公司相繼成立，並被允許經營海上保險業務。

1884年，這些經營海上保險業務的保險公司在倫敦成立保險人協會（Institute of London Underwriters），其主要任務是制定保險條款、協調協會內部各公司之間的關係。1986年，勞合社搬進了位於倫敦市區的Lime Street上的新大樓裡，繼續從事獨具特色的保險業務。

由於英國海上保險事業的發展促使其完善保險立法，1906年國家制定了《海上保險法》，把它多年來所遵循的海上保險的做法、慣例、案例和解釋等用成文法形式固定下來。這對明確保險契約雙方的權利和義務、減少爭議都起到一定的作用，有助於海上保險的順利發展。這個法的原則至今仍為許多國家採納或效仿，在世界保險立法方面有相當大的影響。英國海上保險事業的發展、《海上保險法》的問世促進了整個世界海上保險事業的發展。

（三）中國海上保險的發展

中國海上保險事業的發展大致可以分為兩個時期，即新中國成立前半殖民地性質保險時期和新中國成立後社會主義性質保險時期。

在舊中國，作為商業性的保險事業純粹是一種外來品。它是隨著帝國主義勢力

的入侵而逐漸進入中國市場的。1805 年，外商洋行在中國香港聯合組織廣州保險協會，專門辦理國產品運銷海外的運輸保險。這個協會實際上是外國保險公司在中國的代理行，也是在中國最早出現的代理海上保險業務的機構。1835 年，英國商人在香港開設了廣州於仁保險公司，即保安保險公司，專門經營當時廣州中外貿易機構的海外貿易保險業務。這是中國最早出現的經營海上保險業務的保險公司。1840 年，英國發動侵華鴉片戰爭。清朝政府腐敗無能，與英國簽訂了喪權辱國的《南京條約》，割讓香港，同時開放廣州、福州、廈門、寧波和上海五大沿海口岸為英國在中國的通商口岸。1848 年上海英國租界劃定後，以英國為首的外商爭先恐後從廣州、香港來到上海，上海便成了帝國主義侵略中國的經濟中心。英國商人隨即在上海設立了揚子保險公司，繼廣州之後，又在上海設立了保安保險公司。

帝國主義的入侵激起了中國人民的強烈反抗。新興的民族資產階級針對帝國主義日益嚴重的經濟侵略，提出了「商戰」的口號，要求清政府保護和發展民族工商業，與外國資本抗衡。鑒於當時中國的航運和保險業均控制在外商手中，為了挽回權益，清政府洋務派首領李鴻章於 1872 年在上海建立了輪船招商局，購進船舶，承接運輸業務，但由於當時沒有自己的保險公司，只得向英商保險公司投保。英商為了扼殺中國航運業的發展，往往不予承保或以高費率確定承保。1875 年，李鴻章決定由輪船招商局撥出 20 萬兩白銀，在上海創辦了仁和、濟和兩家保險公司，主要承保招商局名下的船舶、貨棧及運輸貨物等。1886 年，仁和與濟和兩家保險公司經協議改組成仁濟和保險公司，從事水險和水火險業務。這是中國民族資本創辦的第一家保險公司，也使海上保險業務由中國人自辦的保險公司承保。

從 19 世紀末至 1914 年第一次世界大戰爆發前期間，各帝國主義國家憑藉其在華特權，加速對華進行資本輸出，美國、法國、德國、瑞士、日本等國的保險公司相繼來華開設分公司或代理機構。在這樣的條件下，華商保險業雖有一定發展，但速度極其緩慢。華安保險公司和平安保險公司於 1905 年先後成立。到抗戰前夕，中國自行經營的海上保險公司只有 27 家，外商在華設立的保險公司及其代理處則有 70 多家。抗戰期間及抗戰結束之後成立的中國自行經營的海上保險公司增加到 90 多家，而外商保險公司抗戰時多半停業，抗戰後也只有很少部分復業。

自清代末期直到 1949 年中華人民共和國成立，長期處於半封建半殖民地的舊中國民族保險業與其他民族工商業一樣，受到帝國主義和官僚資本主義雙重的壓迫與剝削，擺脫不了洋商的控制和支配，因此，中國的海上保險事業在這漫長歲月中得不到應有的發展。

中華人民共和國的成立使中國進入了一個新的歷史時期，中國保險事業開始走上了獨立發展的道路。作為整個保險業重要組成部分的海上保險從此得以不斷發展，為國家建設做出了積極的貢獻。

1949 年 10 月 20 日，中國政府對舊中國一百多家保險公司進行了接管和整頓，在此基礎上成立了中國人民保險公司。中國人民保險公司根據國家對外貿易和經濟交往的需要，陸續開辦了出口貨物運輸保險、遠洋船舶保險等海上保險業務，並於

20 世紀 60 年代首次制定了自己的船舶保險條款和海洋貨物運輸保險條款。

1952 年中國私營保險業的社會主義改造基本完成，外商保險公司因業務來源不足而自動撤離出境，從而從根本上結束了帝國主義長達一百多年壟斷中國保險市場的歷史，海上保險業務大部分轉由國家保險公司經營。

1958 年 10 月，中央政府決定停辦國內保險業務時，保留了以海上保險為主要內容的涉外保險業務。新中國的保險事業雖然受到「大躍進」和「文化大革命」等政治運動的衝擊，但海上保險業務都始終未曾完全中斷。1980 年，經國務院批准，開始恢復了國內保險業務。隨著中國改革開放逐步深入，為了促進對外貿易發展，擴大國際經濟合作和技術交流，中國的海上保險業務有了突飛猛進的發展，保費收入成倍增加，保險種類逐漸增多。為進一步開拓保險事業，建立中國保險市場格局，改變中國人民保險公司獨家辦保險的局面，1987 年下半年，交通銀行保險部成立了，於 1991 年上半年改建為中國太平洋保險公司。1988 年中國第一家股份制保險公司成立了，即中國平安保險公司。這些公司相繼開辦了海上保險業務。自從改革開放以來，相繼有財產保險公司獲準開辦海上保險業務，截至 2007 年年底，中國有 26 家中資財產保險公司和 14 家外資財產保險公司經營海上運輸貨物保險業務。

第四節　海上保險的分類

對海上保險的分類可以確定海上保險的研究範圍，瞭解海上保險的發展變化。例如，最初的海上保險分類是根據其標的不同而區分成船舶、貨物和運費三種保險類型。隨著現代科學技術的進步和國際貿易方式的變化發展，特別是近幾十年來海洋資源的開發和運載工具的多樣化，給海上保險增添了許多新的內容，使海上保險的保障對象、保險標的和保險的責任範圍日益擴大。海上保險的這些內容的發展變化及其規律可以通過海上保險的分類而得到說明。

對海上保險的分類可以幫助人們弄清海上保險在整個保險領域中所占的地位以及海上保險與各種其他保險之間的相互聯繫與區別，便於明確海上保險各種不同類別的保障內容和責任範圍，以利於改革保險經營方式，加強保險經營管理，建立健全保險法規和制度，促進海上保險事業的發展。

海上保險的分類跟其他財產保險一樣，可以從不同的角度加以劃分。下面是按照國際保險市場上通常使用的幾種分類標準，對海上保險進行分類和說明。

一、根據承保標的分類（Classification by Subject Matter）

1. 貨物運輸保險（Cargo Transportation Insurance）

運輸貨物保險是指以各種運輸工具包括海輪、火車、汽車、飛機、郵運或聯運等。此類貨物基本上是貿易貨物，但也可以是援助物質、展品、私人行李等。運輸

貨物保險可以分為海上運輸貨物保險、陸上運輸貨物保險、航空運輸貨物保險以及郵包運輸保險等。

2. 船舶保險（Hull Insurance）

船舶保險以各種水上交通運輸工具及其附屬設備為標的。這裡所說的船舶，除了船體以外，還包括機器、鍋爐、設備、燃料、救生艇以及供給船舶和機器使用的儲備物品等，保險人承保的船舶分為兩大類，一是普通商船，如各種貨船、客船等，另一類為特殊用途船，如油輪、漁船、遊船、拖船、駁船、渡船、集裝箱船、液化天然氣船、挖泥船、浮船塢、浮吊、躉船、水上倉庫以及鑽井平臺等各種海上作業船。

3. 運費保險（Freight Insurance）

運費保險以運費為保險標的，運費分為普通運費和租船運費兩種。普通運費是承運人為他人運送貨物所得到的報酬。在國際貿易實務中，運費支付的方式主要有兩種：一種是預付運費，即約定在裝貨港預先付清的運費；另一種是到付運費，即約定在目的港支付運費。由於預付運費的危險承擔者是貨主，他可以將此種運費計入貨物保險價值中去，作為貨物保險一併處理，這樣一來，能夠成為運費保險標的的運費，通常只是在目的港支付的到付運費。在這種情況下，運費保險的被保險人大都是船東或是向船東租船承擔貨物運輸任務的營運人。

租船運費是船東與承租人簽訂租船合同規定的租船費用，亦稱船舶租金，它是指船東以整個船舶或船舶的部分艙位出租給他人而收取的報酬。以這種報酬為保險標的的投保的運費保險，被稱為租船運費保險。運費保險與船舶保險有著密切關係，運費保險單大都以船舶保險單作為基本保險單，然後附貼運費保險條款。

4. 責任保險（Liability Insurance）

海上保險中的責任保險主要指船舶的碰撞責任保險。船舶航行在海上，因技術上的原因或其他無法預防、控制的偶發事故的發生，致使第三者遭受損失的情況在所難免，損失一旦發生，事故責任者應承擔法律賠償責任。承保這種碰撞責任保險與承保船舶本身物質損失的船舶保險，本來是有嚴格區別的，然而在實務上大都將碰撞責任保險並入船舶保險一同辦理。不過並入船舷保險以後的碰撞責任保險，其本身仍然是一種獨立的保險合同或補充的船舶保險合同。

碰撞責任保險只對碰撞船舶及其所裝貨物的損失負賠償責任，而對被保險人因碰撞事故的後果引起的對碼頭或其他類似建築物或陸上財物的損失，依法清除殘餘物體、人員傷亡以及被保險船舶上貨物的補償責任等則不予負責。這些一般商業保險公司通常不予承保的風險，大都由獨立的責任保險人予以承保，如船東互保協會的保障與賠償保險，就是專門承保這種性質的保險。

5. 保障與賠償保險（Protection and Indemnity Insurance）

國際上，這種保險最初由船東相互保險組織——船東保險協會負責承辦，由參加協會的船東會員相互提供資金，共同承擔那些不屬於保險公司負責的，包括由於航運管理上的錯誤和疏忽等原因引起的，在法律上對第三者應負的經濟賠償責任。

船東保障與保賠協會是保障船東經營穩定，並使之社會化的一種形式。近幾十年來，船東為了追求更多的利潤，進一步把經過選擇的一部分賠償責任通過協議從船東保賠協會轉嫁給保險公司承擔，並向保險公司交付規定數量的保險費，作為固定支出攤入運輸成本。

6. 海上石油勘探開發保險（Marine Oil Prospecting & Developing Insurance）

海上石油勘探開發不但技術複雜，投資額高，而且風險很大，從勘探開始到打井探油，建立油田，進而生產石油直至油井枯竭報廢為止，其全部工程的投資、財產設備以及各種費用和責任風險都要進行保險。海上石油勘探開發保險涉及船舶、設備、費用、責任、工程建設和投資風險等各種內容，它是一種有關海上作業的綜合性的保險。

二、按保險價值分類（Classification by Insurance Value）

1. 定值保險（Valued Insurance）

定值保險是指保險人與被保險人事先對保險標的約定一個價值，按照該約定價值確定保險金額，作為保險人收取保費和保險標的發生保險責任範圍內的損失計算賠款的依據。約定的這個保險價值是固定的，被保險在保險金額限度內的損失可以得到十足賠償。船舶保險和運輸貨物保險大多採用定值保險，例如，一臺機器經保險人和被保險人雙方約定價值為50萬美元，保險金額即為50萬美元。投保的是一切險，機器在運輸途中由於船只遭受擱淺，如果是局部損失，經鑒定損失程度為30%，保險公司就按照損失程度的30%乘以保險金額，賠付15萬美元。如果是全部損失，保險公司就按照保險金額50萬美元，給予全部賠償。

因此，除了海上保險外，其他財產保險一般不願訂立定值保險合同，海上保險特別是海上貨物保險和船舶保險所以採用此種方式，一方面是因為這些保險標的受時間和空間因素的影響，事後估計損失在技術上存在許多難以解決的困難。另一方面，由於這些保險標的不像其他財產保險那樣直接掌握在被保險人手中，不易產生為了索賠而故意製造保險事故的行為。

2. 不定值保險（Unvalued Insurance）

不定值保險是指保險人與被保險人雙方對保險標的事先不約定保險價值，保險合同上只註明保險金額，保險費依據保險金額計算。保險人對保障事故損失的賠償，一般以保險標的發生損失時的實際價值為準。海上保險標的流動性大，確定保險標的發生損失時的實際價值比較困難，因此很少採用不定值保險。

三、按保險期限分類（Classification by Duration）

按保險期限分類，海上保險可分為航程保險、定期保險和混合保險三種。

1. 航程保險（Voyage Insurance）

航程保險是指按保險合同規定保險人以指明的港口之間的一次航程、往返程或多次航程為責任起訖。貨物運輸保險及不定期航行的船舶往往採用這種保險。這種

保險並不規定起訖時間，不受時間限制。但是，起運港從什麼時候開始，目的港到什麼時候終止必須加以明確，否則會造成責任上的爭執，如果保險單上載有保險期限「從貨物裝船時起」，就意味著貨物裝上船以後，保險責任才算開始，保險人對裝船前的風險，包括從岸上到船邊的運輸風險不承擔責任。如附加駁運保險條款，則這段責任又可包括進去。關於保險單有關保險責任的終止，《海上保險法》規定，保險人負責到「安全卸岸」為止，但是貨物運抵卸貨港後，必須採取習慣做法，在合理的時間裡卸到岸上。習慣方法還包括用駁船從大船上運到岸上。因此，責任的終止與責任的開始相比，較為寬鬆。對於保險責任的開始，有的國家規定，貨物一經卸到岸就開始責任。有的國家還規定，貨物運到碼頭、準備裝船時，就開始負責。

2. 定期保險（Term Insurance）

定期保險承保一定航期內保險標的遭受的風險損失。船舶保險一般採用定期保險，保險期限可由保險合同的雙方協商確定，可以是一年，也可以是半年或三個月，其保險責任起訖同其他保險一樣，通過約定載於保險單上。假如保險單上約定的保險期已滿，而船舶仍在海上航行，只要被保險人事先通知保險人，保險合同繼續有效，直至船舶抵達目的港為止。延續期間按月比例增收保險費。定期保險的索賠權利要受到保險單規定的航行區域的限制。

3. 混合保險（Miscellaneous Insurances）

這是一種航程與定期相結合的保險。混合保險承保的是一定時間內特定航程過程中的風險，這種保險對規定的保險期限以外的期間所發生的損失不負責賠償，因此具有定期保險的性質。另一方面，它對於原定航程以外航行區域發生的損失也不承擔賠償責任，因此又具有航程保險的性質。在海上保險實務中，混合保險以承保航程為主，但為避免航程中拖延時間過長，保險人常用時間加以限制。在這種情況下，保險人的責任期限終止是以先發生者為標準。

四、按承保方式分類（Classification by Underwriting）

保險公司的承保方式不同，保險單也會隨之而不一樣。採取什麼樣的承保方式，是根據業務量的大小、保險人與被保險人之間的業務關係以及承保範圍大小、內容簡繁而定。總之，要簡化手續，節約人力物力，方便買賣雙方，以利於業務的開展。按照承保方式分類，海上保險主要有：逐筆保險、預約保險、流動保險、總括保險。

1. 逐筆保險（Insurance on Case by Case Basis）

這種保險是指按一批貨物，由投保人逐筆向保險人申請保險。保險人根據每批貨物或每艘船舶的航程、危險程度、標的狀況以及要保條件等情況考慮是否承保和確定費率，這是最普遍的承保方式。每張保險單上必須明確保險名稱、保險數量、保險金額、運輸工具、保險期限、保險條件和保險費率，不需要其他證明或文件。

2. 預約保險（Open Cover Insurance）

這種保險是由保險人與被保險人雙方訂立一個協議，規定總的保險範圍，包括險別、費率、運輸工具、航程區域以及每批貨物的最高保險金額等。保險期限可以是定期的，如 1 年、2 年等。也可以是長期的，即沒有確切的終止期限，如果任何一方欲取消合約，僅需提前 30 天提交書面通知（戰爭險通知期為 7 天）。被保險人的出口貨物索賠將由保險人在目的港的分支機構直接處理，就地賠付，方便又快捷。

由於這類保險單是保險公司與被保險人之間的保險合約，在擬定的條件下，保險公司同意承保投保人所有運輸貨物。投保人除按規定方式向保險人報告以外，無需為每次貨運分別安排保險，可免除投保人個別安排保險之繁瑣。保費每月結算。預約保單的優點是保單永久生效，不需要續保。

一般保險單都需在保險標的起運之前辦理，訂了預約保險後，就可以不受這個限制。當每批保險標的出運之前，由被保險人填製起運通知，將這批出運的貨物、價值、包裝、數量、起訖港、船名、起運日期通知保險人，簽發保險憑證，將來根據所簽憑證結算保險費，這種起運通知如果延遲或者因疏忽而遺漏，被保險人仍需補辦，即使在補辦當時保險標的已經受損，保險人仍要負責。同樣的，保險人事後發現被保險人疏漏通知，即使發現時保險標的已經安全抵達目的地，被保險人仍需繳付保險費。

3. 流動保險（Floating Insurance）

這是一種預約的定期保險，期限不少於 3 個月，一般不規定船名和航線，只對船型進行限制，並對每條船每次事故的貨物損失確定一個限額。被保險人在保險期限內，對於需要運輸貨物的總價值進行估計，每批貨物發運時，通知保險人自動承保。每批申報的出運金額要在該流動保險單的保險總額內扣除，當保險總額被每批申報出運金額扣除完後，保險人的責任終止。當保險合同到期時再結算保險費，多退少補。這種流動保險的好處在於一次解決問題，不需要對每批貨物逐一協議保險條件和臨時確定保險費率。但是，它的適用範圍比預約保險要狹窄得多。

4. 總括保險（Blanket Insurance）

總括保險基本上與流動保險相同，所不同的是總括保險在確定總保險金額後，採取一次收齊保險費的辦法，然後逐筆遞減每裝運一批貨物的保險金額，直到總金額全部扣除完畢。總保險金額如在保險期滿時尚有結餘則保險費不退。如發生損失，根據恢復條款規定，經保險人同意，可以在已扣減的保險金額中按照損失賠款數字給予補足，但此項補足部分應按規定另加收保險費。

此外，還有一種國內運輸貨物常用的保險單，即年度保單。保險生效時，一次繳納一定額度的最低預收保費，最低預收保費為全年保費的 75%。

最低預收保費計算方法為：最低預收保費 = 預計年運輸量 × 費率（75%）。保單年度末，根據被保險人實際運輸量再略作調整即可。被保人只需定期向保險人申報本保單項下所有貨運詳情，無需按月向保險人繳納保費，極為方便。

本章自測題

一、是非判斷題

1. 海上風險是指船舶、貨物在海上運輸過程中可能發生損失的風險,即導致海上貨物運輸發生損失的不確定性。（　　）

2. 風暴海嘯是指由於海底的地殼發生變異或海底的火山噴發而引起海水劇烈地震盪產生巨浪。（　　）

3. 外來風險一般是指海上風險以外的其他外來原因所造成的風險。也就是說,外來原因是外部因素引起的風險。（　　）

4. 保險公司也可以將自己所承擔下來的這些風險全部地或部分地向其他再保險公司投保,這種方式是風險的保險轉移。（　　）

5. 當船舶遇到海上災害事故處於緊急情況下,船長為了共同安全,命令將船上貨物及其財產、物料等扔到海中,這種行為稱之為投棄。它可作為共同海損中的一種特有的事故。（　　）

6. 船長、船員的惡意行為是指船長或船員故意損害船東或租船人利益的行為,或是船員對船長的反抗行為。構成惡意行為的條件必須是船長或船員的行為,船東事先不知情,也未縱容、共謀或授意。（　　）

7. 海上保險是以海上貨物運輸有關的財產、利益或責任作為保險標的,海上保險涉及的主要標的物包括船舶、貨物、運費及船東責任等。（　　）

8. 1347年10月23日,世界上發現的最早的保險單在羅馬出現,它承保從熱那亞到馬喬卡的船舶保障,由商人喬治·勒克維倫承保。（　　）

9. 善於經商的倫巴第人移居到英國,海上保險傳入英國。今日倫敦的保險中心倫巴第街道就是因為當時義大利倫巴第商人聚居而得名。（　　）

10. 1886年,仁和與濟和兩家保險公司經協議改組成仁濟和保險公司,從事財產險和人身險業務。這是中國民族資本創辦的第一家保險公司,也是中國海上保險事業由中國人自己開辦的保險公司。（　　）

11. 歐洲保險市場以其雄厚的承保能力、優異的承保技術、廣泛的信息聯繫、不斷開發新的保險品種及優質的服務在世界保險市場上建立於良好的信譽,成為當之無愧的國際保險和再保險業的中心。（　　）

12. 勞合社市場是一個類似交易所的法人組織,由勞合社團體進行統一管理,它起源於愛德華·勞埃德的著名咖啡館,這家咖啡館於1688年在倫敦開業,並成為倫敦商人做生意和交流信息的聚會場所。（　　）

二、單項選擇題

1. 意外事故是指船舶或其他海上運輸工具遭遇外來的、突然的、非意料中的事故,下列不屬於海上風險中意外事故的是＿＿＿＿＿。

A. 擱淺 B. 沉沒
C. 暴力盜竊或海盜 D. 洪水

2. 海上風險包括自然災害和意外事故，此外，還有外來風險，指出下列不屬於外來風險的是_____。

A. 破碎 B. 銹損
C. 串味 D. 惡劣氣候

3. 船舶在航行或停泊中遭遇意外，使船舶底部與海底河床緊密接觸，使之處於靜止狀態，失去繼續航行能力，並造成停航 12 小時以上。這種情況屬於_____。

A. 沉沒 B. 擱淺
C. 觸礁 D. 失蹤

4. 火災是指船舶在航海中，因意外起火失去控制，使貨物被燒毀、燒焦、菸熏等造成貨物的損失。在英國海上保險實務中，保險價值的_____遭受火災損失，才構成火災風險。保險公司才對火災造成的損失給予賠償。

A. 5% B. 3%
C. 2% D. 6%

5. 海上保險是以_____運輸有關的財產、利益或責任為保險標的的一種保險。

A. 海上貨物 B. 陸上貨物
C. 海底貨物 D. 航空貨物

6. 海上保險財產的價值事先經保險合同關係雙方約定，並載明在保險合同之中，這種保險稱之為_____。

A. 定額保險 B. 綜合保險
C. 預約保險 D. 定值保險

7. 勞合社是目前世界上唯一允許個人經營保險業務的_____，它與英國另一個由保險公司組成的公司市場並存，構成具有特色的雙軌制保險市場。

A. 保險公司 B. 私人公司
C. 保險市場 D. 法人公司

8. _____是指在航行開始以前，債權人向債務人以支付本金的形式買進船舶或貨物。當船舶安全到達目的地時，事前所訂立的買賣合同自動解除，債務人將事前接受的貸款加上定金或危險分擔費歸還債權人。

A. 冒險借貸 B. 假裝買賣
C. 一般借貸 D. 保險借貸

9. 按保險期限進行分類，海上保險可分為航程保險、定期保險和混合保險，定期保險適應於_____。

A. 船舶保險 B. 責任保險
C. 運費保險 D. 貨物運輸保險

10. 勞合社_____是一個類似交易所的法人組織，由勞合社團體進行統一管理，它起源於愛德華·勞埃德的著名咖啡館。
 A. 公司 B. 機關
 C. 市場 D. 集團

三、思考題

1. 簡述海上保險承保風險的綜合性。
2. 海上保險的作用表現在哪些方面？
3. 簡述義大利是海上保險的發源地。
4. 為什麼說英國是現代海上保險發展的中心？
5. 簡述倫敦勞合社市場。

四、名詞解釋

1. 海上風險
2. 定值保險
3. 不定值保險
4. 航程保險
5. 定期保險

第2章 海上保險遵循的原則

學習目標

通過對本章的學習，應達到以下目標：
1. 掌握可保利益的定義與作用；
2. 熟悉最大誠信的內容及應用；
3. 瞭解近因的內涵及意義；
4. 掌握補償與代位追償的內容及應用。

本章內容

第一節　可保利益原則
第二節　最大誠信原則
第三節　近因原則
第四節　保險補償原則
第五節　追償原則
本章自測題

第一節　可保利益原則

一、海上保險可保利益的定義（Definition of Insurable Interest）

最早以法律的形式規定海上保險可保利益的是1746年英國《海上保險法》

（Marine Insurance Act 1746）。在這部法律頒布之前，海上保險人通常不要求被保險人證明他們對投保的船舶或貨物擁有所有權或其他合乎法律規定的利益關係，也不要求被保險人出示他們對保險標的具有某種利益，結果使海上保險出現了非常混亂的局面。許多投機商以承保的船舶能否完成其航程作為賭博的對象，1720年勞合社的一部分承保人經營賭博保險，導致一部分投機商為了達到從賭博中獲利的目的，故意破壞航程，使船舶或不能安全達到。由於沒有可保利益也能買賣保險，道德風險隨之產生，人為的海難事故不斷發生。

在這種混亂的局面下，英國政府於1746年頒布《海上保險法》，首次以法律的形式要求被保險人對承保財產具有利益。該法規定，任何個人或公司組織均不能對英國船舶及其裝載貨物以有或沒有利益，或者保單即證明利益，或者以賭博的方式，或者對保險人無任何殘值利益的方式進行保險，這種保險無效，並對各方不具有法律約束力。

到了20世紀初，英國政府進一步完善了海上保險的相關法律。英國政府於1906年頒布了更為完善的《海上保險法》①（Marine Insurance Act 1906），對可保利益做出了明確的解釋：

（1）Subject to the provisions of this Act, every person has an insurable interest who is interested in a marine adventure.

（2）In particular, a person is interested in a marine adventure where he stands in any legal or equitable relation to the adventure or to any insurable property at risk therein, in consequence of which he may benefit by the safety or due arrival of insurable property, or may be prejudiced by its loss, or by damage thereto, or by the detention thereof, or may incur liability in respect thereof.

同時，也規定了何時應具有利益：

（1）The assured must be interested in the subject-matter insured at the time of loss though he need not be interested when the insurance is effected.

（2）Where the assured has no interest at the time of the loss, he can not acquire interest by any act or election after he is aware of the loss.

此外，英國政府於1909年頒布《海上保險（反保單詐欺）法》〔The Marine Insurance（Gambling Policies Act 1909）〕，法中進一步規定：沒有可保利益的海上保險合同雙方當事人應承擔刑事責任，並由法庭直接裁決，判處不超過六個月的監禁或相應罰款，並沒收這種非法保險合同項下所取得的保險金收入。從法中瞭解到，對違反可保利益原則的人要進行刑事處罰。

英國特許保險學會（Chartered Insurance Institute, CII）1991年編寫的《合同法與保險》②（Contract Law and Insurance）一書中對「可保利益」的定義是：

---

① 轉摘自北大法律信息網 www.chinalawinfo.com.
② Contract Law & Insurance, Chartered Insurance Institute, 1991.

Insurable interest is「the legal right to insure arising out of a financial relationship, recognized at law, between the insured and the subject matter of insurance.」

2009年《中華人民共和國保險法》第十二條規定：保險利益是指投保人或者被保險人對保險標的具有的法律上承認的利益。由此可見，中國保險法對可保利益的定義參照了國外的相關法規。

二、海上保險可保利益的特點和作用（Feature & Function）

（一）海上保險可保利益的特點

（1）海上保險可保利益是能用貨幣計算的經濟利益。海上保險的可保利益同其他財產保險的可保利益一樣，必須是能夠用金錢來衡量的利益。如果可保利益不能用金錢來計算，即使發生損失也無法補償。當然，像古代或現代的名人的書畫等，可以用金錢計算其價值的，就可以投保。

（2）海上保險可保利益是合法的利益。可保利益是被保險人與保險標的之間的一種利害關係，這種關係必須合法，是法律認可的利益。不合法的利益、法律禁止的利益，保險公司不能承保。即使已經承保的，一經發現，保險合同無效。例如，從事走私運輸的船舶、海上走私的貨物投保海上保險都是無效的。

（3）海上保險可保利益是確定的利益。可保利益無論是已有的還是預期的，都可以成為海上保險合同的標的物。這種利益必須明確，並可以證明。例如，投保海上貨物運輸保險時，可以是預期的利潤，這種利潤是可以確定的。比如10%或15%，即按貨物CIF價格的110%或115%投保，而且在發生損失時，被保險人能夠證明這種利益的確存在。

（4）海上保險的可保利益是可以變化的利益。可保利益是一種可以轉移、可以變化的利益關係。在一定條件下，可保利益可以從一個人或一個公司轉移給另一個人或另一個公司，比如，A公司可以將自己所擁有的船舶或貨物出售給B公司，可保利益一般也就從A公司轉移給B公司。

（二）海上保險可保利益的作用

（1）海上保險可保利益能限制保險賠償的範圍。海上保險通過補償被保險人的損失，保障了被保險人的利益。被保險人實際能夠享有的保障不能超過其損失範圍。例如，保險標的價值200萬元，在一般情況下，不論被保險人的保險金額是多少，他所獲得的保險賠付最高也不能超過200萬元。

（2）海上保險可保利益可以防止賭博行為的發生。保險不是賭博，判斷是保險還是賭博的標準就是看投保人對其投保的標的物是否具有可保利益。如果投保人或被保險人在沒有可保利益的情況下與保險人簽訂了保險合同，這就意味著以財產進行賭博。可保利益原則的存在可以從根本上避免把保險變為賭博。

（3）海上保險的可保利益可以防止被保險人道德風險的產生。道德風險是指被保險人為獲取保險賠款而故意地毀壞保險標的損失。如果法律不規定保險必須具有可保利益，保險的經營勢必縱容道德風險的產生，破壞社會公德，增大社會財富

受損的機率。

三、海上保險可保利益（Marine Insurable Interest）

（1）船舶（Vessel）。船舶指可在水面或水中航行的船舶，包括商船和非商船。船舶是個整體概念，包括船上的主機、輔機和船殼以及船舶的從屬器具和設備，如救生、救火、信號、救難設備，航行儀器，通信設備，居住、衛生、冷藏、通風、貨物裝卸、排水、操舵起錨等設備。但船舶的各種供應物，如燃料、食物、淡水等消耗品不屬於船舶的概念。

對船舶具有可保利益的人主要有兩類：一類是船舶的所有權人，也就是船東。船舶的所有權人也包括船舶的共有人，船舶為數人所共有的時候，每個共有人對其所有的部分具有可保利益。另一類是其他與船舶有利害關係的人，例如船東以船舶作為抵押物進行借貸，抵押貸款人對抵押船舶也具有可保利益。

（2）運費（Freight）。海上保險承保的運費是指貨物經過海上運輸所支付的報酬。投保運費保險以訂有運輸合同為條件，也就是說存在運費的債權和債務關係。運費根據運輸合同規定的托運人支付運費的時間不同，可以分為預付運費和到付運費。

到付運費是指根據運輸合同在貨物運達目的港後由托運人向承運人支付的運費。如果貨物在中途滅失，托運人收不到貨物，就不需要向承運人支付運費，承運人也就無法補償他已經支出的運輸費用並得到預期利潤。因此，承運人對到付運費具有可保利益。

（3）貨物（Cargo）。海上保險貨物是指托運人委託承運人運送的各種物品，但不包括船長、船員或旅客的個人物品，也不包括無運送目的的物品，如船舶的給養和燃料等。對貨物具有可保利益的人是與貨物獲取有利害關係的人，包括從事進出口貿易的進口商或出口商、代理商、寄售商、接受進出口貨物做抵押而融資給進出口商的銀行以及其他承擔貨物損失風險的人。

在國際貿易中，究竟是進口商還是出口商對貨物具有可保利益，取決於誰與貨物有直接的利害關係。在實際交貨的情況下，誰佔有貨物，誰就擁有貨物的所有權，因而對貨物具有可保利益。同樣，誰承擔貨物損失的風險，誰就具有可保利益。

比如說，為出口商開立信用證的銀行在出口商拒絕付款贖單時，貨物的安全對銀行就非常重要，貨物在運輸途中的滅失可能會使它喪失補償信用損失的機會，因此銀行對貨物具有可保利益。

再如，承運人按照運輸合同免責條款的規定對很多情況下的貨物損失不承擔責任，即使承擔責任也可以享受限制責任條款所規定的責任限額，但是承運人對於應承擔的貨物損失仍然要承擔一定的賠償責任，因此承運人對貨物具有相應的可保利益。

（4）相關責任（Interrelated Liability）。海上保險除了以上傳統的船舶、貨物和運費以外，還包括相關的責任。比如，客艙在航行時發生意外事故，造成了船上乘客的傷亡或殘廢，或靠岸時發生了碰撞責任事故，造成了第三者的傷亡、財產損失，承運人要承擔經濟賠償責任，因此承運人對由此產生的責任具有可保利益。

第二節　最大誠信原則

一、最大誠信原則的定義（Definition of Utmost Good Faith）

最大誠信（Utmost Good Faith）原則又稱為「最高誠信原則」。它要求簽訂保險合同的各方當事人均必須最大限度地按照誠實與信用精神協商簽約。「誠信」就是各方當事人都必須把各自知道的有關事實告知對方，如實陳述，不得隱瞞、誤報或欺騙。如果有一方當事人違反最大誠信原則，另一方有權解除保險合同。英國特許保險學會1991年編寫的《合同法與保險》一書對於最大誠信原則的解釋是：Utmost good faith is a positive duty to voluntarily disclose, actually and fully, all facts material to the risk being proposed, whether asked for them or not.

最大誠信原則從產生至今已經有兩個多世紀，成為保險業的基本準則，特別是在海上保險合同中要求得更加嚴格、更加具體。因為國際貿易範圍廣泛，海上運輸是超國界的水上貿易活動，而作為保險標的的船舶、貨物及責任等處於船舶所有人或承運人手中，保險人對其所承保的海上風險和保險標的無法加以控制，所以，保險人一般是基於對投保人或被保險人的充分信任來接受投保和承擔保險責任。對於海上保險合同中承保的船舶、貨物是否存在、有無瑕疵、出航與否及其他有關保險事項，保險人主要靠投保人的書面或口頭陳述簽訂海上保險合同。

根據這種實際情況，法律要求投保人必須依誠實和信用原則辦事，從而達到預防海上保險合同中詐欺行為的目的，確保海上保險合同真實有效，保護當事人合法權益，維持海上保險市場的正常秩序。英國1906年《海上保險法》第十七條規定：A contract of marine insurance is a contract based upon the utmost good faith and, if the utmost good faith be not observed by either party, the contract may be avoided by the other party.（海上保險合同是建立在最大誠信的基礎上的合同。如果任何一方不遵守最大誠信，另一方可撤銷該合同。）

二、最大誠信原則的內容（Contents of Utmost Good Faith）

（一）告知（Disclose）

告知也稱「披露」，是指被保險人在簽訂保險合同時，應該將其知道的或推定應該知道的有關保險標的的重要事實（Material Fact）如實向保險人進行說明，因為如實告知是保險人判斷是否接受承保和確定保險費率的重要依據。告知是最大誠信原則的基本內容之一，為各國法律所確認。英國1906年《海上保險法》第十八條對於被保險人在訂立海上保險合同的告知（披露）予以明確規定。

1. 被保險人的告知（Disclosure by assured）

（1）Subject to the provisions of this section, the assured must disclose to the insurer, before the contract is concluded, every material circumstance which is known to the assured, and the assured is deemed to know every circumstance which, in the ordinary course of business, ought to be known by him. If the assured fails to make such disclosure, the insurer may avoid the contract.

(2) Every circumstance is material, which would influence the judgment of a prudent insurer in fixing the premium, or determining whether he will take the risk.

(3) Whether any particular circumstance, which is not disclosed, be material or not is, in each case, a question of fact.

(4) The term「circumstance」includes any communication made to, or information received by, the assured.

2. 投保代理人的告知（Disclosure by agent effecting insurance）

Subject to the provisions of the preceding section as to circumstances which need not be disclosed where an insurance is effected for the assured by an agent, the agent must disclose to the insurer.

(1) Every material circumstance which is known to himself, and an agent to insure is deemed to know every circumstance which in the ordinary course of business ought to be known by, or to have been communicated to him.

(2) Every material circumstance which the assured is bound to disclose, unless it came to his knowledge too late to communicate it to the agent.

1992年《中華人民共和國海商法》第二百二十二條同樣規定：合同訂立前，被保險人應當將其知道的或在通常業務中應當知道的有關影響保險人據以確定保險費率或者確定是否同意承保的重要情況如實告知保險人。

（二）陳述（Representation）

陳述不同於告知，具體指在洽談簽約過程中，被保險人對於保險人提出的問題進行的如實答復。由於陳述的內容也關係到保險人承保與否，涉及海上保險合同的真實有效，也成為最大誠信原則的另一基本內容。一些國家的法律將其規定為一項獨立內容，如英國1906年《海上保險法》第二十條把「陳述」單獨列入：

(1) Every material representation made by the assured or his agent to the insurer during the negotiations for the contract and before the contract is concluded, must be true. If it is untrue the insurer may avoid the contract.

(2) A representation is material which would influence the judgment of a prudent insurer in fixing the premium, or determining whether he will take the risk.

(3) A representation may be either a representation as to a matter of fact or as to a matter of expectation or belief.

(4) A representation as to a matter of fact is true, if it be substantially correct, that is to say, if the difference between what is represented and what is actually correct would not be considered material by a prudent insurer.

（5）A representation as to a matter of expectation or belief is true if it is made in good faith.

（6）A representation may be withdrawn or corrected before the contract is concluded.

然而，1992 年《中華人民共和國海商法》和現有的保險法律規範沒有把陳述單獨列出，而是把它列為告知的一部分。

（三）保證（Warranty）

英國 1906 年《海上保險法》對「保證」的解釋是：「保證」是指「允諾性保證，即被保險人保證去做或不去做某種特定事情，或履行某項條件，或者肯定或否定存在某些事實的特定狀態」。（A warranty means a promissory warranty, that is to say, a warranty by which the assured undertakes that some particular thing shall or shall not be done, or that some condition shall be fulfilled, or whereby he affirms or negatives the existence of a particular state of facts.）

因為保險人無法直接控制被保險船舶和貨物的運動，只有在保險事故發生時才能瞭解事故發生的始末和保險標的的受損原因以及受損狀況，為了保護保險人的合法權益，防止海上保險中的不道德行為，各國法律確認了「保證」這一法律手段作為最大誠信原則的組成部分。

無論保證對風險是否重要，都是一種必須嚴格遵守的原則。如果被保險人不遵守，除非保險單另有明示規定，從被保險人違反保證之日起，保險人可免除責任，但不妨礙在違反保證之前產生的任何責任。保證可分為明示保證和默示保證。

1. 明示保證（Express Warranty）

明示保證是在保險單中訂明的保證，明示保證作為一種保證必須寫入保險合同或寫入與保險合同一起的其他文件如批單內。明示保證通常用文字來表示，以文字的規定為依據。明示保證分為確認保證和承諾保證。確認保證事項涉及過去與現在，它是對過去或現在某一特定事實存在或不存在的保證。承諾保證是指投保人對將來某一特定事項的作為或不作為，其保證事項涉及現在與將來，但不包括過去。英國 1906 年《海上保險法》對「明示保證」的解釋是：「An express warranty may be in any form of words from which the intention to warrant is to be inferred. An express warranty must be included in, or written upon the policy, or must be contained in some document incorporated by reference into the policy. An express warranty does not exclude an implied warranty, unless it is inconsistent therewith.」（明示保證可以用任何形式的文字說明保證意圖；明示保證必須包含在或寫進保險單，或包括在並入保險單的某些文件之中。除非明示保證與默示保證相抵觸，明示保證不排除默示保證。）被保險人在保證保險標的在某一特定日期內保持「良好」（Well）或「完好安全」（in Good Safety）之情況下，只要保險標的在該日期的任何時候處於安全狀態便已足夠。

2. 默示保證（Implied Warranty）

默示保證是指在保單中並未載明，但卻為訂約雙方在訂約時都非常清楚的一些重要保證。與明示保證不同，默示保證不通過文字來說明，而是根據有關的法律、慣例及行業習慣來決定。雖然沒有文字規定，但是被保險人應按照習慣保證作為或不作為。默示保證與明示保證具有同等的法律效力，對被保險人具有同等的約束力。例如，海上保險合同的默示保證包括船舶的適航保證（Warranty of Seaworthiness of Ship）、適貨保證（Warranty of Seaworthiness of Goods）以及航行合法的保證（Warranty of Legality）等。

值得一提的是，國內一些保險教科書認為，最大誠信原則的內容包括告知、保證、棄權與禁止反言四項。而國外的教科書認為，最大誠信原則的內容只包括告知、陳述與保證。

三、最大誠信原則的適用（Application of Utmost Good Faith）

國際貿易和海上航運的複雜性決定了在海上保險業務中適用最大誠信原則時，應區別告知與沒有告知、陳述與沒有陳述。

（一）告知與沒有告知（Disclosure & Non-disclosure）

被保險人在簽訂海上保險合同之前，主動地將有關保險標的的重要事實如實向保險人說明，這就是告知。如果被保險人對其知道的事實不認為是重要的而未告知或故意隱瞞不告知，屬於沒有告知。

按照1992年《中華人民共和國海商法》第二百二十三條的規定，被保險人出於故意沒有告知的，保險人有權解除海上保險合同，並不退還保險費。合同解除前發生保險事故造成損失的，保險人不負賠償責任。如果被保險人不是故意沒有告知，保險人有權解除海上保險合同或者要求相應增加保險費。保險人解除合同的，對於合同解除前發生的保險事故所造成的損失，保險人應當負賠償責任。

告知中的「重要事實」指的是影響謹慎的保險人確定收取保險費的數額，或者說影響保險人決定是否接受承保的事實。1906年英國《海上保險法》對「重要事實」的定義是：Every circumstance is material which would influence the judgement of a prudent insurer in fixing the premium, or determining whether he will take the risk.

一般來說，這些事實應當與承保標的物的風險密切相關。被保險人應當在海上保險合同簽訂之前把上述重要事實如實告知保險人。在簽約之後才得知的重要事實，被保險人仍有義務及時通知保險人。這一點同樣適用於被保險人的代理人或保險單受讓人。

（二）正確陳述與錯誤陳述（Presentation & Misrepresentation）

保險人在簽訂海上保險合同過程中，要求被保險人如實陳述。如果被保險人所做的答復與事實大致相同，就為正確陳述。如果被保險人的答復與事實不符合，而且是重要的事實，就構成了錯誤陳述或誤告。如果帶有欺騙性錯誤陳述，誘使保險

人簽訂海上保險合同，按照1992年《中華人民共和國海商法》的相關規定，保險人有權解除合同，不退保險費。

英國特許保險學會1991編寫的《合同法與保險》一書中，把錯誤陳述分為三種：無辜性錯誤陳述（Innocent Misrepresentation）、疏忽性錯誤陳述（Negligent Misrepresentation）和欺騙性錯誤陳述（Fraudulent Misrepresentation）。在英國，如果一個人欺騙性地誘導某人簽訂一個長期保險合同，按照英國1986年頒布的《誤告與金融服務法》（Misrepresentation and Financial Services Act 1986）規定，將處以7年的監禁。可見，英國的法律對誤告者的處罰是相當嚴厲的。

四、違反最大誠信原則的法律責任（Legal Liability）

（一）違反告知義務的法律責任

1. 投保方

在海上保險中，投保方違反告知義務的情況包括誤告、隱瞞、虛假告知等。不同的形式導致的法律責任不盡相同。

（1）投保人故意不履行如實告知義務的法律責任。如果投保人故意隱瞞事實，不履行告知義務，保險人有權解除保險合同，若在保險人解約之前發生保險事故造成保險標的損失，保險人可不承擔賠償或給付責任，同時也不退還保險費。2009年《中華人民共和國保險法》第十六條第四款規定：投保人故意不履行如實告知義務的，保險人對於保險合同解除前發生的保險事故，不承擔賠償或者給付保險金的責任，並不退還保險費。

（2）投保人因重大過失不履行如實告知義務的法律責任。如果投保人違反告知義務的行為是因過失、疏忽而致，保險人可以解除保險合同，對在合同解除之前發生保險事故所致的損失，不承擔賠償或給付責任，但可以退還保險費。2009年《中華人民共和國保險法》第十六條第五款規定：投保人因重大過失未履行如實告知義務，對保險事故的發生有嚴重影響的，保險人對於保險合同解除前發生的保險事故，不承擔賠償或者給付保險金的責任，但應當退還保險費。

（3）投保方未將保險標的危險程度增加的情況通知保險人的法律責任。這是針對財產保險而言的，當財產保險的保險標的危險增加時，被保險人應及時通知保險人，保險人有權要求增加保險費或者解除合同。若被保險人未及時通知保險人，對危險程度增加而導致的保險事故保險人可以不承擔賠償責任。2009年《中華人民共和國保險法》第五十二條第一款規定：在合同有效期內，保險標的的危險程度顯著增加的，被保險人應當按照合同約定及時通知保險人，保險人可以按照合同約定增加保險費或者解除合同。保險人解除合同的，應當將已收取的保險費，按照合同約定扣除自保險責任開始之日起至合同解除之日止應收的部分後，退還投保人。第二款規定：被保險人未履行前款規定的通知義務的，因保險標的的危險程度顯著增加而發生的保險事故，保險人不承擔賠償保險金的責任。

（4）投保方謊稱發生了保險事故的法律責任。投保方在未發生保險事故的情況

下，謊稱發生了保險事故，向保險人提出賠償或者給付保險金的請求的，保險人有權解除保險合同，並不退還保險費。2009年《中華人民共和國保險法》第二十七條第一款規定：未發生保險事故，被保險人或者受益人謊稱發生了保險事故，向保險人提出賠償或者給付保險金請求的，保險人有權解除保險合同，並不退還保險費。

2. 保險人未盡告知義務的法律責任

在保險經營活動中，保險人未盡告知義務的情況主要有未對責任免除情況予以明確說明、隱瞞與保險合同有關的重要情況、欺騙投保方、拒不履行保險賠償義務等，由此導致的法律責任也不盡相同。

首先，如果保險人在訂立合同時未履行責任免除條款的明確說明義務，該責任免除條款無效。2009年《中華人民共和國保險法》第十七條第二款規定：對保險合同中免除保險人責任的條款，保險人在訂立保險合同時應當在投保單、保險單或者其他保險憑證上作出足以引起投保人注意的提示，並對該條款的內容以書面或者口頭形式向投保人作出明確說明；未作提示或者明確說明的，該條款不產生效力。

其次，保險人在保險業務活動中隱瞞與保險合同有關的重要情況，欺騙投保方，或者拒不履行保險賠償義務，或者阻礙投保方履行如實告知義務，或者誘導投保方不履行如實告知義務，或承諾給投保方以非法保險費回扣或其他利益，構成犯罪的，依法追究刑事責任，不構成犯罪的，由金融監管部門對保險公司處以1萬元以上5萬元以下的罰款，對有關工作人員給予處分，並處以1萬元以下的罰款。

(二) 違反保證的法律責任

任何不遵守保證條款或保證約定、不信守合同約定的承諾或擔保的行為，均屬於破壞保證。保險合同涉及的所有保證內容都是重要的內容，投保人與被保險人都必須嚴格遵守，如果有違背與破壞，其後果一般有兩種情況：一是保險人不承擔賠償或給付保險金的責任；二是保險人解除保險合同。

與告知不同，保證是對某個特定事項的作為與不作為，不是對整個保險合同的保證。因此，在某種情況下，違反保證條件只部分地損害了保險人的利益，保險人只應就違反保證部分拒絕承擔履行賠償義務，也就是說，被保險人何時、何事項違反保證，保險人即從何時開始拒絕賠付，並就此時此次的保證破壞而拒絕賠付，並不完全解除保險合同。例如，保險合同中訂有要求被保險人外出時必須履行倉庫門窗關閉和鎖閉的保證條款，如果被保險人違反了該項保證，導致保險事故的發生，保險人應就此次違反保證而拒絕賠償，並非解除保險合同。被保險人破壞保證而使合同無效時，保險人不必退還保險費。

對於下列情況，保險人不得以被保險人破壞保證為由使合同無效或解除合同：

(1) 環境變化使被保險人無法履行保證事項；

(2) 國家法律、法令、行政規定等變更使被保險人不能履行保險事項，或履行保證事項導致違法；

(3) 被保險方破壞保證是由保險人事先棄權所致，或保險人發現破壞保證仍保持沉默，亦視為棄權。

第三節 近因原則

一、近因的定義（Definition of Proximate Cause）

近因（Proximate Cause）是引起保險標的損失的直接、有效、起決定作用的原因。反之，引起保險標的損失的間接的、不起決定作用的因素，稱為遠因。英國特許保險學會 1991 編寫的《合同法與保險》一書中對「近因原則」的定義是：Proximate cause means active, efficient cause that sets in motion a train of events which brings about a result, without the intervention of any force started and working actively from a new and independent source.

根據這一定義，近因可以解釋為一種直接引起保險標的損失的有效原因，是導致保險標的損失發生過程中具有決定作用的或強有力的因素。近因並不一定是與發生的損失在時間上最接近的原因。如船東為騙取賠償，故意將船只駛往暗礁區域撞上礁石沉沒，假如以時間上最接近的原因來確定近因，就會造成錯誤的判斷。但是，如果有兩個獨立而不相關聯的原因，則在時間上最接近的原因，可視為損失的近因。如保險船舶在航行中與他船發生碰撞，但不影響該船繼續航行，因此船長決定繼續行駛。然而在繼續行駛中，船舶因遇臺風，使船舶的損失擴大進而造成沉沒，這時近因應歸於時間上最近的原因，那就是臺風，保險人應負責賠償。因為風險因素可能引起風險事故，風險事故可能導致損失，所以在海上保險意義上的近因是在保險標的發生損失時界定保險責任，從而決定是否理賠的前提和依據。

2006 年 2 月 2 日發生在紅海的埃及「薩拉姆 98」號客輪沉沒事件造成近一千人葬身海底的悲劇。造成該客輪沉沒的主要原因有兩個，該客輪從沙特港口出發開往埃及途中不到 90 分鐘發生火災，因此火災是一個主要原因。如果船長下令返航，船舶就不會沉沒。由於船長拒絕返航，結果造成客輪沉沒，這也是一個主要原因。根據近因原則，造成這條客輪沉沒的近因是船長的過失行為。

海上事故發生的原因往往不止一個，而是比較複雜的，因而，在海上保險的賠付中，近因這一原則的運用具有普遍的意義。近因原則在處理理賠案時，必須確定造成保險標的損失的近因屬於保險責任。如果近因導致保險責任範圍內的事故發生，保險人則承擔賠償責任。如果造成保險標的損失的近因屬於除外責任，保險人不負賠償責任。只有當保險事故的發生與損失的形成有直接因果關係時，保險人才對損失負責賠償。

英國 1906 年《海上保險法》規定：Subject to the provisions of this Act, and unless the policy otherwise provides, the insurer is liable for any loss proximately caused by a peril insured against, but he is not liable for any loss which is not proximately caused by a peril insured against.（本法規定及除保險單另有規定外，保險人對承保風險作為近

因而導致的任何損失承擔保險責任,但是保險人將不對承保風險並非近因而導致的任何損失承擔保險責任。)

保險人在處理賠償糾紛時採用近因原則。按照近因原則,如果造成保險標的受損的近因屬於保險責任範圍,則保險人應負賠償責任;假如造成保險標的受損的近因屬於除外責任,則保險人不負賠償責任;如果造成保險標的受損的近因既有保險責任,又有責任免除,則按不同情況加以處理。

二、近因原則的確定（Decision of Proximate Cause）

損失與近因存在直接的因果關係,因而要確定近因就要確定損失的因果關係。確定因果關係的基本方法有:

(1) 從原因推斷結果,即從事件鏈上的最初事件出發,按邏輯關係推斷下一個可能的事件,若事件鏈是連續的,初始事件依次引起下一事件,直至最終事件損失發生,那麼最初事件就是最終事件的近因。假如事件鏈是間斷的,在這一過程的某一個階段事件鏈上的兩個環節之間沒有明顯的聯繫,則損失的近因肯定是另外某一原因。

(2) 從結果推斷原因,也就是說從損失的結果出發,按邏輯關係自後往前推,在每一個階段上按照「為什麼這一事件發生」的思考找出前一事件。假如追溯到最初事件,事件鏈之間相互聯繫,則最初事件為近因。如果中間有間斷,新介入的事件成為近因。

三、近因的認定規則（Rules for Decision of Proximate Cause）

早期對近因的認定大多簡單地採用從時間距離、空間距離的角度排除遠因從而確定近因的規則,過遠的原因不構成近因,間隔事件過久的原因不構成近因。近代則直接採用認定近因的原則或通過保險條款對近因原則進行限制和修正,排除遠因,以確定近因。

在實踐中,近因也是從一般意義上來掌握,其基本含義就是舍其遠因,取其近因,因為整個因果關係的鏈條中,往往是一環扣一環,甚至是沒有盡頭的。首先,人們只從字面上理解近因,將它理解為時間上或空間上最近的、最後或最終的原因。一般來說,這種理解是對的。但是,承保風險的發生與保險標的的損失之間的因果關係是錯綜複雜的,如果過分地強調時間上、空間上最近的原因,有時也是不適當的。從近因認定和保險責任認定看,可分為下述情況:

(一) 損失由單一原因所致

如果保險標的損失由單一原因所致,該原因即為近因。如果該原因引起保險責任事故,則保險人應負賠償責任。反之,如果該原因不屬於保險責任,則保險人不負賠償責任。如貨物在運輸途中遭受雨淋而受損失,如果被保險人只投保了水漬險,則保險人不負賠償責任;若被保險人在水漬險的基礎上加保了淡水雨淋險,則保險人負賠償責任。

(二) 損失由多種原因所致

如果保險標的遭受損失由兩個或兩個以上的原因所致，則應區別分析。

1. 多種原因同時發生導致損失

多種原因同時發生而沒有先後之分且均為保險標的損失的近因時，則應區別對待。

（1） 如果同時發生導致損失的多種原因均屬保險責任，則保險人應負全部損失賠償責任。

（2） 如果同時發生導致損失的多種原因均屬於責任免除，則保險人不負任何損失賠償責任。

（3） 如果同時發生導致損失的多種原因不完全屬於保險責任，要嚴格區分，對能區分保險責任和責任免除的，保險人只對保險責任所致的損失負賠償責任，對不能區分保險責任和責任免除的，保險人不負賠償責任。例如船舶發生碰撞，海水湧入船艙，油罐破裂，裝載的貨物既遭水損又受油污損，如果被保險人只投保了水漬險，則保險人只負水漬損失的賠償責任。如果被保險人在水漬險的基礎上加保了混雜玷污險或投保了一切險，則保險人負全部賠償責任。又如，船舶在航行中遇到暴風雨，船上的貨物被暴雨淋濕，然後甲板遭受海浪浸泡，由此產生了貨物水漬損失和雨淋損失。如果被保險人只投保了平安險，則保險人不負賠償責任。若被保險人在水漬險的基礎上，加保淡水雨淋險，或投保了一切險，則保險人負全部賠償責任。如果被保險人只投保了水漬險，且貨物水漬損失和雨淋損失能夠區分開來，則保險人只負水漬損失的賠償責任。若貨物水漬損失和雨淋損失不能區分開來，水漬損失非常小，則保險人不負任何賠償責任。再如，貨物在運輸途中遭受淡水雨淋和鈎損，如果被保險人投保的是一切險，或在水漬險的基礎上加保了淡水雨淋險和鈎損險，保險人負全部賠償責任，如果被保險人只投保了水漬險，保險人不負任何賠償責任。

2. 多種原因連續發生導致損失

如果多種原因連續發生導致損失，前因與後因之間存在因果關係，而且各個原因之間的因果關係沒有中斷，則最先發生並造成一連串風險事故的原因就是近因。保險人的責任可根據下列情況來確定：

（1） 如果連續發生導致損失的多種原因均屬保險責任，則保險人應負損失的全部賠償責任。如船舶在運輸途中因遭雷擊而引起火災，火災引起爆炸，由於三者均屬於保險責任，保險人對一切損失負全部賠償責任。

（2） 如果連續發生導致損失的多種原因均屬於責任免除範圍，則保險人不負任何賠償責任。

（3） 如果連續發生導致損失的多種原因不完全屬於保險責任，而最先發生的原因屬於保險責任，那麼後因不屬於責任免除，而近因屬於保險責任，保險人負賠償責任。例如對包裝糧食投保了水漬險，在運輸中，海水浸濕外包裝而受潮，後來發生霉變損失，霉變是海水浸濕外包裝、水汽侵入造成的結果，則保險人應負賠償

責任。又如承運人將皮革和莸草兩樣貨物合理地裝載於船舶的同一貨艙，由於船舶在航行途中遭遇惡劣氣候，海水進入貨艙，浸濕了置放在貨艙一側的皮革，濕損的皮革腐爛發出的濃重氣味將置放在貨艙另一側的莸草熏壞。莸草是被腐爛皮革散發出的氣味熏壞的，而皮革發生腐爛是由進入貨艙的海水浸濕所致。因此，莸草損失的近因是海難，屬於保險責任。雖然莸草貨主投保的是水漬險，並未加保串味險，但保險人仍應負賠償責任。

　　(4) 最先發生的原因屬於責任免除，後因屬於保險責任，則近因是責任免除項目，保險人不負賠償責任。例如，船舶先被敵炮火擊壞，影響了航行能力，以致撞礁沉沒。船舶沉沒的近因是戰爭。如果被保險人未加保戰爭險，則保險人不負賠償責任。又如船舶因航海延遲致使商品變質，雖說航海時氣候變化也是造成保險貨物變質的原因之一，但是，如果經分析判斷，延遲是致損的主要原因，而延遲又屬於保險人的責任免除，那麼，保險人可以不負賠償責任。又如船舶因碰撞而起火，接著沉沒，近因是碰撞，火災、沉沒均由碰撞所致，碰撞屬於平安險的保險責任範圍，則保險人負保險賠償責任。再如一批裝載於某船貨艙內的花生在運輸中由於自身含水量過高發了霉，雖然貨主投保了一切險，霉變屬於保險責任，但這裡的近因是花生含水量過高，屬於責任免除，則保險人不負賠償責任。

　　3. 多種原因間斷發生導致損失

　　導致損失的原因有多個，它們是間斷發生的，在一連串連續發生的原因中，有一種新的獨立的原因介入，使原有的因果關係鏈斷裂，並導致損失，則新介入的獨立原因是近因。如果近因屬於保險責任範圍的事故，則保險人應負賠償責任。如果近因不屬於保險責任範圍，保險人不負賠償責任。

　　海上保險合同適用近因原則，其目的在於限制保險人的賠償責任，使其權利和義務對等。在發生海上損失時，保險人只對保險責任範圍內的近因所造成海上保險標的的損失負賠償責任，而對保險責任範圍之外的近因所造成的海上保險標的的損失不負賠償責任。

　　確定近因原則的目的是為了分清與海損事故有關各方的責任，明確保險人承保的風險與海上保險標的損失結果之間存在的因果關係。雖然確定近因有其原則的規定，但在實踐中，由於導致損失的原因與損失結果之間的因果關係錯綜複雜，正確判定近因和運用近因原則需要認真分析和判斷。

　　總之，在實際處理複雜的海上理賠案時，要能正確判定致損的近因是相當不容易的。除了掌握近因和近因原則的理論以外，根據實際案情，仔細觀察，認真辨別，實事求是地分析以及遵循國際慣例，尤其是援用重要的判例，是正確推斷海損因果關係和最終判定近因的基本要求。

第四節　保險補償原則

一、保險補償的定義（Definition of Indemnity）

英國特許保險學會1991編寫的《合同法與保險》一書中對「保險補償」的定義是：Indemnity can be looked upon as exact financial compensation, sufficient to place the insured in the same financial position after a loss as he can enjoy immediately before it occurs.

根據這一定義，我們可以理解到，保險補償原則是指當保險事故發生時被保險人從保險人那裡得到的賠償應填補其因保險事故所造成的損失。這是海上保險中理賠的基本原則。在保險事故發生後，被保險人有權利要求保險人按合同給予補償，保險人則有義務向被保險人對其損失進行補償。

通過補償，被保險人的保險標的在經濟上恢復到受損前的狀態，但補償不允許被保險人因損失而獲得額外的利益。遵循補償原則的目的在於真正發揮保險的經濟補償職能，避免將保險演變成賭博行為，防止誘發道德風險的發生。

對於保險補償原則的方法，我們可以歸納為兩個英文字母，即1個C、3個R，或者寫成CR（Cash, Repair, Replacement and Reinstatement），即現金賠付、修理、更換和重置。

二、保險賠償遵循的原則（Principle of Indemnity）

1. 保險補償以實際損失為限原則

在超額保險條件下，由於保險金額超過保險價值，當保險標的發生保險事故時，被保險人遭受的實際損失補償最大為保險價值。按照補償原則，被保險人的保險標的在經濟上恢復到損失前的狀態，保險人只能以發生損失時的市場價格來確定賠償金額，最多不得超過損失金額，以防止被保險人獲得額外收益。

2. 保險補償以保險金額為限原則

保險金額是保險人承擔賠償責任的最高限額，投保人因保險標的的受損所獲得的經濟補償也就只能以保險金額為限。在不定值保險條件下，保險標的發生保險事故導致損失時，如果是足額保險，賠償金額等於損失金額。如果是超額保險，超過部分無效，保險人只賠償損失金額。如果是不足額保險，賠償金額則採用比例賠償方式，對不足額的部分視為被保險人自保。其計算公式為：賠償金額 = 保險金額 × 保險保障程度。其中，保險保障程度 = $\dfrac{保險金額}{保險價值}$。

在定值保險條件下，保險金額等於保險價值。如果發生全損，損失金額等於保險價值，則賠償金額等於保險金額。如果發生部分損失，損失金額小於保險價值，

則賠償金額採用比例賠償方式：賠償金額 ＝ 保險金額 × 損失程度。其中，損失程度 ＝ $\dfrac{損失價值}{保險標的完好價值}$。

3. 保險賠償以被保險人對標的具有保險利益為前提原則

被保險人的財產發生損失時，一定要對遭受損失的財產具有保險利益，索賠金額以他對該項財產具有保險利益為限。

4. 免賠額原則

免賠額原則是指被保險人有自負額或保險人有免賠額的條件下，如果發生保險事故，要求被保險人自己首先負擔一定金額或比例的損失，然後由保險人負責賠償剩下的餘額。免賠額可分為絕對免賠額和相對免賠額，前者是保險標的的損失程度超過規定的免賠限度時，保險人只對超過限度的那部分損失承擔賠償責任。後者是保險標的的損失程度達到或超過規定的免賠限度時，保險人按全部損失予以賠償。採用這些限制方式的目的在於增強被保險人防災的責任感。同時，可避免處理小額損失的麻煩。在海上保險中，如果船舶發生全部損失時，則保險人在賠償時不再扣除免賠額或自負額。

保險賠償原則的正確運用能防止道德風險的發生，保險人的賠償責任依法律和海上保險合同為準。此外，保險人根據賠償原則向被保險人賠付之後，如果保險責任由第三者引起，可代位向第三者責任方進行追償。但是，保險人只能在賠償責任範圍內行使追償權，在追償中，如果保險人獲得的追償金額高於賠償給被保險人的金額，根據賠償原則，高出的部分應歸於被保險人。

第五節 追償原則

一、追償原則的定義（Definition of Subrogation）

在很多海上保險索賠案例中，我們瞭解到，保險標的遭受的保險事故不是被保險人造成的，而是由第三者的過錯行為引起的，這種情況下，被保險人有權利向肇事者就其侵權行為所致損失進行索賠。由於海事訴訟往往牽涉到許多方面，訴訟過程曠日持久，保險人為了便利被保險人，按照保險合同的約定先行賠付保險賠款，同時取得被保險人在標的物上的相關權利，代被保險人向第三者進行索賠，這就是在國際海上保險業中普遍盛行的代位求償原則。

1992 年《中華人民共和國海商法》第二百五十二條第一款規定：保險標的發生保險責任範圍內的損失是由第三人造成的，被保險人向第三人要求賠償的權利，自保險人支付賠償之日起，相應轉移給保險人。這就確立了中國海上保險業務中的代位求償原則，符合國際上通行的做法。保險人的代位求償權是經被保險人授予的，應嚴格局限於被保險人原有的對第三者的權利，不能由於代位求償而得到被保

險人本沒有的權利。比如，同屬被保險人的兩條船相撞，即使全部責任應由另一條船來承擔，保險人也無權起訴另一條船。

只有被保險人最瞭解自己對於保險標的的所有權利，也掌握其擁有這些權利的最充分的證據。為保證代位求償的真正實現，《中華人民共和國海商法》第二百五十二條第二款規定：被保險人應當向保險人提供必要的文件和其所需要知道的情況，並盡力協助保險人向第三人追償。

二、中國法律的規定（Stipulation by Law）

1992年《中華人民共和國海商法》就代位求償過程中可能出現的幾種情況做出了五項具體規定：

（1）被保險人放棄權利，保險人扣減保險賠償。由於某種情況的需要，被保險人主動放棄了對第三者的一些權利，從而造成保險人在一些權利上無法代位求償。為此，1992年《中華人民共和國海商法》第二百五十三條規定：被保險人未經保險人同意放棄向第三人要求賠償的權利，或者由於過失致使保險人不能行使追償權利的，保險人可以相應扣減保險賠償。

（2）第三者先行賠付，保險人扣減部分賠償。保險人在辦理代位求償時，發現第三者已經賠付給被保險人部分損失，針對這種情況，保險人依照1992年《中華人民共和國海商法》第二百五十四條第一款的規定「保險人支付保險賠償時，可以從應支付的賠償額中相應扣減被保險人已經從第三人取得的賠償」處理。

（3）保險人不能獲得額外利益。保險人在取得代位求償權後，向第三者進行索賠並取得成功，並且獲得了高於保險人賠付給被保險人的保險賠償的賠償。對於多餘部分，保險人不可以將這些賠償金全部劃歸自己。1992年《中華人民共和國海商法》第二百五十四條第二款規定：保險人從第三人取得的賠償，超過其支付的保險賠償的，超過部分應當退還給被保險人。因為代位求償只是代位，保險人不可以此獲得額外利益。

（4）按照代位求償的規定，在委付或實際全損的情況下，保險人在按照保險合同賠付了被保險人之後，就取得了對保險標的的全部權利和義務。但是，對於保險標的已經完全沒有價值，甚至還在繼續擴大其對第三人的責任的情況，如果保險人承擔其保險標的的全部權利義務，則保險人將承擔更大的損失，為保護保險人的利益，1992年《中華人民共和國海商法》第二百五十五條規定：發生保險事故後，保險人有權放棄對保險標的的權利，全額支付合同約定的保險賠償，以解除對保險標的的義務。保險人行使前款規定的權利，應當自收到被保險人有關賠償損失的通知之日起的七日內通知被保險人；被保險人在收到通知前，為避免或者減少損失而支付的必要的合理費用，仍然應當由保險人償還。

（5）在代位求償制度中，保險人對於保險標的的權利的獲得是以支付保險賠償為前提的。只要保險人不宣布放棄對保險標的的權利，則在保險人支付保險賠償後，保險標的權利和義務就轉移給保險人。轉移權利義務的多少按保險金額與保

險價值的比例決定。對此，1992 年《中華人民共和國海商法》第二百五十六條規定：除本法第二百五十五條的規定外，保險標的發生全損，保險人支付全部保險金額的，取得對保險標的的全部權利；但是，在不足額保險的情況下，保險人按照保險金額與保險價值的比例取得對保險標的的部分權利。

本章自測題

一、是非判斷題

1. 最早以法律的形式規定海上保險必須具備可保利益的是法律是 1906 年英國《海上保險法》。( )

2. 英國政府於 1909 年頒布《海上保險(反保單詐欺)法》，對沒有可保利益的海上保險合同雙方當事人進行刑事處罰，由法庭直接裁決，判處不超過一年的監禁。( )

3. 2009 年《中華人民共和國保險法》第十二條規定：「保險利益是指投保人或者被保險人對保險標的具有的法律上承認的利益。」( )

4. 海上保險中的可保利益同其他財產保險的可保利益一樣，必須是能夠用金錢或貨幣衡量的利益。( )

5. 被保險人在簽訂保險合同時，將其知道的或推定應該知道的有關保險標的的重要事實如實向保險人說明稱之為陳述。( )

6. 默示保證是指在保單中並未載明，但卻為訂約雙方在訂約時雙方都非常清楚的一些重要保證。( )

7. 投保人故意不履行如實告知義務的，保險人對於保險合同解除前發生的保險事故不承擔賠償或者給付保險金的責任，但是可以退還保險費。( )

8. 保險人欺騙投保方不構成犯罪的，由金融監管部門對保險公司處以 5 萬元以上 10 萬元以下的罰款。( )

9. 保險補償原則是指當保險事故發生時，被保險人從保險人那裡得到的賠償應填補其因保險事故所造成的損失。( )

10. 在不定值保險條件下，保險標的發生保險事故導致損失時，如果是足額保險，賠償金額等於損失金額。( )

二、單項選擇題

1. 最早以法律的形式規定海上保險可保利益的是_____。在這部法律頒布之前，海上保險人通常並不要求被保險人證明他們對投保的船舶或貨物擁有所有權或其他合乎法律規定的利益關係。

  A. 1764 年英國《海上保險法》   B. 1906 年英國《海上保險法》
  C. 1746 年英國《海上保險法》   D. 1960 年英國《海上保險法》

2. 在英國《海上保險法》頒布之前，對保險標的沒有保險利益的任何人，都

可以對保險標的投保險。這種保險稱為_____。

　　A. 賭博保險　　　　　　　　　　B. 合法保險

　　C. 自由保險　　　　　　　　　　D. 不合理保險

3. 海上保險貨物是指托運人委託承運人運送的各種物品，但不包括船長、船員或旅客的個人物品。船舶的給養和燃料_____。

　　A. 也屬於貨物保險的範疇　　　　B. 不屬於貨物保險的範疇

　　C. 也屬於承保責任的範疇　　　　D. 屬於投保的範疇

4. 海上保險承保的運費是指貨物經過海上運輸所支付的報酬。投保運費保險以訂有運輸合同為條件，運費有三種支付方式。承運人只對_____投保。

　　A. 一部分預付、一部分到付運費　B. 預付運費

　　C. 其中兩種運費方式　　　　　　D. 到付運費

5. 從事海上保險業務，保險人和被保險人都必須遵循相應的原則。和其他財產保險一樣，海上保險遵循的基本原則不包括_____。

　　A. 最大誠信原則　　　　　　　　B. 給付原則

　　C. 保險利益原則　　　　　　　　D. 損失補償原則

　　E. 近因原則

6. 某貨輪被魚雷擊中後，被拖到某港口維修，兩天後因狂風巨浪衝打，海水入艙，最後沉沒。根據近因原則判斷，艦艇損失的近因是_____。

　　A. 魚雷打中　　　　　　　　　　B. 狂風巨浪衝打

　　C. 海水入艙　　　　　　　　　　D. 修補不及時

7. 海上保險中的近因是指造成保險事故_____。

　　A. 時間上最近的原因　　　　　　B. 空間上最近的原因

　　C. 最直接、最接近起主要作用的原因　D. 損失程度最重的原因

8. 最大誠信原則是保險合同雙方應遵循的重要原則之一。在中國的教科書中，下列不屬於最大誠信原則的基本內容是_____。

　　A. 告知　　　　　　　　　　　　B. 棄權與禁止反言

　　C. 保證　　　　　　　　　　　　D. 陳述

9. 錯誤陳述可分為無辜性錯誤陳述、疏忽性錯誤陳述和欺騙性錯誤陳述。在英國，如果一個人以欺騙性的手段誘導某人簽訂一個長期保險合同，按照英國1986年頒布的《誤告與金融服務法》的規定，將處以_____的懲罰。

　　A. 罰款　　　　　　　　　　　　B. 監禁

　　C. 拘留　　　　　　　　　　　　D. 沒收非法所得

10. 錯誤陳述可分為三種：第一種是無辜性錯誤陳述；第二種是疏忽性錯誤陳述；第三種是欺騙性錯誤陳述。其中性質最輕的一種是_____。

　　A. 疏忽性錯誤陳述　　　　　　　B. 無辜性錯誤陳述

　　C. 欺騙性錯誤陳述　　　　　　　D. A 和 C 選項

三、思考題
1. 簡述海上保險中相關的保險利益。
2. 如何區分海上保險中的明示保證與默示保證？
3. 保險人違反告知義務應承擔的法律責任包括哪些？
4. 投保人違反了告知義務應承擔的法律責任包括哪些？
5. 簡述海上保險中近因的認定規則。

四、名詞解釋
1. 保險利益
2. 告知
3. 明示保證
4. 默示保證
5. 近因

第3章 海上保險合同

> **學習目標**

通過對本章的學習，應達到以下目標：
1. 熟悉海上保險合同的概念與特點；
2. 掌握海上保險合同的形式；
3. 瞭解海上保險合同的主體與客體；
4. 弄清海上保險合同的履行。

> **本章內容**

第一節　海上保險合同的要素與法律特徵
第二節　海上保險合同的民事法律關係
第三節　海上保險合同的訂立、解除與轉讓
第四節　海上保險合同履行的法律規定
本章自測題

第一節　海上保險合同的要素與法律特徵

一、海上保險合同的概念（Concept of Marine Insurance Contract）

英國1906年《海上保險法》第一條對「海上保險合同」的解釋是：A contract of marine insurance is a contract whereby the insurer undertakes to indemnify the assured, in manner and to the extent thereby agreed, against marine losses, that is to say, the losses incident to marine adventure. （海上保險合同，是指保險人按照約定的方式和範圍，對與海上冒險有關的海上損失，向被保險人承擔賠償責任的合同。）

1992 年《中華人民共和國海商法》第二百一十六條規定：海上保險合同，是指保險人按照約定，對被保險人遭受保險事故造成保險標的的損失和產生的責任負責賠償，而由被保險人支付保險費的合同。

根據以上兩種解釋，我們可以對海上保險合同的概念進行概括：海上保險合同是財產保險合同的一種，是海上運輸中的投保人或被保險人按規定向保險人交納一定的保險費，保險人對投保人或被保險人遭受保險事故造成保險標的損失承擔經濟補償的一種具有法律約束力的協議（Agreement）。

二、海上保險合同的要素（Elements of Marine Insurance Contract）

海上保險合同與其他保險合同一樣，其法律要求基本是一致的。為了使海上保險合同在法律上能夠得到執行，必須符合以下六個基本要求：

1. 協議（Agreement）

協議是一方提出要約、另一方接受要約，雙方達成的一個口頭的或書面的約定，也就是對要約的一種承諾。對於海上保險合同來說，首先由投保人提出訂立海上保險合同建議，這一建議在法律上稱為要約（Offer），這是簽訂合同的一個重要步驟。保險人接受投保人或被保險人提出要約的行為，在法律上稱為承諾（Acceptance），這是簽訂合同的另一個重要步驟。有時候，要約的提出到要約的接受需要很長一段時間，這是因為較大的海上保險標的的投保或承保過程比較複雜，經常要有保險代理人或保險經紀人參與才能完成。

2. 建立法律關係的意向（Intention to Create Legal Relations）

前面談到，合同是一個具有法律約束力的協議。因此，即使雙方就某一項目達成了一個協議，也可能根本不是一個合同，因為他們所達成的協議沒有法律約束力。比如說，某一商人在生意上一直經營得很好，利潤豐厚，但是這種好的局面沒有繼續維持下去。因為一年以後，在同一個地方又來了另一位更加精明的商人，經營同樣的產品，致使他的生意每況愈下，利潤下滑。於是他與某人簽訂一個協議，要教訓教訓這位後來經營者。從這個例子可以看出，雖然它是一個協議，但是它沒有法律約束力，是一個非法的協議，更談不上是一個有效合同。此外，社交活動與一些家庭協議也沒有法律約束力，沒有人認為參加一個朋友婚禮的邀請或接受朋友聚會的邀請是建立了一個合同關係，這位朋友是否接受邀請都不會產生法律責任。

3. 對價（Consideration）

在海上保險合同中，一方享有的權利是以另一方承擔義務為基礎。由於保險合同是射幸合同，因此合同雙方之間的關係並不一定是義務完全對等，只需雙方有對價的特點就可以。英國特許保險學會 1991 編寫的《合同法與保險》一書給「對

價」下的定義是：「Consideration means『some right, interest, profit or benefit accruing to one party, or some forbearance, detriment, loss or responsibility given, suffered or undertaken by the other』.」（對價是指一方產生的權利、利益、利潤或受益，或由另一方承受的忍耐、遭受的損害、損失或者給予的責任。）根據這一定義，對價可以簡述為：對價是指許諾人的一種利潤或利益，或者是承諾人的一種損害。

在海上保險合同中，作為被保險人，對價體現在獲得保險人風險承保的「利益」（Benefit），同時也要付出支付保險費的「損害」（Detriment）；作為保險人，對價體現在得到了被保險人交納的保險費「利益」（Benefit），同時也付出了承擔賠償責任的「損害」（Detriment），唯一的條件是必須有特定偶然事件的發生。例如，某一保險標的的保險金額為 500,000 元，火災費率為 2‰，投保人支付保險費 1,000 元。當保險標的發生全損時，保險人必須支付 500,000 元的賠款。這種 1,000 元與 500,000 元的對價是書面的、真實的、具體和合法的，體現在保險合同中。英國和歐美其他國家制定的合同法規當中，除另有約定，沒有對價的合同不能成立，是無效的。

4. 履行合同的能力（Contractual Capacity）

當事人簽訂保險合同，必須是具有行為能力的自然人或法人，能以自己的行為依法參與民事活動，行使民事權利和承擔民事義務。自然人成為有行為能力人的要求是達到法定年齡，比如說年滿 18 週歲、大腦清醒、心態健全、能夠以自己的行為行使民事權利和承擔義務。法人的行為能力由法人的代表（企業、機構）的負責人行使。只有具有行為能力的自然人或法人才有資格簽訂保險合同。

5. 合法的目的（Legal Purpose）

保險合同一經簽訂，便具有法律效力，並受國家法律的保護，由國家的法制力量保證其實現，所以，保險合同的訂立必須合乎法律的規定。合同的內容、主體和客體必須具有合法性，遵守公共秩序，尊重社會公德。非法的保險合同或協議，即使是雙方自願訂立，在法律上也不能認為有效，得不到法律的認可與保障。如毒品、違禁品不能投保貨物運輸保險，無執照的駕駛人員不得投保車輛的第三者責任險等。

6. 合同的形式（Form）

在中國，法律要求保險合同都採用書面形式，以確保合同的嚴肅性。但在涉外業務往來中，按國際慣例，只要雙方當事人對有關保險條款協商一致，保險合同在保險單簽發之前便可成立。保險單和保險憑證只起到憑證的作用，已不是保險合同成立的必備條件。

三、海上保險合同的法律特徵（Legal Features of Insurance Contract）

合同行為是雙方當事人之間明確相互權利和義務關係的法律行為。任何一種民事合同的成立都意味著當事人之間發生的權利和義務關係。由於海上保險合同所發生的權利和義務關係有其特殊性，海上保險合同除具有一般經濟合同的共同屬性

外，還有以下特點：

1. 海上保險合同是射幸合同（Aleatory Contract）

一般合同多屬於交換性質，即當事人因合同所致的利益或損失具有等價關係。如房屋租賃合同，每年房租 6,000 元，使用一年，就付 6,000 元的租金，如果不使用或使用到期就不用支付。但保險合同不一樣，權利和義務在性質上並不確定，要因偶然事件發生才履行權利與義務。約定的保險事故是一種不確定的事件，它是否發生，何時發生，以及發生以後保險標的遭受損失的程度如何，都帶有偶然性的性質，因此，被保險人支付保險費的義務是確定的，而保險人是否必須履行或者如何履行其補償義務就帶有不確定的性質。因此，海上保險合同是一種射幸合同，根據這一特點，保險人對大部分保險合同不履行賠償義務，只對一小部分合同履行賠償義務。

2. 海上保險合同是有條件的雙務合同（Bilateral Contract）

對於投保人或被保險人而言，海上保險合同的雙務性質表現在履行交納保險費的義務而取得保險保障的權利。就保險人而言，是以履行損失補償責任為義務而取得收取保險費的權利。雙方的權利和義務是相互關聯、互為條件的。在海上保險合同中，被保險人交納保險費的義務是確定的，即被保險人必須支付保險費後，才能取得損害賠償的索賠權利。保險人承擔的義務是有條件的，即保險人承擔的損失補償責任是以貨物在海上運途中遭受保險事故、造成損失和產生責任為條件。如果被保險貨物在運輸途中沒有發生損失或產生責任，則保險人只有收取保險費的權利，而沒有履行損失補償的義務。因此，海上保險合同是有條件的雙務合同。

3. 海上保險合同是保障合同（Guarantee Contract）

在海上保險合同中，投保人向保險人交納保險費，目的在於通過保險保障保險標的的經濟利益，保險人以收取保險費為條件，當險標的遭受損失時向被保險人提供保障，這就表明海上保險合同是保障性合同。海上保險合同的保障性是絕對的，因為被保險貨物遭受損失這種隨機現象是客觀存在的，不可能完全避免。在海上保險合同的有效期內，無論保險標的是否會遭受保險責任範圍內的損失，保險人隨時都承擔著保障承保標的物的經濟利益的責任。

4. 海上保險合同是最大誠信合同（Utmost Good Faith）

簽訂任何合同都必須誠信。誠信原則是合同雙方在簽訂合同時必須遵循的原則。凡以詐欺手段騙取對方簽訂的合同都是無效合同。而簽訂海上保險合同必須遵循最大誠信原則，因為誠信對保險合同更為重要。前面談到，保險合同是射幸合同，容易發生被保險人為了圖利而故意製造損害的行為，保險人不能掌握每一保險標的的具體情況，而只能根據投保人的申報和介紹來決定是否承保，這是保險合同的一個特點。投保人要把有關主要危險的重要事實如實地告知保險人，否則，保險人有權解除保險合同或者不負賠償責任。

5. 海上保險合同是附合性合同（Adhesive Contract）

海上保險合同不同於一般經濟合同，它不是商議合同。根據國際商法規定，保

險合同是一種附合性合同或粘附合同。附合性合同不是通過當事人雙方協商後確定，而是由保險人根據過去承保、理賠工作的經驗以及有關資料事先制定。被保險人在投保時，只能根據製作好的合同基本條款做出選擇，即使有特別的情況需要擴大或限制基本條款的權利和義務，也只能作為附加條款，原來的基本條款原則上不能改變。

第二節　海上保險合同的民事法律關係

保險合同是一種經濟合同，是調整合同當事人之間符合民事法律規定、具有民事權利義務內容的社會關係。任何一種民事法律關係都包括主體、客體和內容三個方面。

一、海上保險合同的主體（Subject of Marine Insurance Contract）

海上保險合同的主體可分為與海上保險合同有直接關係的當事人，如保險人、投保人和被保險人，與保險合同發生間接關係的關係人，如受益人、保險代理人和保險經紀人。

（一）海上保險合同當事人

1. 保險人（Insurer）

在海上保險合同中，保險人是指按照合同約定收取保險費、承擔賠償責任的一方當事人。根據各國保險業的實際情況，保險人是經營保險業務的經濟組織或個人，他們的組織形式各不一樣，其形式包括股份有限公司、相互保險公司、保險合作社、國家經營保險及個人經營保險等。不論哪種形式的保險組織要成為海上保險合同的保險人，都必須經過政府機構的批准，取得保險人資格，應當具有經營海上保險業務範圍的資格。在中國，財產保險公司都可以經營海上保險業務。

2. 投保人（Proposer）

投保人又稱要保人（Applicant），是指經申請與保險人訂立海上保險合同、負有交納保險費義務的一方當事人。投保人應具備如下條件：

（1）應當具有民事行為能力。訂立海上保險合同是一種民事法律行為，它會引起相應的法律後果，因此投保人必須具有民事行為能力，能夠正確地分析判斷其投保海上保險合同的性質和後果。根據《中華人民共和國民法通則》的規定，有民事行為能力的人必須是年滿18週歲，或者年滿16週歲、以自己的勞動收入為主要生活來源的精神正常的自然人。

（2）應當具有保險利益。投保人應當與保險標的之間存在著某種利害關係。沒有這種保險利益的自然人或法人不能向保險公司投保，也就不會成為海上保險合同的投保人。如果依此條件確認投保人資格的話，具體包括：船舶所有人（船東）

對其擁有的船舶具有保險利益；貨物所有人對其享有所有權的貨物具有保險利益；運費所有人對相應的運費具有保險利益；租船合同中的出租人對其應得的租金具有保險利益；船舶抵押中的抵押人對其抵押的船舶或抵押權人對其支出的抵押貸款均有保險利益。

(二) 海上保險合同的關係人

1. 被保險人（Insured）

海上保險合同的被保險人是指承受保險事故所造成保險標的損失的後果並有權請求賠償的一方當事人。被保險人是在海上保險合同中獲取保險保障的直接承受者。被保險人應具備兩個條件：

(1) 與保險標的之間有切身利害關係，即具有保險利益。

(2) 在保險事故發生時將直接承受損害後果。

在海上保險實踐中，如果投保人為自身利益投保，則投保人與被保險人是同一個當事人。如果投保人為他人利益投保，被保險人就是另一個當事人。

2. 受益人（Beneficiary）

受益人是指根據海上保險合同的約定，在保險事故發生時享有賠償請求權的人。受益人是一方獨立的當事人，享有獨立的權利。在海上保險業務範圍內，一般存在於海上人身保險合同中。從法律上說，受益人是由被保險人在海上保險合同中指定的。被保險人可以指定自己為受益人，也可指定投保人為受益人，還可以指定第三人為受益人。

(三) 海上保險合同的關係人

1. 保險代理人（Insurance Agent）

保險代理人受保險人委託，在規定的授權範圍內接受保險業務，出具暫保單或保險單，代收保險費以及代理保險人查勘出險案件、賠款等，從中收取代理手續費。在西方，保險業務大部通過保險代理人經辦，代理人是保險人與被保險人之間的仲介人，保險代理人對保險公司業務的發展起到關鍵性的作用。保險代理人公司需取得政府發給的執照，代理人員要參加監管機關組織的考試，獲得經營資格。代理人在執行業務時，如有違法行為，監管部分有權撤銷其執照，保險公司亦可解除其代理合同。保險代理人在保險人授權的範圍內從事代理業務，因此法律將保險人與其代理人視為一體。保險人應對代理人為履行其應盡職責的行為和主張負全部責任。

中國國內以前採用代理制度來拓展保險業務，如委託鐵路運輸部門、航空公司、進出口公司、郵局、銀行組織代辦貨運險和航空意外險等。為了開展國外業務，中國的財產保險公司在世界各地主要港口和城市聘請了貨物檢驗理賠代理、船舶檢驗代理，同時中國保險公司也作為外國保險公司在中國的貨物、船舶保險的檢驗代理人。目前，中國國內成立了許多從事保險業務的代理人公司，保險業務的運作逐步走向規範。

2. 保險經紀人（Insurance Broker）

保險經紀人是投保人的代理人，受投保人的委託代向保險人辦理投保手續、代

繳保險費以及提出索賠。經紀人為投保人設計投保方案，其宗旨是以最低的保險費獲得最大的保障。經紀人代委託人選擇保險人。大量保險業務是通過保險經紀人辦理的。在英國，保險公司80%以上的保險業務是由保險經紀人帶來的。在勞合社保險市場上，辛迪加90%以上的保險業務由勞合社保險經紀人帶來的。而保險公司或辛迪加的直接業務只占業務的很小一部分。目前，中國成立了許多保險經紀人公司，其中最早的三家是廣州長城保險經紀有限公司、北京江泰保險經紀有限公司和上海東大保險經紀有限公司。保險經紀人可以是自然人或法人。

3. 保險公估人（Insurance Surveyor）

保險公估人也稱保險公估行，是立於第三者的地位為保險人和被保險人辦理保險標的的查勘、鑒定和估損等工作，對事故原因提供技術分析和責任公證，並出具書面公證報告。公估人作出的書面報告可作為保險人賠償的依據。公估報告對投保人而言更容易接受。在中國，保險公估人已經起步，不久將會有較大的發展。

二、海上保險合同的客體（Object of Marine Insurance Contract）

海上保險合同的客體是指當事人的權利義務所指向的事物，即通過保險人在海上保險合同中獲得保險保障的對象。

海上保險合同所保障的是投保人的船舶、貨物、運費等，它們在保險事故發生時是不能得到保全的，只有保險利益才是海上保險合同各方當事人追求的保障對象。保險標的因海上風險造成保險事故時，由保險人賠償被保險人的經濟損失，即被保險人的經濟利益。所以說，海上保險合同的客體是保險利益。關於保險利益，請參看第2章「海上保險遵循的原則」。

三、海上保險合同的內容（Content of Marine Insurance Contract）

1992年《中華人民共和國海商法》第二百一十七條對海上保險合同的內容做了規定：

1. 保險人名稱（Name of Insurer）

應在此條款中寫明保險人名稱的全稱，作為確定保險人身分、承擔保險責任的法律依據。海上保險實踐中，由於採用格式合同，保險人名稱一般是事先印製的。

2. 被保險人名稱（Name of Insured）

該條款是由當事人在簽訂海上保險合同時進行填寫的。為了保證合同的有效性，明確權利義務關係，應當注意填寫被保險人的法定名稱全稱。如果被保險人為多數時，需要一一寫明。

3. 保險標的（Subject Matter of Insurance）

保險標的是投保人向保險人投保的對象，它是海上保險利益的載體。海上保險合同標的的範圍決定於法律和具體海上保險合同條款的規定，一般包括有形財產、

法律責任等。

1992年《中華人民共和國海商法》第二百一十八條規定了海上保險合同的保險標的：

（1）船舶（Vessel）；

（2）貨物（Cargo）；

（3）船舶營運收入（Income）；

（4）貨物預期利潤（Profit）；

（5）船員工資和其他報酬（Wage and Remuneration）；

（6）對第三人的責任（Liability）；

（7）因保險事故可能受到損失的其他財產和產生的責任、費用（Liability and Expenses）。

4. 保險價值（Insured Value）

保險價值指的是保險標的所具有的實際價值。法律要求被保險人向保險人投保時，應當申明保險標的的保險價值。海上保險標的的保險價值一般是由被保險人和保險人協商約定。當事人沒有約定的，則要按照法律規定來確認保險標的的保險價值。保險價值一經確定，就必須寫入合同內容之中。

1992年《中華人民共和國海商法》第二百一十九條確認了下述認定保險標的之保險價值的方法：

（1）船舶的保險價值是保險責任開始時船舶的價值，包括船殼、機器、設備的價值以及燃料、物料、索具、給養、淡水的價值和保險費的總和。

（2）貨物的保險價值是保險責任開始時貨物在起運地的發票價格或者非貿易商品在起運地的實際價值以及運費和保險費的總和。

（3）運費的保險價值是保險責任開始時承運人應收運費總額和保險費的總和。

（4）其他保險標的的保險價值是保險責任開始時保險標的的實際價值和保險費的總和。

5. 保險金額（Sum Insured）

保險金額是被保險人向保險人實際投保的貨幣數額。它在海上保險合同中具有重要意義。保險金額是被保險人享有保險利益的貨幣表現，成為被保險人獲取保險保障的法律標準，是保險人計收保險費的依據和承擔賠償責任的最大限額。

在海上保險合同中，如果被保險人投保的保險金額與保險標的的保險價值相一致，構成「全額保險」；如果被保險人只將保險標的之保險價值的一部分予以投保，就為「不足額保險」。具體方式由被保險人與保險人協商約定。但法律禁止保險金額超過保險價值的海上保險合同。1992年《中華人民共和國海商法》第二百二十條明確規定：保險金額不得超過保險價值；超過保險價值的，超過部分無效。

6. 保險責任和除外責任（Coverage and Exclusion）

保險責任是指保險人按照海上保險合同的約定所應承擔的損害賠償責任，是保險人在海上保險合同中所承擔的基本義務。

在保險合同條款的責任範圍內，如果發生海上風險造成保險標的損失，保險人負責賠償。保險責任可分為基本責任、附加責任和特約責任。

與保險責任相反的是除外責任，是海上保險合同中約定的條款，如果發生除外責任的風險事故，保險人不承擔賠償責任。

7. 保險期間（Duration）

保險期間是指保險人承擔保險責任的一段時間，即從保險責任開始到終止的時間。在此期間內發生保險事故導致保險標的損害，保險人承擔保險責任。所有保險合同，包括海上保險合同，都規定了保險的期間。

8. 保險費（Premium）

保險費是指被保險人按約定向保險人交納的貨幣金額。它是被保險人從保險人獲取保險保障應支出的對價。

保險費是根據保險費率計算出來的。海上保險合同中要求寫明被保險人應支付的保險費數額。

第三節　海上保險合同的訂立、解除與轉讓

一、海上保險合同的訂立（Conclusion of Insurance Contract）

海上保險合同的訂立須經過要約和承諾兩個基本步驟。

要約或訂約提議，是一方向他方提出訂立海上保險合同的建議。海上保險合同雙方當事人訂立合同的目的是為了獲得或提供保險保障。保險人為了科學合理地接受風險，並將風險在投保人中進行消化或分散，把承保風險規範化，訂立統一的承保條件和保險費率標準。這樣，海上保險合同的有關法律文書，包括投保單、暫保單及保險單等，均由保險人一方事先擬定。投保人填寫投保單並將其送交保險人，才是具有法律效力的要約行為。

承諾或接受訂約提議，是承諾人對要約人提出的要約表示完全地接受。在海上保險合同訂立的過程中，保險人表示同意要約的形式包括保險人簽章，向投保人出具保險費收據，向投保人出具暫保單、保險單等單證，保險人以書信、電傳等其他書面形式表示同意要約。如果保險人收到投保人提交的投保單後又提出新的要約，這種新的要約構成「反要約」（Counteroffer）或稱為「還價」，保險人成為新的要約人，投保人成為要約接受人。一般情況下，投保人交納了第一次保險費，則表明他接受保險人新的要約，海上保險合同宣告成立，反之，海上保險合同則沒有成立。

二、海上保險合同的形式（Form of Insurance Contract）

海上保險合同的形式大致可分為四種：

（1）投保單（Proposal form）；
（2）暫保單（Temporary cover note）；
（3）保險單（Insurance policy）；
（4）保險憑證（Insurance certificate）。

三、海上保險合同的變更（Alteration of Insurance Contract）

海上保險合同的變更是指合同主體的變更和合同內容的變更。

1. 海上保險合同主體的變更

海上保險合同的主體變更是常有的事。隨著國際貿易的需要，被保險貨物在轉讓時，可由被保險人背書轉讓給受讓人。此時，保險單中載明的權利和義務將隨同貨物的轉讓而轉讓。海上保險合同主體的變更通常是指被保險人的變更。

在海上保險中，保險人變更的情況並不多見。保險人變更的原因，或是經營破產，或是違法經營。對於保險人的破產，其合同責任由其保險人或政府或有關基金承擔；對於保險人違法經營保險業務，其保險合同也可根據保險監管部門的有關規定轉讓給其他保險人。

2. 海上保險合同客體的變更

海上保險合同客體變更是指保險人提供保險保障範圍的變更。客體變更一般是由投保人提出變更要求，經保險人同意並在保險單上批註生效。客體變更後，保險人根據變更的內容增收或退還保險費。

3. 海上保險合同內容的變更

海上保險合同內容的變更是指合同中約定事項的變更，一般發生在定期船舶保險中。船舶被保險人經常會因航運或貿易的需要要求變更船名、航行區域、承保險別等，這些內容的變更會引起承保風險的變化，加重保險人的責任，因此，保險人對此有權決定解除保險合同或增加收保費。

海上保險合同內容的變更一般由被保險人提出申請，經保險人同意後產生法律效力。保險人對被保險人提出的合同內容變更的承諾，可以明示方式表示，也可以默示方式表示。有些國家的法律規定，保險人對被保險人的變更請求在一定期間內不明確表示拒絕者，可視為承諾。海上保險合同內容變更的效力從保險人承諾之日或雙方當事人約定之日起生效。在此之前，合同仍按原規定內容履行。

四、海上保險合同的解除（Discharge of Insurance Contract）

合同的解除是指根據法律規定或約定事項使其法律效力喪失。保險合同解除形式有以下三種：

1. 無效而解除

海上保險合同無效是指合同訂立時或訂立後違反法律或約定事項，自始至終不產

生法律效力。按照中國《民法通則》第五十五條規定，民事法律行為應當具備下列條件：行為人具有相應的民事行為能力；意思表示真實；不違反法律和社會公共利益。海上保險合同與其他經濟合同一樣，不同時具備上述三個條件的，合同無效。比如行為人沒有保險業務經營許可證而從事保險業務經營，保險人超出其管理機構核准的業務經營範圍等，所訂合同均屬無效。除此之外，海上保險合同因下列情況無效：

（1）海上保險合同因沒有保險利益而無效。保險利益是海上保險合同成立的基礎，沒有保險利益的保險合同與賭博契約無異，並會導致道德風險的產生。如果投保人或被保險人對保險標的沒有保險利益，那麼即使發生保險事故，他也不會遭受經濟損失，因而保險人不需要履行保險賠償義務。沒有權利和義務存在的合同是一種無效的合同。

（2）海上保險合同因風險不再存在而無效。保險合同承保的風險在法律上是不確定的，具有或然性，它是保險合同成立的實質要件。風險不存在，就失去了投保的意義。

（3）海上保險合同因非法活動而無效。法律只保護正當的、合法的行為，這是公認的準則。投保違法的風險，如進行違法的貿易或承運非法貿易貨物，均可導致貨物運輸保險合同和船舶保險合同無效。

2. 失效而解除

海上保險合同的失效是指訂立合同後違反約定事項而失去效力。海上保險合同因下列原因失效：

（1）海上保險合同在成立後因危險已消滅而失效。根據1992年《中華人民共和國海商法》第二百二十四條的規定：訂立合同時，被保險人已經知道或者應當知道被保險標的已經發生保險事故而遭受損失，保險人不負賠償責任，但是有權收取保險費。保險人已經知道或者應當知道保險標的已經不可能因發生保險事故而遭受損失的，被保險人有權收回已經支付的保險費。前者指訂立保險合同時，被保險人已經知道或者應當知道保險標的已經發生保險事故而遭受損失，保險人不僅不負賠償責任，而且有權收取保險費。後者通常指訂立保險合同時保險標的已安全抵達目的地，已經不可能因發生保險事故而遭受損失，被保險人有權收回已支付的保險費。

（2）海上保險合同在保險期內，因投保人或被保險人的事由致使危險顯著變更或增加時，保險合同即失去效力。

（3）海上保險合同在保險期內，危險顯著變更或增加時，投保人或被保險人獲知這種情況後未及時通知保險人或故意隱瞞而不報，保險合同也失去效力。

（4）海上保險合同因被保險人故意造成的損失而失去效力。

3. 終止而解除

海上保險合同的終止是指合同成立之後因法定或約定事由發生使其永久消失法律效力的一種行為。海上保險合同終止的方式有下列幾種：

（1）自然終止。自然終止亦稱期滿終止。保險期間沒有發生保險事故，或發生保險事故導致保險標的部分損失，保險人已履行賠償義務，保險期間屆滿時海上

保險合同自然終止。

自然終止是海上保險合同終止的最一般、最常見的原因。

（2）協議終止。經雙方當事人協商同意並載於海上保險合同，在保險合同有效期間發生某種特殊情況海上保險合同可以隨即註銷。例如，中國船舶戰爭險條款規定，保險人有權在任何時候向被保險人發出註銷戰爭險責任的通知，通知發出後七天期滿時生效。

（3）義務全部履行終止。按照海上保險合同的一般規定，當保險人全部履行保險合同規定的義務之後即行終止。例如，保險標的發生全部損失，保險人對此進行了全部賠付，或是保險標的因保險責任以外的原因面發生全部滅失。然而，這種規定並不全部適用於船舶保險。按照船舶保險的規定，如在保險有效期內連續多次發生部分損失，其損失金額或賠償金額超過保險金額，保險人的責任並不因此而終止，直到保險合同期限屆滿。

值得注意的是，2009年《中華人民共和國保險法》第五十條規定：貨物運輸保險合同和運輸工具航程保險合同，保險責任開始後，合同當事人不得解除合同。

五、海上保險合同的轉讓（Assignment of Insurance Contract）

海上保險合同的轉讓，一般是指被保險人將其合同讓與給第三人，而由受讓人取代被保險人地位的法律行為。由此可見，海上保險合同的轉讓實質是合同主體的變更。

在實踐中，海上保險合同的轉讓往往是由於買賣、贈與、繼承等法律行為導致保險標的權益轉移而引起的。但是，保險合同不是保險標的的附屬物，不隨保險標的權益的轉移而必然轉讓。所以，應當把保險標的的轉移與海上保險合同的轉讓區分開來。

根據國際海上保險的慣例和各國法律的規定，海上保險合同可以轉讓。不過，海上貨物運輸保險合同和船舶保險合同的轉讓條件是不一樣的。1992年《中華人民共和國海商法》第二百二十九條和第二百三十條第一款分別規定了海上貨物運輸保險合同和船舶保險合同的轉讓條件。

1. 海上貨物運輸保險合同的轉讓

海上貨物運輸的範圍廣泛、流動性大，貨物在運輸途中發生物權轉移的事經常出現，貨物在運輸保險合同中的保險利益也隨之轉移。在轉讓中，轉讓方和受讓方不需要徵得保險人同意，這樣做主要是給貨物買賣雙方帶來便利，有利於商品流轉和國際貿易往來。這也是海上貨物運輸保險中的一大特點。

1992年《中華人民共和國海商法》第二百二十九條規定：海上貨物運輸保險合同可以由被保險人背書或者以其他方式轉讓，合同的權利、義務隨之轉移。

如果在海上貨物運輸保險合同轉讓時還有未支付的保險費，一些各國的法律規定由合同受讓人支付。而1992年《中華人民共和國海商法》規定：合同轉讓時尚

未支付保險費的，被保險人和合同受讓人負連帶支付責任。此目的在於加重被保險人的責任，提高其認真負責的態度。

2. 船舶保險合同的轉讓

各國法律對於船舶保險合同的轉讓規定十分嚴格，因為船舶所有權轉移有可能改變船舶的管理狀況，從而使不確定風險加大，影響保險人承保風險及其保險費率的確定。正因為如此，船舶保險合同的轉讓，必須經保險人同意。保險人也需在船舶保險合同中規定「所有權變更條款」，並約定在保險人書面同意之前，船舶保險合同從船舶所有權轉移之時起自動終止效力。1992 年《中華人民共和國海商法》第二百三十條第一款有明確規定：因船舶轉讓而轉讓船舶保險合同的，應當取得保險人同意。具體方法是由保險人在保險單上批註或加貼批單，以確認合同的轉讓。否則，未經保險人同意的，船舶保險合同從船舶轉讓時起解除。

第四節　海上保險合同履行的法律規定

一、法律對海上保險合同中投保人的義務規定（Duty of Applicant）

根據 2009 年《中華人民共和國保險法》第二節的規定，投保人的義務履行包括下列幾項：

（一）支付保險費的義務

根據 2009 年《中華人民共和國保險法》第十四條的規定，保險合同成立後，投保人應按照合同約定向保險人支付保險費。投保人支付保險費義務的正確履行方式有下列兩種情況：

1. 合同無特別約定時

在合同無特別約定時，支付保險費義務的履行必須在合同成立時進行，其數額必須是全額，如果在合同成立時不立即支付保險費或部分支付保險費，均構成對 2009 年《中華人民共和國保險法》第十三條關於支付保險費義務的違反。

2. 合同有特別約定時

在合同有特別約定時，其支付保險費的辦法依照約定內容進行，分為：

（1）約定延期交費，即在合同中約定推遲支付保險費的時間。

（2）約定分期交費，即在合同中約定分階段支付保險費。

在這兩種情況下，投保人必須按合同約定的辦法，如數、如期支付保險費，否則，構成對保險合同的違約。

3. 違反支付保險費義務的認定

根據投保人履行支付保險費、義務的上述情形，投保人違反支付保險費義務的情況包括以下表現形式：

（1）在保險合同期限內完全不支付保險費。

（2）在保險合同期限內只支付部分保險費。

4. 投保人違反支付保險費義務的處理

投保人違反支付保險費義務時，保險人依法可採取相應的措施。實踐中的做法是，如果投保人不按期交付保險費，保險人可以分情況要求其支付保險費及利息或者終止保險合同。保險人如果終止合同，可以要求投保人如數繳足終止合同前按投保方式應交的保險費及利息。

（二）維護保險標的安全的義務

2009年《中華人民共和國保險法》第五十一條規定：被保險人應當遵守國家有關消防、安全、生產操作、勞動保護等方面的規定，維護保險標的的安全。

為了促使被保險人盡力履行維護保險標的安全的義務，立法授予保險人可以對保險標的安全狀況進行檢查，經被保險人同意，還可以採取安全措施，消除不安全因素和災害隱患的權利，其目的是避免產生事故或災害。如果保險人依照法律或保險合同的規定，在對保險標的進行安全防災檢查中發現不安全因素或災害隱患並提出了整改意見，被保險人卻不予理睬，對保險標的的安全沒有盡到職責，保險人享有增加保險費或者解除保險合同的權利。

（三）保險標的危險程度增加的通知義務

2009年《中華人民共和國保險法》第五十二條第一款規定，在合同有效期內，保險標的的危險程度顯著增加的，被保險人按照合同約定應當及時通知保險人。這即是危險程度增加的通知義務。

在海上保險合同中，危險程度顯著增加對保險人具有重大影響。保險人收取保險費是根據保險標的在特定情況下的危險程度按照保險統計學制定出來的費率表核定的。如果保險標的在保險合同期限內明顯增加危險程度，被保險人不將此情況及時通知保險人，就會導致保險人收取較低的保險費卻承擔較高的危險責任。顯然，這與訂立保險合同的公平原則是相悖的。

如果被保險人在保險標的危險程度顯著增加的情況下不通知或不及時通知保險人，則違反了法律規定。對被保險人因保險標的危險程度顯著增加所發生的損失，保險人有權拒絕承擔賠償責任。

（四）防止或減少損失的義務

2009年《中華人民共和國保險法》第五十七條規定了被保險人防止或減少損失的義務，其含義是被保險人在保險標的發生保險事故時，應盡力採取必要的措施，防止保險標的遭受損失或者避免保險標的損失擴大。社會財富在一定時刻總是表現為一定的價值量，儘管保險標的有保險合同的保障，造成損失可以由保險人依法或依照合同予以補償，但作為社會財富的總量，總是表現為減少，即便是保險合同存在，也不能使已減少的社會財富總量在數量上復歸。法律規定被保險人有防止或減少損失的義務，其目的就是確保保險標的不因保險事故發生損失或將這種損失降到最低限度。

1. 防止或減少損失義務的兩種表現形式

（1）防止保險標的發生損失，即在保險事故已發生但未造成保險標的損失時，被保險人應盡力採取一切必要的措施，阻止保險標的遭受損失。

（2）減少保險標的的損失，即在保險事故已經發生並已造成保險標的損失時，被保險人應當採取一切必要和可能的措施，避免損失繼續擴大。

2. 防止或減少損失義務的前提條件

儘管 2009 年《中華人民共和國保險法》規定了被保險人有防止或減少損失的義務，但是從司法實踐的情況來看，被保險人履行這一義務具有主觀和客觀兩方面的條件：主觀條件即被保險人在主觀上知道保險事故已發生，客觀條件即被保險人在客觀上能夠採取一定措施防止或減少保險標的損失。

二、法律對海上保險合同中保險人的義務規定（Duty of Insured）

在海上保險合同中，保險人的義務履行就是其依照法律規定或保險合同的約定，完全地、適當地、及時地履行自己對被保險人負有的賠償義務。從 2009 年《中華人民共和國保險法》的規定內容與海上保險合同的實際履行情況考察，保險人義務的履行包括支付保險賠償義務的履行與特殊義務的履行。

（一）履行支付保險賠償的義務

1. 支付保險賠償義務履行的條件

保險人支付保險賠償義務的履行，就是當保險標的發生保險責任範圍內的事故，並造成保險標的經濟損失時，保險人依照法律規定或保險合同的約定，向被保險人支付一定貨幣的行為。支付保險賠償金是保險人收取保險費後依照合同應承擔的基本義務和被保險人訂立保險合同希望達到的目的，同時也是體現保險制度補償功能的重要標誌。不過，即使有保險合同的存在，被保險人請求保險人履行支付賠償義務也不一定完全成功。保險人最終是否應當履行此項義務，還必須具備一系列的條件。支付保險賠償義務履行的條件有：

（1）保險合同有效。保險合同有效是保險人承擔保險責任和支付保險賠償金的首要條件。

（2）保險標的發生保險事故，即保險合同中約定的保險事故條件成立。

（3）保險標的的損失已客觀存在。

（4）保險事故與保險標的損失之間有因果關係，有内在的、必然的聯繫。

2. 支付保險賠償金的數額限度

在海上保險合同中，保險人支付保險賠償義務要受到保險金額的限制。在部分損失情況下，若保險標的的保險價值在發生事故時高於保險金額，則應實行比例賠償方式，並在保險金額以内支付賠償金；若保險標的的保險價值低於保險金額，則按實際損失支付保險賠償金。在全損或推定全損的情況下，若保險標的的保險價值高於保險金額，則按保險金額支付保險賠償金；若保險標的的保險價值低於保險金

額，則按保險事故發生時的實際價值確定保險賠償金。

3. 支付保險賠償金的方式

保險人支付保險金的履行方式是以現金方式進行，但在結算時必須依照《經濟合同法》第十三條的規定執行。

4. 履行支付保險金的期限

2009年《中華人民共和國保險法》第二十三條、第二十五條規定，對該項義務履行有兩個期限的限制：

（1）保險人收到被保險人或者受益人的賠償或者給付保險金的請求後，應當及時作出核定；情形複雜的，應當在三十日內作出核定，但合同另有約定的除外。保險人應當將核定結果通知被保險人或者受益人；對屬於保險責任的，在與被保險人或者受益人達成賠償或者給付保險金的協議後十日內，履行賠償或者給付保險金義務。保險合同對賠償或者給付保險金的期限有約定的，保險人應當按照約定履行賠償或者給付保險金義務。

（2）保險人自收到賠償或者給付保險金的請求和有關證明、資料之日起六十日內，對其賠償或者給付保險金的數額不能確定的，應當根據已有證明和資料可以確定的數額先予支付；保險人最終確定賠償或者給付保險金的數額後，應當支付相應的差額。

（二）特殊義務的履行

此處的特殊義務是針對保險人支付保險賠償金這一合同基本義務而言的。在海上保險合同中，保險人除了向被保險人承擔保險責任並支付保險賠償金外，在某些特殊情況下還要履行某些特殊的義務，包括：

1. 支付施救費的義務

施救費是在保險標的發生保險事故時，被保險人為防止損失或減少損失而發生的搶救、保護、整理保險標的的合理費用。2009年《中華人民共和國保險法》第五十七條第二款對保險人的這一特殊義務進行了規定。關於施救費用是否合理，首先應看其支出是否是以防止或減少保險標的損失為目的，凡不是用於該項目的，就不是合理的施救費；其次根據案件中支出的額度是否合理，如屬明顯超出合理標準，其超出部分也不屬於合理的施救費。保險人對不合理的施救費可以拒絕承擔賠償責任。

2. 承擔為查明和確定保險事故的性質、原因和保險標的損失程度所支付的必要的、合理的費用的義務

保險標的發生保險事故，為確定保險人應當承擔保險責任以及應當支付的賠償金額，必須對保險事故的原因、性質及保險標的的損失程度、損失數量及價值進行調查和認定。在實踐中，這項工作一般由保險人與被保險人直接協商處理。但是，當雙方之間不能就上述內容達成一致意見時，可聘請有關的技術專家或公估行的技術人員進行專業調查和評估，為此所花費的費用應當由保險人承擔。2009年《中華人民共和國保險法》第六十四條中對此已做了明確規定，上述費用不論是應保險

人的請求而發生還是應被保險人的請求而發生，都應當由保險人承擔。

3. 承擔必要的訴訟費用的義務

在特殊情況下，被保險人為了確定保險標的損失，可能與第三者發生法律訴訟。例如在保險標的遭受保險責任的損失時，保險標的損失是由被保險人還是第三者造成的或各自承擔責任問題上發生爭議時，可能會發生訴訟。在此情況下，保險人對被保險人依法承擔的訴訟費用應承擔賠償責任。

本章自測題

一、是非判斷題

1. 海上保險合同，是指保險人按照約定，對被保險人遭受保險事故造成保險標的的損失和產生的責任負責賠償，而由被保險人支付保險費的合同。（　　）

2. 參加一個朋友婚禮的邀請或接受朋友聚會的邀請能產生一個合同關係，因而產生法律責任。（　　）

3. 在海上保險合同中，作為被保險人，對價表現在他獲得了保險人承保風險的「利益」，同時也要付出支付保險費的「損害」。（　　）

4. 在海上保險合同中，作為保險人，對價體現在得到了被保險人交納的保險費「損害」，同時也付出了承擔賠償責任的「利益」。（　　）

5. 當事人簽訂保險合同，必須是具有行為能力的自然人或法人，能以自己的行為依法參與民事活動，行使民事權利和承擔民事義務。（　　）

6. 海上保險合同中有直接關係的當事人包括保險人、被保險人、保險代理人、受益人和保險經紀人。（　　）

7. 中國目前已成立了許多保險經紀人公司，其中最早的三家是廣州長城保險經紀有限公司、北京江泰保險經紀有限公司和上海東大保險經紀有限公司。（　　）

8. 1992年《中華人民共和國海商法》第二百二十條明確規定，保險金額不得超過保險價值；超過保險價值的，超過部分無效。（　　）

9. 在海上保險合同中，如果船舶需要轉讓而轉讓船舶保險合同，也不需要徵得取得保險人的同意。（　　）

10. 海上貨物運輸保險合同可以由被保險人背書或者以其他方式轉讓，合同的權利、義務隨之轉移，不需要徵得保險人的同意。（　　）

二、單項選擇題

1. 「海上保險合同，是指保險人按照約定的方式和範圍，對與海上冒險有關的海上損失，向被保險人承擔賠償責任的合同」。這一定義出自_____。

　　A. 日本《商法》　　　　　　　　B. 英國1960年《海上保險法》
　　C. 1992年《中華人民共和國海商法》　　D. 英國1906年《海上保險法》

2. 海上保險合同的客體是指當事人的權利義務所指向的事物，即通過保險人在海上保險合同中獲得保險保障的對象。具體地說，就是_____。
   A. 被保險的貨物　　　　　　　　　B. 保險利益
   C. 被保險的船舶　　　　　　　　　D. A 和 B

3. 海上保險合同包括主體和客體。其中，海上保險合同的客體是指_____。
   A. 保險人　　　　　　　　　　　　B. 保險標的
   C. 被保險人　　　　　　　　　　　D. 保險利益

4. 在海上保險合同中，作為_____，對價體現在獲得保險人風險承保的「利益」，同時也要付出支付保險費的「損害」。
   A. 保險人　　　　　　　　　　　　B. 代理人
   C. 被保險人　　　　　　　　　　　D. 受益人

5. 在海上保險合同中，作為_____，對價體現在得到了被保險人交納的保險費「利益」，同時也付出了承擔賠償責任的「損害」。
   A. 被保險人　　　　　　　　　　　B. 保險人
   C. 經紀人　　　　　　　　　　　　D. 受益人

6. 合同包括當事人和關係人。海上保險合同的當事人包括_____。
   A. 投保人、保險人　　　　　　　　B. 投保人、受益人
   C. 被保險人、受益人　　　　　　　D. 公估人、代理人

7. 海上保險合同與其他保險合同一樣，其法律要求基本是一致的。為了使海上保險合同在法律上能夠得到執行，必須符合合同的_____基本要素。
   A. 五個　　　　　　　　　　　　　B. 四個
   C. 三個　　　　　　　　　　　　　D. 六個

8. 由於海上貨物運輸的範圍廣泛、流動性大，貨物在運輸途中發生物權轉移的事經常出現，因此貨物在運輸保險合同中的保險利益也隨之轉移。在轉讓中，_____徵得保險人同意。
   A. 必須　　　　　　　　　　　　　B. 有必要
   C. 不需要　　　　　　　　　　　　D. 不得不

9. 船舶所有權轉移有可能改變船舶的管理狀況，從而使不確定風險加大，影響保險人承保風險及其保險費率的確定。對於船舶保險合同的轉讓，必須經_____同意。
   A. 投保險人　　　　　　　　　　　B. 被保險人
   C. 經紀人　　　　　　　　　　　　D. 保險人

10. 貨物所有權轉移不可能改變海上風險的性質，也不能改變貨物的管理狀況，從而不會影響保險人承保風險及其保險費率的確定。對於貨物保險合同的轉讓，_____。
    A. 需要投保險人同意　　　　　　　B. 不需要徵求保險人同意
    C. 需要經紀人同意　　　　　　　　D. 要徵求保險人同意

三、思考題
1. 如何理解海上保險合同的含義？
2. 簡述海上保險合同的要素。
3. 簡述海上保險合同的法律特點。
4. 簡述海上保險合同的主體。
5. 說明海上保險合同的形式。

四、名詞解釋
1. 海上保險合同
2. 協議
3. 保險價值
4. 保險金額
5. 保險標的

第4章 海上保險損失的界定

學習目標

通過對本章的學習，應達到以下目標：
1. 區分實際全損與推定全損；
2. 掌握推定全損與委付的關係；
3. 瞭解共同海損與海上保險的關係；
4. 區分施救費用與救助費用；
5. 瞭解救助合同及其種類。

本章內容

第一節　全部損失
第二節　部分損失
第三節　費用損失
本章自測題

　　海上損失與海上風險是海上保險承保既有聯繫又有區別的兩種客觀事物。我們談到保險產生時，總是談到有風險發生，才有保險存在，即「無風險，無保險」，換句話說，也就是「有風險，才有保險」。在這裡，保險被視為承保風險事故的一種可行性方法。這種說法當然有一定的理由，但是它畢竟不是對保險這一概念所做的完整的、確切的表述。

　　保險不僅是承保風險、處理風險的一種科學方法，更重要的是，保險是對這種風險造成的損失給予合理的經濟補償，以繼續維持社會生產連續性的一種經濟手段和措施，通過一保一賠，發揮其危險分散、損失消化的社會職能。從這個意義上

說，「無風險，無保險；無損害，無保險」的表達更加能夠表達保險的確切含義。風險與損失是不同的，有一定的區別，又有相互的聯繫。它們相互作用，共同構成保險這一特殊事物的因果關係。我們可以這樣認為，沒有風險的存在，就不會有損失的發生；沒有損失的發生，風險也失去了任何意義。風險事故是造成損失的條件，損失是風險事故的必須結果，兩者之間是辯證的統一，它們相輔相成，缺一不可。在分析了海上保險的風險事故以後，我們要進一步對海上保險的損失問題進行探討和考察。

海上貨物運輸保險承保的損失包括保險人所承保的危險事故發生時引起的貨物本身發生的損失以及相關的費用損失，兩者之間的內容和產生的原因都不一樣，我們要對此進行認真分析。

第一節　全部損失

全部損失（Total loss）指的是保險標的遭受自然災害或意外事故，造成船舶或貨物的全部損失。全部損失可分為四種形式：實際全損、推定全損、協議全損和可劃分的部分全損。

一、實際全損（Actual Total Loss）

（一）定義

實際全損（絕對全損）是保險標的實際上根本不能恢復或完全滅失或不可避免地要完全滅失。1906年英國《海上保險法》第五十七條對「全損」的解釋是：Where the subject-matter is destroyed, or so damaged as to cease to be a thing of the kind insured, or where the assured is irretrievable deprived thereof.（當保險標的完全滅失，或者損壞程度嚴重到不再是與原保險標的類似的事物，或者被保險人無可挽回地喪失了該保險標的者，構成實際全損。）1992年《中華人民共和國海商法》第二百四十五條對實際全損的解釋是：保險標的發生保險事故後滅失，或者受到嚴重損壞完全失去原有形體、效用，或者不能再歸保險人所擁有的，為實際全損。

（二）構成實際全損的條件

（1）保險標的完全滅失。這種情況表現在海上運貨物被火燒毀、海上運輸船舶遇難、船上貨物沉入海底無法打撈、船舶本身沉入海底等。

（2）保險標的已失去原有的使用價值和價值屬性。這種情況表現在一些易腐爛變質性物質，如水泥遭海水浸泡後變成固體，面粉遭海水浸泡後不能使用等。雖然形式或實體還存在，但是已失去其使用價值。

（3）被保險人對喪失了的保險標的不能恢復其所有權。這是指保險標的的價值和使用價值均未受到損失，只是因為某種原因的發生導致保險標的不能再歸還保險人所有。這種情況表現在一些貨物被盜。例如船舶與貨物被海盜劫走，或被敵對

方捕獲或沒收，無法再得到。

（4）被保險船舶失蹤達到一定時間，國際上一般為 6 個月，音訊全無，可視為完全滅失。這種情況在聯合國 1985 年草擬的《海上船舶保險條款範本》中稱之為「假定全損」（Presumed Total Loss）。查明全損原因的責任在於被保險人或船東如果查不出造成全損的原因，保險人可以拒賠。例如在前幾年，某家公司一條名為「波比 M 號」的船在風平浪靜的海洋中因船底突然破裂，海水進入機艙而沉沒。船東查不出造成船底破裂的原因，猜想是被潛艇撞擊所致。英國地方法院認為保險人應負賠償責任，但英國上院法庭否決了地方法院的判決，認為潛艇說法不能接受，保險人勝訴。

二、推定全損（Constructive Total Loss）

（一）定義

推定全損是指保險標的在受損之後，雖然沒有達到完全滅失的程度，但是其實際全損無法避免，或者其修理費、整理費、續運費用、施救費用、贖回費用等都超過獲救後的保險標的的價值。英國 1906 年《海上保險法》第六十條第一款和第二款對「推定全損」作了如下定義：Subject to any expressions provision in the policy, there is a constructive total loss where the subject-matter insured is reasonably abandoned on account of its actual total loss appearing to be avoidable or because it could not be preserved from actual total loss without expenditure which would exceed its value when the expenditure had been incurred.

1992 年《中華人民共和國海商法》第二百四十六條對「推定全損」的解釋是：船舶發生保險事故後，認為實際全損已經不可避免，或者為避免發生實際全損所需支付的費用超過保險價值的，為推定全損。貨物發生保險事故後，認為實際全損已經不可避免，或者為避免發生實際全損所需支付的費用與繼續將貨物運抵目的地的費用之和超過保險價值的，為推定全損。

（二）推定全損構成的條件

（1）保險標的在運輸途中遭到承保風險之後，雖然沒有達到完全滅失的狀態，但是根據估計，完全滅失不可避免。例如，一艘貨船沉沒在淺海之中，雖說沒有滅失，但是打撈費、修復費及船上貨物的施救費用將超過其價值，此時便可視為推定全損。

（2）被保險貨物受損後，修理費用、續運到原出發港的費用估計要超過貨物在目的地完好狀態的價格，可視為推定全損。

（3）被保險貨物遭受保險責任範圍內的事故之後，被保險人喪失了對保險標的的所有權；如果要收回這一所有權，所發生的費用估計要超過收回之後保險標的的價值，可視為推定全損。

（4）在構成推定全損的情況下，被保險人必須向保險人辦理「委付」手續，也就是說，被保險人將保險標的的一切權利轉讓給保險人，同時要求保險人按全損

給予經濟補償。

(5) 貨物受損後，其修理費和繼續運抵目的港的費用之和將超過保險的價值。

(三) 推定全損與委付的關係

保險標的只要是上述情況之一者，被保險人可按推定全損要求賠償，要求索賠的首要任務是向保險人辦理委付（Abandonment）手續。委付是海上保險一種特有的制度，是指在發生推定全損的情況下，被保險人將保險標的的一切權利移交給保險人，然後請求保險人支付該保險標的的全部保險金額。委付是構成推定全損索賠的先決條件，也是被保險人索賠的形式之一。

1992 年《中華人民共和國海商法》第二百四十九條規定：保險標的發生推定全損，被保險人要求保險人按照全部損失賠償的，應當向保險人委付保險標的。保險人可以接受委付，也可以不接受委付，但是應當在合理的時間內將接受委付或者不接受委付的決定通知被保險人。委付不得附帶任何條件。委付一經保險人接受，不得撤回。該法第二百五十條規定：保險人接受委付的，被保險人對委付財產的全部權利和義務轉移給保險人。英國 1906 年《海上保險法》第六十三條規定：委付經確定後，所有保險標的之剩餘部分及其一切所有權利，均讓給保險人所有。

因此，委付的目的是通過被保險人通知保險人關於保險標的發生的損失，以便保險人有機會採取措施減少危險事故造成的損失。按照英國 1906 年《海上保險法》的規定，推定全損的委付通知應注意以下幾點：

(1) 被保險人決定委付後，必須向保險人發出委付通知，否則，其損失只能以部分損失處理。

(2) 委付通知一般為書面形式，經保險人承諾後才能生效。

(3) 委付應該在調查的基礎上發出，僅知道損失發生而不知道損失的詳細情況，不得立即發出委付。委付必須是被保貨物的全部委付，不能只委付其中的一部分。但如果是同一張保單上的標的物分列清單，對其中的一種標的物也可單獨進行委付。但是，被保險人要求委付不能附帶任何條件。

(4) 委付一旦成立，就不能反悔。此外，委付的條件還規定，修理費用、恢復原標的的費用必須超過船舶的保險價值，才可以視為推定全損並得到賠償。若損失是由被保險人的惡意行為所致，則不能賠償。

(5) 委付通知發出後，被保險人的權利不因保險人是否接受而受到影響。雖然保險人對是否接受委付有選擇權，但保險人仍按照保險合同的規定承擔其應有的責任。

(四) 委付的作用

委付是一種合同行為，需要經過保險人的承諾才能生效。按照英國 1906 年《海上保險法》第六十三條的規定：Where there is a valid abandonment, the insurer is entitled to take over the interest of the assured in whatever may remain of the subject‑matter insured and all proprietary rights incidental thereto. Upon the abandonment of a ship, the insurer thereof is entitled to any freight in course of being earned, and which is earned by her subsequent to the casualty causing the loss, less the expenses of earning it incurred after the casualty; and, where the ship is carrying the owner's goods, the insurer is entitled to a reasonable remuneration for the carriage of them subsequent to the casualty causing the loss.

以上的意思是如果被保險人就貨物辦理委付，保險人有權接管被保險人對貨物的一切剩餘利益以及與其有關的所有財產利益。如果是就船舶辦理委付，船舶保險人有權得到正在賺取和在引起損失的事故發生後船舶收取的任何運費減去在引起損失發生的事故後為獲得該運費所支付的費用；如果船舶裝載的是船舶所有人的貨物，保險人有權獲得因造成損失後運送貨物的合理報酬。

當船舶被委付給保險人時，保險人有權得到被保險人殘損標的物的權利和利益。但是，保險人通常不準備行使這一權利，因為這意味著保險人承擔與船舶相關的一切義務和責任。一般說來，保險人同意按推定全損賠付而不願意接受船舶貨物的殘體。因為按照有關航道部門的要求，沉入航道上的船舶必須打撈或移走，以保障海上航道的暢通，而這種打撈費、移動費非常昂貴，有時超過船舶貨物的殘值，這是任何保險人都不願承擔的。如果被保險人接到保險人的拒絕通知，他必須負擔將沉船打撈移走的責任。

綜上所述，實際全損和推定全損都是全部損失，同時也有很大區別，在賠償的處理上也有所不同。區別在於實際全損是被保險船舶與貨物無可挽回的完全損失，被保險人不需要辦理委付手續，就可要求保險人按全損賠付。而推定全損是被保險船舶與貨物在受損後還沒有完全喪失，根據情況可以修復或可以收回，只是在修復和收回之中所需費用超過獲救後貨物的原價值，被保險人可以向保險人辦理委付，要求得到全損賠付，也可以不辦理委付，保留對殘餘物的所有權，保險人按照部分損失負責賠款。

三、協議全損（Arranged Total Loss）

協議全損是指被保險標的遭受的損害不是實際全損，又沒有達到推定全損的要求，但是，為了維持被保險人與保險人之間良好的業務關係，雙方都同意按全部損失進行賠償，以有利於雙方今後業務的進一步發展和進一步合作，使保險人的客戶相對穩定。此時，保險人按全部保額賠付給被保險人。按照這種方式進行的賠付，稱之為協議全損。保險人在考慮協議全損時也要考慮自己的利益，不要憑個人感情而犧牲公司的利益，過多地採用協議全損的方式處理理賠。

四、可劃分的部分全損（Apportioned Partial Total Loss）

英國1906年《海上保險法》在談到「單獨海損」時規定：Where the subject matter insured is warranted free from particular average, the assured can not recover for a loss of part, other than a loss incurred by a general average sacrifice, unless the contract contained in the policy be apportionable; but, if the contract be apportionable, the assured may recover for a total loss of any apportionable part. Where the subject－matter insured is warranted free from particular average, either wholly or under a certain percentage, the insurer is nevertheless liable for salvage charges, and for particular charges and other expenses properly incurred pursuant to the provisions of the suing and laboring clause in order to avert a loss insured against.

這段話的意思是：如果保險標的按不賠單獨海損條款投保，除非保險合同是可分割的外，被保險人所遭受的部分損失不能獲得賠償，但屬於共同海損犧牲的損失可獲賠償；若保險合同是可分割的，被保險人就任何可分割部分的全損可獲賠償。

假如保險標的按不賠單獨海損條款投保，無論是全部單獨海損還是一定比例以下的不賠單獨海損，保險人都承擔救助費用和根據施救條款為避免可保損失而合理發生的特殊費用和其他費用。

這種規定主要是針對貨物而言。貨物是可以割分的，船舶則不存在任何可割分的部分，因為無論是絕對全損還是推定全損，都是以一艘船為單位。為了正確把握全損的範圍，保險人一般要在保單上對全損做出十分明確的規定。以下幾種情況屬於可割分的全部損失的範疇：

（1）保險單上載有兩項以上的保險金額，其中有一項發生全部損失。

（2）同一保險單上承保兩種以上不同類別的貨物，並且不同貨物的數量和保險金額分別列出，其中有一類貨物發生全部損失。

（3）在裝貨、卸貨或轉船時，整批貨物中有一件或數件貨物發生全部損失。

（4）使用駁船分批駁運時，裝載於同一駁船的貨物發生全部損失。

（5）保險單已載明若干件貨物分別承保，分別承保的若干件貨物發生全部損失。

在海上保險中，不論是實際全損還是推定全損，其賠償金額均為該批貨物的全部保險金額。但是，在發生可割分的部分全損時，其賠償金額是全損部分的保險金額。當全損發生時，構成保險金額的部分費用尚未支出，以致不需要支出時賠償金額應減去不需要支付的部分。

例如，一批貨物按 CIF 價格條件出口，貨物價值 400 萬元，其中包括預期利潤 10%，運輸費用 50 萬元，運輸費預定在貨物裝船後支付。這批貨物在起運港碼頭船邊等待裝船時發生火災，貨物被大火燒毀。在支付賠款時，保險人支付的數額應扣除預期利潤 40 萬，運輸費用 50 萬元，實際支付賠款 310 萬元。

在貨物沒有全部運出的情況下，全部損失的賠償金額也不是全部保險金額，而是已經運出部分的保險金額。例如，出口到國外某一貨物為 40 萬噸，投保金額為 4,000 萬元，結果只有 20 萬噸貨物在裝船運出時遭受全部損失。根據這一情況，賠償金額就是保險金額的 50%，也就是 2,000 萬元。

至於船舶保險，不論是實際全損還是推定全損，賠償金額就是投保金額，因為船舶保險是以船舶為一單位的。但是，如果船體與機器的價值分別載明在保險單上，保險人對於其中任何一項因承保風險所造成的全部損失仍須承擔賠償責任，在

這種情況下，賠償金額是該項全損項目的保險金額。

第二節　部分損失

部分損失是指保險標的受損尚未達到全部損失的程度。對於任何損失，不是全部損失，就是部分損失。掌握這一概念十分重要，因為在海洋運輸貨物保險中，有些險種對部分損失不負賠償責任。部分損失可分為單獨海損和共同海損兩種。

一、單獨海損（Particular Average）

英國 1906 年《海上保險法》第六十四條對「單獨海損」的解釋是：A particular average loss is a partial loss of the subject－matter insured, caused by a peril insured against, and which is not a general average loss. 這段話的意思是：單獨海損損失是指某種承保危險造成的保險標的的部分損失，其並非共同海損損失。

單獨海損又稱「特別海損」，是共同海損的對稱，是保險標的因海事危險或其他意外事故造成局部損失。而這部分損失只與單方利益方有關，並由利益所有人或承保人單獨負擔賠償。

例如，某外貿進出口公司出口襯衣 100 箱，運輸途中遭受暴風雨襲擊，使襯衣受到海水浸泡，造成損失，該項損失與船方和其他貨主無關，屬於單獨海損。由此可見，單獨海損純粹是偶然的意外事故所致。單獨海損主要可以分為以下幾類：

（1）船舶損失。船舶損失主要是指船舶在航行中發生海事危險及其他意外事故導致船舶起火、擱淺或碰撞等，致使船體損壞或船上所屬貨物的損失。

（2）貨物損失。貨物損失是指貨物在運輸過程中遇到突發性意外事故致使貨物在品質上的損毀、數量上的減失、價值上的損失。貨物的單獨海損可分為貨物的完全損毀、滅失和貨物受到部分損失兩種。

（3）運費損失。運費的種類很多，因此運費損失不同於船舶損失和貨物損失。這一損失必須是因船舶或貨物遭受到某種程度的損失而發生的運費損失。

保險人對待單獨海損的處理方式，有以下幾種情況：

（1）對於船舶的單獨海損，保險人絕對不賠償。

（2）除某些特定危險造成的單獨海損外，平安險責任範圍對單獨海損不負責賠償。

（3）水漬險的責任範圍中沒有達到約定的百分比的單獨海損不賠償；對於達到約定百分比的單獨海損，保險人全部負責賠償。

（4）單獨海損沒有超過約定金額，保險人不賠償。換句話說，達到約定的金額時，保險人才負責賠償。

（5）一切險不加任何特別限制，單獨海損均予以賠償。

二、共同海損（General Average）

（一）定義

共同海損是指載貨船舶在運輸中遭受海上風險或外來風險危及船與貨的共同安全，為了挽救船舶與貨物，採取合理措施而導致船舶與貨物一部分財產的損失。這部分損失由船舶、貨物、運費有關受益各方根據船舶及貨物到達目的港時的價值按比例分攤。英國1906年《海上保險法》第六十六條對「共同海損」做出了詳細的解釋：

（1）A general average loss is a loss caused by or directly consequential on a general average act. It includes a general average expenditure as well as a general average sacrifice.（共同海損損失是由共同海損行為造成的或其直接後果所致的損失。它包括共同海損犧牲和共同海損費用。）

（2）There is a general average act where any extraordinary sacrifice or expenditure is voluntarily and reasonably made or incurred in time of peril for the purpose of preserving the property imperiled in the common adventure.（在危險發生時，為保護同一航程中處於危險的財產，如果有意而合理地做出或產生任何特殊犧牲或費用，即構成共同海損行為。）

（3）When there is a general average loss, the party on whom it falls is entitled, subject to the conditions imposed by maritime law, to a ratable contribution from the other parties interested, and such contribution is called a general average contribution.（若發生共同海損損失，根據海商法規定的條件，遭受損失的一方有權從其他利益方得到比例分攤，這種分攤稱為共同海損分攤。）

（4）Subject to any express provision in the policy, where the assured has incurred a general average expenditure, he may recover from the insurer in respect of the proportion of the loss which falls upon him; and, in the case of a general average sacrifice, he may recover from the insurer in respect of the whole loss without having enforced his right of contribution from the other parties liable to contribute.（除保險單另有明確規定外，被保險人遭受的共同海損費用可以按其承擔的損失比例從保險人處獲得賠償，而對於共同海損犧牲，被保險人無須先請求其他利益方進行分攤，即可從保險人處獲得全部損失的賠償。）

（5）Subject to any express provision in the policy, when the assured has paid, or is liable to pay, a general average contribution in respect of the subject insured, he may recover therefor from the insurer.（除保險單另有規定外，在被保險人已經支付或有責任支付有關保險標的的共同海損分攤時，他可以從保險人處得到相應的賠償。）

（6）In the absence of express stipulation, the insurer is not liable for any general average loss or contribution where the loss was not incurred for the purpose of avoiding, or in connection with the avoidance of, a peril insured against.（在無明文規定時，保險人

對不是為了避免承保危險或與此有關的共同海損損失和共同海損分攤不負責任。）

(7) Where ship, freight and cargo, or any two of those interests, are owned by the same assured, the liability of the insurer in respect of general average losses and contributions is to be determined as if those subjects were owned by different persons. （如果船舶、運費和貨物或者其中任何兩種利益屬於同一被保險人，保險人對共同海損損失及分攤所負的責任，如同上列利益由不同所有人享有一樣。）

共同海損與單獨海損均屬於部分損失，但從其損失的起因和性質看，兩者有本質的區別，應嚴格根據其損失的起因和性質加以區分，不能混淆。如船舶擱淺、起火或碰撞所造成的船舶損壞，貨物變質、受損、滅失或因船舶、貨物的損失影響運費的收入等，不屬於共同海損的範疇。

（二）共同海損的起源

共同海損的建立可以追溯到古希臘。古希臘南部的愛琴海中，島嶼眾多，島上農產品十分豐富，船舶和貨物同屬一個人所有，即使是船與貨在海上遇到意外事故造成損害和滅失，那也是個人的損失。隨著貿易的不斷發展，船和貨物不再是同屬一人，於是就出現了船東受他人委託而攜帶他人貨物往返於各島之間代為交換的這種形式。船上貨物不屬船東所有，在船舶遇到危險時，為了擺脫危險或降低危險程度，船東有時不得不將船舶桅杆和帆篷砍斷，以減小風浪壓力，或者拋棄部分承運貨物，避免船舶、貨物全部傾覆。這種情況下造成的損失由船東返回後與貨主共同承擔。當時這種做法只是流傳的一種習慣。後來，把這種習慣寫成文字刻在銅牌上：「為了大家犧牲的財產，應由大家來補償。」這樣共同海損的基本原則開始建立。

古希臘與羅馬帝國的法律先後被歐洲各國加以引用，並形成各國的法律。在這些法律中，對船舶在航行中遇到危險拋棄貨物或者砍斷桅杆以減輕船載、增加穩定及船舶擱淺後如何減輕船載貨物使之脫離擱淺等都做出了相應的規定。

由於海上貿易的地區逐漸發展，貨物交換的範圍跨出了地中海，擴大到非洲的西海岸。商人為了獲利，在自己經濟能力不夠時，便向他人借款買貨，增加資本，以進行更大的貿易。當時，借貸雙方商定，如果獲得歸來，加倍償還，如果在航行中遭遇事故，貨物完全滅失，就不用歸還貸款。此種業務後來傳到英國，借貸業務均在咖啡館中進行。而在咖啡館中經營最有信譽、消息最靈通的是勞埃德咖啡館。因此，海外傳來的消息和採取的措施，經商人口述後，由勞埃德咖啡館記載成冊。當時英國公布的「實用規則」就是根據這些記載制定的，這是建立英國共同海損理算的基礎。

19世紀以後，隨著航海貿易的迅速發展，共同海損的發生日益頻繁。為了統一各國的實際操作，更好地運用共同海損規則，經歐洲各國互相探討，並在英國的約克（York）和比利時的安特衛普城（Antwerp）輪流開會討論，形成了統一的歐洲共同海損理算規則，定名為《約克—安特衛普規則》。後經多次修改和補充，明確規定了如下兩點：

（1）在海上運輸中，船舶和貨物等遭受自然災害、意外事故或其他特殊情況，為了減少損失而採取的合理措施所引起的特殊損失屬於共同海損。

（2）採取有意和合理措施所引起的額外費用損失也屬於共同海損。

這一規則現已被世界上大多數國家的航海、貿易界所採用，並作為共同海損理算的依據。

（三）共同海損制度與海上保險的共同海損之比較

共同海損是單獨海損的對稱，是為保全船舶與貨物所做出的非常性犧牲和費用，其結果所致的一切損失均屬於共同海損，這種損失必須由全體受益人按比例分擔。

共同海損不是海上保險特有的概念，在實際生活當中，它常有兩種形式，其一是海上保險中的一種損失形式，其二是海上保險航運中處理風險損失的一種機制，即共同海損制度。它們之間既有聯繫，又有區別。首先，它們之間產生的時間不同。共同海損作為處理海上損失的一種制度，早在公元前 900 年已經建立。根據有關資料記載，公元前 9 世紀的古代希臘的有關法典中，就出現了關於共同海損犧牲和費用的性質及其分攤的方式等。顯然，當時的共同海損制度與我們所談到的海上保險沒有直接的聯繫，只是作為一種海上運輸中獨立的制度而存在，它的計算方法是依據《約克—安特衛普規則》而進行的。海上保險中的共同海損是在公元 1400 年在海上保險制度建立後逐步形成的，從時間上看，要晚於上述談到的共同海損制度。海上保險中的共同海損是一種損失形式和處理的方式，它的計算方法是依照海上保險有關法案和有關海上保險的法律作為依據。此外，兩者分攤的內容不同。在共同海損制度中，其內容只是共同海損行為直接導致損失犧牲和費用，不包括共同海損分擔。然而，在海上保險中，凡是由承保風險造成的共同海損包括共同海損犧牲、共同海損費用和共同海損分擔等，保險人都負賠償責任。

雖然共同海損制度中的共同海損與海上保險中的共同海損有所不同，但不能因為它們有差別而忽視兩者之間的關係。共同海損制度與海上保險制度都具有經濟損失補償的特點，因此，海上保險一經產生，就同共同海損有著十分密切的關係。從最早的海上保險記載中可以知道，共同海損是海上保險合同中規定的由保險人承擔的責任。

共同海損條款就是船舶保險合同和貨物運輸保險合同的重要條款，受到保險人和被保險人的重視。不論是 S.G. 保險單備忘錄，還是 1982 年的《倫敦保險協會貨物保險條款》和 1983 年的《倫敦保險協會船舶保險條款》，共同海損條款都被認為是海上保險合同中的重要內容。

（四）共同海損具備的條件

共同海損行為限制於共同海上冒險時遭遇的海難，為共同安全以保存船舶與貨物為目的，有意的、合理的行為或發生的任何犧牲或費用，必須具備以下條件：

（1）危險必須是真實的，並危及船舶與貨物的共同安全。這是因為海上事故很多，只有為了解除航程中船舶與貨物共同危險的損失與費用才能稱為共同海損。

而所謂共同危險，其原因必須是同一的。這種共同危險必須是真實存在的或者是不可避免的。所謂不可避免的共同危險，主要是指船舶發生事故或發生特殊情況，當時雖然沒有實際危及船舶和貨物的共同安全，但是，如果不採取措施，最後將不可避免地給船舶與貨物帶來共同損失。此外，在一般情況下，導致共同海損的危險是不可預測的。可以預測或臆測的危險均不能構成共同海損。

既然是共同危險，當然危險是相同的，利益也是相同的。危險的存在不僅影響船舶與貨物和其他利益方的一方，而且將影響其他所有方，船長所採取的措施必須使所有方受益，也就是為了共同安全和共同利益，並不是因為某一方的單獨利益而採取的措施。例如，一艘裝運原油的船舶在運輸途中因發動機發生故障而被迫駛向附近海港進行修理或更換發動機，在停靠期間發生的修理費或更換發動機費用以及停靠在碼頭的費用不能視為共同海損的範圍。

在英國有這麼一個案例，原告是英國皇家郵政貨船公司，被告是英國班克保險公司。案情是這樣的，這艘船在運輸途中在惡劣的氣候中離開航線並擱淺。為了將擱淺船舶重新浮起，船方應該拋棄甲板上的貨物以便讓船舶浮起駛入正確航道，如果這樣做，肯定是屬於共同海損的行為而得到應有的賠償。然而，船方為了本身的利益，把部分艙內貨物轉移到另一艘船上運至目的港，由此產生了搬運貨物和轉運貨物的費用。原告要求被告予以賠償，而被告不準備賠償，由此引起的爭議只好到法庭調解。法院認為，這筆搬運轉運費用不能作為共同海損費用，因為它不是為了共同利益而採取的行為。

（2）措施必須是為了解除船舶和貨物的共同危險而採取故意、合理的措施。共同海損所採取的措施，必須是為了船舶與貨物的共同安全，因為共同海損行為是構成共同海損損失或費用的直接原因。但是這種直接解除船舶與貨物共同危險的措施必須是故意的、合理的。

「故意」或「有意」的措施是指明知採取這種措施會引起一部分船舶與貨物的損失或支付一定的額外費用，但是為了船舶與全部貨物的安全，不得不這樣做。例如，一艘船舶觸礁後嚴重滲漏，船方決定立即進碼頭搶修，但潮水並不適合觸礁船馬上進碼頭搶修，因為這樣做可能會造成碼頭的損壞。但是為了擺脫船舶與貨物以及其他利益方的共同危險，船方不得不採取果斷措施，將船舶駛進碼頭進行搶修，結果造成碼頭損壞。這種因搶修觸礁船舶造成碼頭損壞的行為可視為共同海損的損失，由各利益方分攤賠付。

「合理」的措施是指當時看來這種措施可以有成效和節約的行為。有時候船方認為所採取的措施是合情合理的，但是有時候得不到保險人的確認，或者在打官司時得不到法院法官的認可。所以「合理」措施應該是名副其實的合理，是一種客觀存在的事實，而不是一個人、幾個人的主觀臆斷。船方的措施是否合理，大部分由法庭綜合各種因素進行分析後得出結論。合理的標準在於採取的措施是否有成效，是否是節約的措施。例如，船舶遇到擱淺後，要拋棄一部分貨物才能保住船舶與其他貨物的安全，船長首先要考慮的是拋棄貨物是否是價值低廉的、便於拋棄的

貨物。這樣做既做到了有成效，又考慮到了節約的問題，是合理的拋棄行為，因而也是符合全體關係方的利益。

（3）共同海損損失是特殊性質的費用，必須是額外支付的。也就是說，必須在船舶營運核算以外的費用支出。因此，判斷一項損失是否屬於共同海損的損失，首先必須從造成損失的原因開始進行分析。例如，船舶由於船方原因造成擱淺後，經過堵漏後可以繼續航行，為了使船舶脫離擱淺，非正常地使用船上輪機，造成輪機的損失，屬於共同海損範圍。

此外，該項損失必須是共同海損行為的直接後果所致。也就是說，一部分保險標的的犧牲必須利於其他部分保險標的安全，而其他部分保險標的的安全有賴於該部分保險標的的犧牲。如果犧牲的部分保險標的與安全的部分保險標的不發生因果關係，那麼，就不能認為是共同海損的損失。例如，船舶在航行中發生意外火災，為了貨物與船舶的共同安全，船方採取緊急措施，將海水引入艙內，以撲滅大火，以致全部貨物遭致水泡。

在進行共同海損鑒定時，凡無火燒或蒸熏痕跡而僅受到水泡的貨物，其損失應列為共同海損的範圍。對於那些既有火燒或蒸熏痕跡而又受到水泡的貨物，其損失不能視為共同海損範圍。因為第一種情況是共同海損行為所致，即引水滅火是直接造成損失的原因。而第二種情況則不是共同海損行為而是因火燒意外事故原因造成的損失。

（4）共同海損的犧牲或支付的費用必須有效果。形成共同海損是以船與貨的獲救為前提的，因此，無論是拋棄貨物或支付費用，必須使船與貨有獲救的效果。如果沒有效果仍出現船與貨的全損，也就不存在共同海損分攤的基礎。

當保險標的遭受共同海損的犧牲後，按照慣例，先由保險人負責賠償，然後實施代位追償，向各有關得益方收回共同海損分攤額，保險人也應賠付保險標的項下應負的共同海損分攤額。

綜合上述，宣布共同海損必須弄清楚是否全部具備以上條件。這些條件是一個統一的整體，缺一不可，只有全部具備了以上條件，才可以構成共同海損。

（五）共同海損的損失範圍

共同海損犧牲和共同海損費用統稱為共同海損損失。歸納起來，共同海損損失的內容可劃分為貨物的共同海損損失、船舶的共同海損和費用的共同海損損失三種。在此，我們僅介紹前二種共同海損損失。

1. 貨物的共同海損損失

貨物的共同海損損失有三種表現形式：

（1）拋棄貨物造成的損失。在海上運輸途中，船長負有將貨物安全運抵目的港的責任和義務，一般來講，對貨物的處置沒有任何權力。只有當船舶與貨物在遭受到海上危險時，船長才有權處置貨物，決定拋棄貨物的種類和數量，造成的共同海損損失由船貨各受益方共同分攤。在某種特別緊急的情況下，船長為保證船上人員的人身安全，可以將船上所有貨物拋棄，其損失由船方單獨分攤。值得注意的是，拋棄艙面

貨物與拋棄艙內貨物是有區別的。因為拋棄艙面貨物一般情況下不構成共同海損，把貨物放置在艙面的做法不盡合理，所以經常發生一些爭議。為了解決這一問題，《約克—安特衛普規則》規定，凡是裝載在甲板上的貨物因拋棄而造成的損失，不能以共同海損分攤的方式得到補償，除非是在習慣上被認為可以裝載在甲板上的貨物。換句話說，作為共同海損的只是那些商業習慣認可的艙面貨物被拋棄造成的損失，例如，木材只能放在艙面，將艙面木材拋棄入海，可作為共同海損來處理。

另外，被拋棄的貨物是所有貨主在合同中同意裝載於艙面的貨物，那麼可視為共同海損，並予以分攤。

（2）因撲滅大火行為造成的損失。船舶在海上航行中發生火災是常有的事，火災造成的損失屬於單獨海損。為撲滅大火而採取的措施造成的貨物損失或船舶損失和運費損失屬於共同海損。常見的滅火造成的損失有貨物濕損、消防費用支出、船舶損壞、火災後的現場清理費用以及裝卸工要求給付的污染貨物裝卸費用等。此外，鑿洞滅火造成的其他損失也被認為是共同海損。

（3）其他貨物損失。這種損失包括使擱淺的船舶重新浮起引起的卸貨損失，因遇到海上突發事件而有意擱淺造成的貨物損失，船舶為了能繼續航行在資金不足的情況下出售或抵押貨物造成的損失等。此外，拋棄旅客行李和物品也視同貨物一樣，作為共同海損來處理，行李所有人可從其他獲救財產中得到損失的補償。

2. 船舶的共同海損損失

船舶的損失被列為共同海損的範圍，這是因為船舶是載貨的主體，船舶如果沒有安全保障，貨物的安全保障根本無從談起。船舶的共同海損包括以下幾個方面：

（1）被拋棄的船舶附屬物品。這裡有兩種觀點：一種觀點認為，被拋棄的與船體直接相連的附屬物品和船舶航行所必需的甲板上的物品，都屬於共同海損的範圍。另一種觀點認為，船舶的附屬物品是指與船體直接相連的附屬物品，如救生艇、船帆、傳動裝置、零件、船錨等，這些附屬物品的拋棄是一種共同海損損失，而對於甲板上的物品如燃料等被拋棄造成的損失則不認為共同海損的損失。

（2）擱淺時的機器、鍋爐的損害。為了使船舶和貨物的安全而進行的擱淺措施造成船舶的損害，都被認為是共同海損犧牲。如果使擱淺的船舶重新浮起而造成的機器或鍋爐損壞，船方如能證明採取的這種措施是為了共同的安全而故意採取的冒險行為，就可以視為共同海損來對待。但是，船舶如果處於漂浮的狀態而使用推進器或者鍋爐等設備造成的損失則不能認為是共同海損的範圍。此外，根據1974年《約克—安特衛普規則》的規定，為共同安全進行的拋棄貨物、開艙、鑿艙、鑿洞造成的船舶損失，為撲滅船上火災造成的船舶損失以及因故意擱淺造成的船舶本身的損失等都視為共同海損處理。

（六）共同海損分攤

共同海損的分攤是指由共同海損的得救財產共同承擔共同海損的損失費用。在這種共同海損中，受到損失的是同一航程中一個或若干個利益方損失的程度各不一樣，但受益的則是參與航運的全體。船方在遇到海上危險時以犧牲局部利益而保全全部的

利益，這樣，犧牲的局部損失在全體利益方進行分配，使各利益方在航程結束時在經濟上處於平等地位。在一般情況下，被運輸的貨物投保了貨物運輸保險，所以，上述的分攤額都由保險人代辦分擔。保險人對於所承保風險引起的共同海損，不僅要賠償共同海損犧牲和費用，而且還要將共同海損的分攤額補償給被保險人。保險人在賠償金額限度內，可以行使代位追償權，使被保險人對其他共同海損債務人所具有的分擔金額予以追回。下面就船舶的分攤價值和貨物的分攤價值進行簡單的闡述。

1. 船舶的分攤價值

船舶的共同海損分攤價值是按船舶航程結束時的完好價值計算。如果船舶中途受到海上損失，其分攤價值為抵達目的港的估計完好價值，扣除損失修理費用，再加上共同海損補償金額之和。例如，一艘船舶完好價值為 20 萬元，因遭受海損而支出修理費用 12 萬元，其中屬於單獨海損的修理費用 8 萬元，屬於共同海損性質的修理費 4 萬元。在這種情況下，船舶的共同海損分攤價值就是 12 萬元。其中 8 萬元為船舶航程終止時的實際淨值，4 萬元為共同海損的補償金額。

2. 貨物的分攤價值

貨物的共同海損分攤價值是貨物在抵達目的地或在此之前航程終止的中途港的完好市價或受損市價，減去運輸費、卸貨費和進口稅等，再加上共同海損補償金額之和。例如，有一艘裝有 1,000 箱貨物的船舶在運輸途中遭擱淺，為了使船舶重新浮起，被迫拋棄 300 箱貨物，剩下的 700 箱貨物安全運達目的港，如果每箱貨物按批發價 200 元計算，進口稅每箱 10 元計算，運費每箱 5 元計算，卸貨費每箱 3 元計算，計算結果如下：

(1) 貨物完好價值　　　　　$200 \times 700 = 140,000$

　　減：進口稅　　　　　　$-\ 10 \times 700 = 7,000$

　　減：運輸費　　　　　　$-\ 5 \times 700 = 3,500$

　　減：卸貨費　　　　　　$-\ 3 \times 700 = 2,100$

　　　　　　　　　　　　　$= 127,400$（元）

(2) 被拋棄貨物的價值　　　$200 \times 300 = 60,000$

　　減：進口稅　　　　　　$-\ 10 \times 300 = 3,000$

　　減：運輸費　　　　　　$-\ 5 \times 300 = 1,500$

　　減：卸貨費　　　　　　$-\ 3 \times 300 = 900$

　　　　　　　　　　　　　$= 54,600$（元）

(3) 分攤價值　　　　　　　$127,400 + 54,600 = 182,000$（元）

根據以上計算，該批貨物共同海損分攤價值是其中貨物完好價值 127,400 元，被拋棄貨物價值是 54,600 元。

3. 運費的分攤價值

運費可以分為提單運費和租船運費兩種。在這裡，我們將分析運費的共同海損

分攤價值的計算方法。提單運費是由托運人付給船方或租船人的運費，有三種支付手段：

（1）預付運費。貨物裝船之後，船方預收貨主的運費，如果貨物在船運當中遭受滅失，不會影響船方的運費收入。由於這種運費包括在貨物價值之中，運輸費用的共同海損分攤也就計算在貨物的共同海損分攤價值中了。

（2）到付運費。船方在目的港交貨後才能收取貨物運輸費。如果發生共同海損行為，到達目的港後付運費的分攤價值就是航程結束時船方收取的總運費減去共同海損行為發生後支付的費用，如船工的工資和港口費用等，再加上運費的共同海損補償金額之和。

（3）部分預付運費和部分到付運費。預付運費按貨物運費的價值比率支付，在一般情況下，按50%的比率支付預付運費和部分到付運費。同樣，對於預付部分運費，不論貨物是否滅失均不退回。對於到付的部分運費，其風險由船方承擔，其計算方式與第二種方式相同。

為了體現共同海損的公平原則，被犧牲的共同海損關係人也應該分攤海損犧牲。一方面，被犧牲關係人不能因為共同海損行為而不受到任何不利影響。另一方面，也不能因此而受益。因此，不論是貨物得救者還是貨物犧牲者，在航行結束時，都要按照共同分攤的原則分攤損失。例如：有一艘船舶在航行中遇到海事危險發生了共同海損損失及其他損失，損失結果如下：

共同海損的犧牲和費用：　　　　　　　　　　700,000 元
船舶分攤價值：　　　　　　　　　　　　　1,200,000 元
貨物甲分攤價值：　　　　　　　　　　　　　400,000 元
貨物乙分攤價值：　　　　　　　　　　　　　300,000 元（已犧牲）
貨物丙分攤價值：　　　　　　　　　　　　　500,000 元

根據共同海損分攤原則，結果如下：

① 船舶分攤金額：　　$700,000 \times \dfrac{1,200,000}{2,400,000} = 350,000$（元）

② 貨物甲分攤金額：　$700,000 \times \dfrac{400,000}{2,400,000} = 116,667$（元）

③ 貨物乙分攤金額：　$700,000 \times \dfrac{300,000}{2,400,000} = 87,500$（元）

④ 貨物丙分攤金額：　$700,000 \times \dfrac{500,000}{2,400,000} = 145,833$（元）

從上述的計算結果可以看出，共同海損損失和費用總額為700,000元，船舶分攤價值、貨物甲分攤價值、貨物乙分攤價值、貨物丙分攤價值之和是2,400,000元，占分攤價值總額的29.16%。因此，共同海損關係各方應負擔29.16%的損失。貨物甲已全部保全，在400,000元中應承擔分攤金額116,667元，船方在1,200,000元的分攤價值中，應負擔350,000元的分攤金額；貨物乙全部犧牲而損失，在

300,000 元中，應扣除分攤金額 87,500 元，實際只能得到 212,500 元的補償。貨物丙已全部保全，在500,000元分攤價值中，應承擔 145,833 元分攤金額。我們可以這樣設想一下，如果被犧牲的貨物乙不參加共同海損的分攤，那麼船舶方、貨物得救的甲方和丙方的分攤金額就不一樣。計算結果如下：

① 船舶分攤金額： $700,000 \times \dfrac{1,200,000}{2,100,000} = 400,000$（元）

② 貨物甲分攤金額： $700,000 \times \dfrac{400,000}{2,100,000} = 133,333$（元）

③ 貨物丙分攤金額： $700,000 \times \dfrac{500,000}{2,100,000} = 166,667$（元）

要是這樣的話，貨物乙就可從共同海損在獲得 300,000 元的補償，對貨物乙來說，在經濟上卻毫無損失。然而，船舶方和貨物甲和丙方在分攤中分別承擔了 400,000元、133,333 元和 166,667 元的共同海損分攤金額。當然，這只是一種假設而已，在共同海損中，貨物乙照樣要承擔分攤金額。

（七）單獨海損與共同海損的區別

共同海損和單獨海損都屬於部分損失的範疇，和補償有很大的區別，現分別闡述如下：

1. 原因不同

儘管共同海損與單獨海損都屬於部分損失，但是發生的起因是不同的。單獨海損的損失是由於意外事故的原因造成的，例如船舶擱淺、起火、碰撞等所造成的船舶損壞、貨物受損，或由於貨物的受損影響船東的運費收入，都屬於單獨海損的範圍。而共同海損的損失是由於人有意的行為引起的，它是在船舶和貨物面臨共同危險，或者在遭到危險之後，為了船、貨的共同安全人為地採取措施，如拋棄一部分貨物造成的一部分貨物損失。這種拋棄貨物造成的一部分損失就是共同海損的損失。因此，發生損失的起因不同，就可以分辨出是屬單獨海損還是共同海損。

2. 補償方式不同

單獨海損的補償方式比較簡單，而共同海損的補償方式較為複雜。在單獨海損中，如果不涉及第三者責任，由受損方自行負責補償，如果單獨海損的損失是由第三者的責任造成的，則由第三者負責補償。一般來講，貨物受損方投保了運輸保險，所以，其損失由保險人承擔賠償責任。共同海損的損失補償比單獨海損要複雜得多。由於共同海損的損失是為了船、貨的共同安全而自願做出的犧牲，由共同海損行為引起的損失，應在船、貨各利害關係人之間按照船舶與貨物到達目的地的價值按比例分攤。沒有投保貨物運輸保險的貨主自行承擔按比例分攤的份額，已投保貨物運輸保險的貨主對於應承擔的分攤份額由保險人支付。然而，投保運輸保險對承擔共同海損分攤本身並不發生影響，所影響的只是分攤給關係人的分攤額，不是由自己支付，而是由保險人支付。

第三節　費用損失

海上風險除了使被保險標的本身遭受損失之外，還會帶來費用上的損失（Loss of Expenses）。在一般情況下，保險人對費用損失負責賠償。海上運輸貨物的費用損失有以下幾種：

一、施救費用（Sue and Labor Expenses）

施救費用是保險標的在遭受保險責任範圍內的災害事故時，被保險人及其代理人有責任對此進行施救，在施救、保護和清理過程中就會產生合理的施救費用。保險人鼓勵被保險人對受損標的物進行施救，其目的是為了減少損失或防止保險標的損失的擴大。如果施救取得成功，它既減少了社會財富的損失，也可減少保險人的賠款支出。因此，保險人除了對保險標的的損失給予賠償外，對合理的施救費用也負責賠償。

《倫敦保險協會貨物保險條款》中對被保險人採取施救做出了明確的規定：It is the duty of the Assured and their servants and their servants and agents in respect of loss recoverable hereunder to take such measures as may be reasonable for the purpose of averting or minimizing such loss, and to ensure that all rights against carriers, bailees or other third parties are properly preserved and exercised and the Underwriters will, in addition to any loss recoverable hereunder, reimburse the Assured for any charges properly and reasonably incurred in pursuance of these duties.

這段話的意思是說，對於應予以賠償的損失，被保險人及其雇傭人和代理人有義務採取合理措施，以避免或減少這種損失，同時確保對承運人、受託人或其他第三者的追償權利得以適當地保留和行使。保險人除賠償其承保的任何損失外，還應將被保險人為履行上述義務而適當和合理發生的任何費用賠償給被保險人。

但是，如果被保險人經過積極搶救並無效果，保險標的仍然發生全損，那麼，保險人除按全損賠付給被保險人之外，應酌情支付適當的施救費用。保險人對保險標的的損失和對施救費用的賠償應有一個保險金額的限制，兩者的總和不能超過兩個保險金額。各國的保險條款對此項都做了明確的規定。

二、救助費用（Salvage Charge）

救助費用是保險標的在運輸途中遭受到承保範圍內的災害事故時，由第三者採取救助行為，使得保險標的獲救，由被救方付給救助方的報酬。救助費用不是保險人和被保險人之間對標的物的救助，因此，應與施救費用區別開來。支付救助費用的目的，同樣是為了避免或減少保險標的的損失。

英國1906年《海上保險法》第六十五條對「救助」的解釋是：Salvage charges

means the charges recoverable under maritime law by a salvor independently of contract. They do not include the expenses of services in the nature of salvage rendered by the assured or his agents, or any person employed for hire by them, for the purpose of averting a peril insured against. Such expenses, where properly incurred, may be recovered as particular charges or as a general average loss, according to the circumstances under which they were incurred. (「救助費用」是指非契約救助人根據海商法主張的費用。救助費用不包括被保險人或其代理人或其雇傭的其他人為避免承保危險而提供具有救助性質的服務所支出的費用。此種費用的支出如屬正當，則應根據提供服務的具體情況而將其作為特別費用或共同海損損失得到補償。)

Subject to any express provision in the policy, salvage charges incurred in preventing a loss by perils insured against may be recovered as a loss by those perils. (除保險單另有明確規定外，為防止承保危險發生以致造成損失而產生的費用可以像承保危險造成的損失一樣得到賠償。)

同時，英國1906年《海上保險法》對救助費用產生的條件做了規定：

1. 救助人必須是海難中財產關係方的第三者

被保險人或其代理人、雇用人員如船員、水手所進行的救助不是救助行為，因此而支付的費用不得視為救助費用，因為他們是按自己的職責履行義務，但是，一旦船長宣布棄船，原來船上的船員、水手對船舶自願進行的救助，則可被看成是第三者的救助行為，因而應該獲得救助報酬。

2. 救助行為必須是自願的

救助人必須是自願者，而不是事先與被救助方簽訂了合同而出於合同的義務對遇難船舶與貨物進行救助。救助合同是指危險發生時才簽訂的合同，在這種合同下產生的費用，應屬於救助費用。例如，船東擔心船舶在航行中發生事故，在開航時就雇用一艘拖輪對其進行拖帶，顯然這不應視為救助行為。反之，如果船舶在事故發生時，船東與某打撈公司簽訂救助合同，對該船舶進行救助，所支付的救助報酬，則屬於救助費用。

3. 救助行為必須具有實際效果

目前，大多數國家採用「無效果、無報酬」的原則確定救助報酬，若無救助效果，即使救助方付出相當大的代價，被救助人也不給予報酬。但是隨著時代的發展，這一原則做了修改，其目的是鼓勵救助人盡其所能對船舶與貨物進行救助，尤其是當被救船舶或貨物可能對海洋環境、人類生命等造成嚴重威脅和損害時，救助人有義務盡可能地防止或減少對環境的污染或損害，即使救助不成功，救助人也有權獲得特殊補償。

1992年《中華人民共和國海商法》第一百八十二條規定，救助人進行本法第

一百八十條①規定的救助作業，取得防止或者減少環境污染損害效果的，船舶所有人依照本法第一百八十條規定應當向救助方支付的特別補償可以另行增加，增加的數額可以達到救助費用的30％。

三、救助契約（Salvage Contract）

(一) 無效果、無報酬合同（No Beneficial Result, No Remuneration is Due）

在無效果、無報酬合同項下，如果救助沒有取得成功，被救助人不承擔支付救助報酬。

1. 勞合社救助契約標準格式

1980年制定的勞合社救助契約標準格式是目前被廣泛採用的一種標準合同，由遇難船舶的船長同救助人簽訂，主要內容如下：

(1) 救助人同意盡最大努力救助遇難船舶和貨物。

(2) 若救助作業未取得任何效果，被救助人可不支付救助報酬。但是如果被救財產是滿載或部分載貨的油輪，即使救助未成功或部分成功或未能完成救助工作，被救助人也要支付合理的費用和不超過該項費用15％的利潤。

(3) 救助人可免費使用遇難船舶的某些設備用於救助。

(4) 救助工作完畢，救助人立即通知勞合社委員會收取擔保金。擔保金收取前，救助人對獲救財產享有留置權。

2. 救助契約

中國國際貿易促進委員會海事仲裁委員會制訂了「無效果，無報酬」救助契約（Salvage Contract－No Cure, No Pay），主要內容如下：

(1) 救助人應當把救助的船舶和貨物送到商定的地點。

(2) 救助人可免費使用被救船舶上的機構設備。

(3) 救助成功，可得到報酬，救助部分成功，只能獲得適當報酬。如果雙方對報酬金額未達成協議，向中國國際貿易促進委員會海事仲裁委員會仲裁。

(4) 雙方當事人協議，被救船舶在救助工作完成後，立即向中國國際貿易促進委員會海事仲裁委員提交保證金。

(5) 如果沒有救助人或中國國際貿易促進委員會海事仲裁委員的書面同意，被救船舶和財產不得從獲救地點轉移。

(6) 船舶代表船主、貨主等簽訂契約，船主、貨主等應當各自履行本契約的規定。

---

① 第一百八十條 確定救助報酬，應當體現對救助作業的鼓勵，並綜合考慮下列各項因素：第一，船舶和其他財產的獲救的價值；第二，救助方在防止或者減少環境污染損害方面的技能和努力；第三，救助方的救助成效；第四，危險的性質和程度；第五，救助方在救助船舶、其他財產和人命方面的技能和努力；第六，救助方所用的時間、支出的費用和遭受的損失；第七，救助方或者救助設備所冒的責任風險和其他風險；第八，救助方提供救助服務的及時性；第九，用於救助作業的船舶和其他設備的可用性和使用情況；第十，救助設備的備用狀況、效能和設備的價值。救助報酬不得超過船舶和其他財產的獲救價值。

（二）雇傭救助契約（Salvage Contract by Employment）

雇傭救助契約是指救助人和被救助人在救助前或救助過程中簽訂的，按實際支出計算報酬。在這種合同項下，救助報酬是依據救助人花費的人力、物力和時間來計算的，救助效果不是取得救助報酬的前提條件，無論救助成功與否，被救船舶均需向救助人支付實際救助費用。

一般說來，「無效果，無報酬」契約對被救助人有利，而雇傭救助契約對救助人有利。但雇傭救助契約報酬相對較低，遇難船舶的船主和貨主只有在救助有把握情況下，才會簽訂雇傭救助合同。

本章自測題

一、是非判斷題

1. 保險標的發生保險事故後滅失，或者受到嚴重損壞完全失去原有形體、效用，或者不能再歸保險人所擁有的，為實際全損。（　　）

2. 被保險船舶失蹤達到一定時間，國際上一般為 3 個月，音訊全無，可視為完全滅失。聯合國 1985 年草擬的《海上船舶保險條款範本》中稱之為「假定全損」。（　　）

3. 查明全部損失原因的舉證責任在於被保險人或船東，如果查不出造成全部損失的原因，保險人可以拒賠。（　　）

4. 船舶發生保險責任事故後，如果實際全損已經不可避免，或者為避免發生實際全損所需支付的費用沒有超過保險價值，被認為推定全損。（　　）

5. 委付是指在發生推定全損的情況下，被保險人將保險標的的一切權利移交給保險人，然後請求保險人支付該保險標的的全部保險金額。（　　）

6. 共同海損是指載貨船舶在運輸中遭受海上危險或外來危險，為了船舶與貨物的共同安全，採取合理措施而導致船舶與貨物一部分財產損失。這部分損失由船舶、貨物、運費有關受益各方根據船舶及貨物到達目的港時的價值按比例分攤。
（　　）

7. 船舶在海上航行中發生火災是常有的事。為撲滅大火而採取的措施造成的貨物損失或船舶損失和運費損失不屬於共同海損的範圍。（　　）

8. 施救費用是保險標的在遭受保險責任範圍內的災害事故時，第三方及其代理人進行施救，在施救、保護和清理過程中產生的合理施救費用。（　　）

9. 救助費用是保險標的在運輸途中遭受到承保範圍內的災害事故時，被保險人採取救助行為而使得保險標的獲救的行為。（　　）

10. 勞合社救助契約是一種標準格式合同。如果救助作業未取得任何效果，被救助人可不支付救助報酬。但是如果被救財產是滿載或部分載貨的油輪，即使救助未成功，被救助人也要支付合理的費用和不超過該項費用 15% 的利潤。（　　）

二、單項選擇題

1. 委付是指保險人向被保險人支付賠償後，由被保險人提出把權利轉交給保險人。下列不是委付成立的必要條件的是_____。
   A. 委付應是就保險標的全部提出要求
   B. 委付不得附有條件
   C. 委付必須經過被保險人同意
   D. 委付必須由被保險人向保險人提出

2. 委付是指保險人向被保險人支付賠償後，由被保險人提出來的行為。只有在_____的前提下，才有可能出現委付的情況。
   A. 實際全損   B. 協議全損
   C. 部分全損   D. 推定全損

3. 共同海損是指當船舶、貨物遭遇共同危險時，為了_____，有意地、合理地採取措施造成船舶與貨物一部分財產損失的特殊犧牲、支付的特殊費用，由各受益方按比例分攤。
   A. 個人財產   B. 船方利益
   C. 貨方利益   D. 共同利益
   E. 公共利益

4. _____是指被保險貨物遭遇承保災害事故時，被保險人為避免、減少損失採取各種搶救、防護措施時所支付的合理費用。保險人對施救費用的賠償金額不得超過保險合同所載明的保險金額。
   A. 共同海損費用   B. 救助費用
   C. 分攤費用   D. 施救費用

5. 船舶或貨物發生保險責任事故後，為避免或減少損失的進一步擴大，要採取施救措施，發生的施救費用是一種_____。
   A. 單獨費用   B. 共同費用
   C. 分攤費用   D. 特別費用

6. 船舶或貨物遭受危險，要求請第三方進行救助，所發生的救助費用由_____支付給救助方作為救助報酬。
   A. 政府   B. 保險公司
   C. 被救助方   D. 船主

7. 單獨海損損失的分攤原則是_____。
   A. 受損方承擔   B. 所有貨主共同分攤
   C. 由受損方承擔一部分   D. 所有貨主共同分攤一部分

8. 船舶在航行或停泊中遭遇意外，使船舶底部與海底河床緊密接觸，使之處於靜止狀態，失去繼續航行能力，並造成停航12小時以上。這種情況屬於_____。
   A. 沉沒   B. 擱淺

C. 觸礁　　　　　　　　　D. 失蹤

　9. 如果共同海損犧牲或費用支出之後，船舶、貨物仍然遭受全部損失，正確的處理方法是＿＿＿＿＿。

　　A. 視為共同海損

　　B. 不視為共同海損，損失由各方自行承擔

　　C. 可以分擔

　　D. 對其他利害關係人主張分攤

　10. 在確定共同海損分攤時，要區分哪些屬於共同海損分攤，哪些不屬於共同海損分攤。下列不屬於船舶的共同海損分攤是＿＿＿＿＿。

　　A. 船舶甲板中的燃料　　　B. 船舶中的救生圈

　　C. 船舶中儲存的零件　　　D. 擱淺和機器、鍋爐的損失

三、思考題

1. 如何區分實際損失與推定全損？
2. 簡述構成共同海損的條件。
3. 簡述施救費用與救助費用的差別。
4. 比較單獨海損與共同海損有什麼不同。
5. 說明構成海上保險委付的條件。

四、名詞解釋

1. 實際全損
2. 推定全損
3. 委付
4. 施救費用
5. 救助費用

第二篇

海上保險實務

第5章 海上運輸貨物保險的險種概述

學習目標

通過對本章的學習，應達到以下目標：
1. 掌握中國海上運輸貨物基本險責任與除外責任；
2. 掌握中國海上運輸貨物附加險責任與除外責任
3. 掌握中國海上運輸貨物保險專門險責任與除外責任；
4. 熟悉英國倫敦協會貨物運輸保險責任與除外責任；
5. 區別中國海上運輸貨物保險條款與協會貨物運輸條款。

本章內容

第一節　中國海上運輸貨物保險基本險
第二節　中國海上運輸貨物保險附加險
第三節　中國海上運輸貨物保險專門險
第四節　英國倫敦協會貨物保險新條款
本章自測題

第一節　中國海上運輸貨物保險基本險

　　海上運輸貨物保險是指保險人對承保貨物在運輸途中因海上自然災害、意外事故或外來原因而導致的損失負補償責任。中國海上貨物運輸保險條款參照舊《倫敦保險協會海上貨物運輸條款》制定而成。基本險包括平安險、水漬險和一切險三種。附加險包括一般附加險、特別附加險和特殊附加險三種。

基本險也稱主險，是可以單獨對運輸貨物進行承保，不需要其他險種支撐的險種。現分別加以闡述。

一、平安險（Free from Particular Average）

　　平安險的英文縮寫是 F. P. A，英文原意是「不負責單獨海損」。隨著國際航運和國際貿易發展的需要，這一險種經過多年的實踐與發展，保險責任已經超出僅對全損賠償的範圍，保險人對某些原因造成的部分損失也負責賠償。平安險的責任範圍包括：

　　(1) 貨物在運輸途中，因惡劣氣候、雷電、海嘯、地震、洪水等自然災害造成整批貨物的全部損失或推定全損。

　　(2) 運輸工具遭受擱淺、觸礁、沉沒、互撞與流冰或其他物體碰撞以及失火、爆炸等意外事故造成貨物的全部或部分損失。

　　(3) 運輸工具發生擱淺、觸礁、沉沒、焚毀等意外事故的情況下，貨物在此前後又在海上遭受惡劣氣候、雷電、海嘯等自然災害所造成的部分損失。

　　(4) 在裝卸或轉運時，由於一件或數件、整件貨物落海造成的全部或部分損失。

　　(5) 被保險人對遭受承保責任內危險的貨物採取搶救、防止或減少貨損的措施而支付的合理費用，但以不超過該批被救貨物的保險金額為限。

　　(6) 運輸工具遭遇海難後，在避難港卸貨、存倉及運送貨物所產生的特別費用。

　　(7) 共同海損的犧牲、分攤和救助費用。

　　(8) 運輸契約訂有「船舶互撞責任」[①] 條款，根據該條款規定應由貨主償還船主的損失。

二、水漬險（With Particular Average）

　　水漬險的英文縮寫是 W. A 或 W. P. A，英文原意是「負責單獨海損的賠償」。

---

　　① 根據1910年《船舶碰撞公約》規定，船舶碰撞雙方互有過失責任時，兩船上的貨物均由過失船舶按過失比例賠償。而《海牙規則》規定，船長、船員在駕駛船舶的疏忽或過失造成本船貨物的損失，承運人不負責賠償，貨主只能向對方船索取按過失比例承擔的部分賠款。由於美國沒有加入1910年《船舶碰撞公約》，對船舶碰撞責任按「對半責任原則」辦理，互有過失造成船舶碰撞，不論過失大小，各負50%的責任；對貨物損害賠償採用「貨物無辜原則」，互有過失造成船舶碰撞，對船上貨物的損失負連帶責任，即任何一方船的貨主，有權向對方船索取100%的賠償，而船方有權向對方船追回它付給對方貨主賠償額的一半。這樣，《海牙規則》免責規定失去了效力，原來載貨船舶對本船貨損可以不賠貨主，變為要負賠償責任。針對美國「貨物無辜原則」，各國承運人利用簽發提單或簽訂租船合同的權利，凡運送到美國的貨物，與貨主簽訂提單或租船合同時，加上船舶互撞責任條款，以保護自己能按照《海牙規則》取得權益。平安險條款中，把船舶互撞責任作為保險責任予以承保。同時，如果載貨船舶承運人按運輸合同中的「船舶互撞責任條款」向本船貨主提出索賠時，作為被保險人的貨主應當及時通知保險人，保險人可以被保險人的名義對承運人的索賠進行抗辯來保護自己的利益。

水漬險承保的責任範圍除包括平安險的各項責任外，還負責由於惡劣氣候、雷電、海嘯、地震、洪水等自然災害所造成的部分損失。水漬險對於貨物因自然災害造成的部分損失也負賠償責任，而平安險對於這種部分損失不負賠償責任，這就是它們的區別所在。因此，水漬險的保險責任大於平安險的保險責任。

三、一切險（All Risks）

一切險的保險責任，除承保上述平安險和水漬險的責任外，還承保被保險貨物在海上運輸途中由於各種外來原因所造成的全部損失或部分損失。一切險中的保險責任所指的「外來原因」並非運輸途中的一切外來風險，而是一般附加險中的11種風險。

由於一切險的保險責任範圍最大，提供的保險保障比較充分，各類貨物都能適用，特別是糧油食品、紡織纖維類商品和精密儀器儀表等都應投保一切險。

四、基本險除外責任（Risks Excluded）

除外責任是指保險人不承擔的損失或費用。保險人在保險條款中規定除外責任的目的，在於進一步明確自己承保的責任範圍，對於條款中列明的不屬於保險責任範圍內的風險事故所造成的被保險貨物的損失或由此而產生的費用不承擔賠償責任。

中國《海上運輸貨物保險條款》規定基本險（平安險、水漬險和一切險）的除外責任如下：

（1）被保險人的故意行為或過失所造成的損失。
（2）屬於發貨人責任所引起的損失。
（3）在保險責任開始前，被保險貨物已存在的品質不良或數量短差所造成的損失。
（4）被保險貨物的自然耗損、本質缺陷、特性以及市價跌落、運輸延遲所引起的損失或費用。
（5）屬於戰爭險條款和罷工險條款規定的保險責任和除外責任的貨損。

第二節　中國海上運輸貨物保險附加險

顧名思義，附加險附加在基本險的後面，它不能單獨承保，必須在承保主險的情況下才能加保。海上運輸貨物保險的附加險可分為一般附加險、特別附加險和特殊附加險。

一、一般附加險（General Additional Coverage）

一般附加險承保一般外來原因所造成的貨物損失。一般附加險的種類繁多，概

況起來包括以下 11 種：

（1）偷竊、提貨不著險（Theft, Pilferage and Non-Delivery，縮寫 TPND）。在保險有效期內，被保險貨物由於偷竊行為所造成的損失，以及貨物運抵目的地後整件未被收貨人提取所造成的損失，由保險人按保險負責賠償。保險條款中所指的「偷」是指整件貨物被偷走。「竊」是指包裝完整的整件貨物中一部分被竊取。保險條款中所指的「提貨不著」是指收貨人在目的地未能提取整件貨物或全部貨物。

（2）淡水雨淋險（Rain Fresh Water Damage，縮寫 RFWD）。貨物直接因淡水、雨淋、冰雪融化所造成的損失，由保險人負責賠償。淡水所致損失包括船上淡水艙或水管漏水、船艙內水氣凝集而成的艙汗造成貨物的損失，雨淋包括雨水、冰雪融化造成貨物的損失。條款中的淡水損失是相對海水損失而言的，平安險和水漬險僅對海水所致的損失承擔負責。

（3）短量險（Risk of Shortage）。貨物在運輸過程中，由於外包裝破裂、裂口、扯痕或散裝貨物發生散失與實際重量短少的損失，由保險人負責賠償。對有包裝貨物的短少，必須看外包裝是否有破裂、扯痕等異常情況，以區別貨物是原來的短少還是外來原因造成的短少。對散裝貨物則應以裝船重量和卸船重量之間的差額作為計算標準，但不包括正常損耗。

（4）混雜、玷污險（Risk of Intermixture and Contamination）。被保險貨物在運輸過程中，因混進雜質或被玷污所造成的損失，由保險人負責賠償。例如礦砂、礦石等混進了泥土、草屑，使其質量受到影響。被保險貨物與其他物質接觸而被污染，如布匹、紙張、服裝等被油類或帶色的物質所玷污而造成損失，保險人給予賠償。

（5）滲漏險（Risk of Leakage）。液體、流質類貨物和油類物質在運輸途中因容器損壞而引起的滲漏損失，用液體裝存的貨物，比如濕腸衣、醬菜、腌制食品等發生腐爛、變質等損失，均由保險人負責賠償。

（6）碰損、破碎險（Risk of Clash and Breakage）。貨物在運輸途中，因震動、碰撞、受壓造成的碰損和破碎損失。碰損主要是指金屬或木質貨物，如搪瓷、鋼精器皿、機器、漆木，在運輸途中因受震動、顛簸、擠壓等外來原因造成貨物本身的凹癟、脫瓷、脫漆、劃痕等損失。破碎容易發生在陶器、瓷器、玻璃器皿、大理石等易碎貨物上，如果這類貨物在運輸途中因粗暴裝卸、運輸工具的震動、擠壓、撞擊等外來原因造成破碎損失，保險人負責賠償。

（7）串味險（Risk of Odour）。貨物因受其他物品氣味的影響而引起的串味、變味損失。例如茶葉、香料、藥材、飲料等在運輸過程中與皮革、樟腦或有異味的物品存放在同一貨艙內，造成串味致損，由保險人負責賠償。但是如果這種串味損失的原因是同配載不當直接有關，船方負有責任，保險人在賠償被保險人的損失後，有權向負有責任的船方進行追償。

（8）受潮受熱險（Damage Caused by Sweating and Heating）。貨物在運輸途中，因氣溫突然變化或由於船上通風設備失靈致使船艙內水汽凝結，引起貨物發潮或發

熱所造成霉爛、變質或溶化的損失，由保險人負責賠償。

（9）鉤損險（Hook Damage）。貨物在運輸、裝卸過程中，因使用鉤子等工具致使外包裝破裂造成貨物外漏或貨物被直接鉤破造成的損失，由保險人負責賠償。

（10）包裝破裂險（Loss or Damage Caused by Breakage of Packing）。貨物因裝運不慎使包裝破裂造成貨物的短少、玷污等損失，由保險人負責賠償。對於運輸過程中續運安全需要而產生的修補包裝或調換包裝支付的費用，保險人也負責賠償。

（11）銹損險（Risk of Rust）。貨物在運輸途中因生鏽而造成的損失，由保險人負責賠償。凡是貨物在原裝時不存在銹損，而是在保險期間內發生的銹損，保險人都予以負責。保險人往往對裸裝的金屬板、條、管等不願承保，因為責任較大。

二、特別附加險（Special Additional Coverage）

特別附加險不包括在一切險責任範圍以內，導致特別附加險的貨物損失原因往往同政治、國家行政管理以及一些特殊的風險相關。中國特別附加險有6種類型：

（1）交貨不到險（Risk of Failure to Deliver）。從被保險貨物裝上船舶開始，6個月以內不能運到目的地的交貨，保險人將按全部損失賠償。保險人在承保時，要檢查被保險人是否持有進口所需要的一切許可證，以避免發生因無證不準進口而產生的交貨不到損失。發生了交貨不到的損失，保險人在按全部損失賠償以後，有權取得對該項貨物的全部權益，如果交貨不到是因為禁運而造成的，而貨物並未遭受實際全損，保險人可以將貨物追回，以補償保險人支付給被保險人的賠款。

（2）進口關稅險（Risk of Import Duty）。許多國家對進口貨物徵收關稅時，不論貨物是否損失，一律按貨物的完好價值計算徵稅。進口關稅險是承保上述原因引起的關稅損失。在實務中，進口關稅險的保險金額一般按發票金額的幾成確定。進口關稅險的保險金額與貨物的保險金額應分別載明於保險單內。在發生關稅損失時，保險人只在該保險金額限度內賠付。保險人對進口關稅的賠償只限於貨物損失應繳納的關稅。

（3）艙面險（Risk on Deck）。裝載於艙面的貨物因被拋棄或被風浪衝擊落水所造成的損失，由保險人負責賠償。有些貨物由於體積大、有毒性、有污染性或是易燃易爆物品等，根據航運習慣必須裝載於艙面上。由於裝載於艙面的貨物容易遭受海水浸濕、雨淋，保險人往往只願意在平安險的基礎上加保艙面險，以免責任過大。

（4）拒收險（Risk of Rejection）。貨物在進口時，不論何種原因在進口港被進口國的政府或有關當局拒絕進口或沒收所造成的損失，由保險人按貨物的保險價值賠償。如果貨物在起運後，進口國宣布實行任何禁運或禁止命令，保險人則負責賠償運回到出口國或轉口到其他目的地而增加的運費，最多不得超過該批貨物的保險價值。

（5）黃曲霉素險（Risk of Aflatoxin）。某些含有黃曲霉素食物因超過進口國對該毒素的限制標準而被拒絕進口、沒收或強制改變用途而遭受的損失，由保險人負

責賠償。各國衛生當局在檢驗這類貨物時，如發現含有黃曲霉素，並且超過了進口國對該毒素的限制標準，就會拒絕進口或沒收或強制改變用途。對於被拒絕進口或被沒收的部分貨物，被保險人有義務進行處理。

（6）出口貨物到香港或澳門存倉火險責任擴展條款（Fire Risk Extension Clause for Storage of Cargo at Destination Hongkong, Including Kouloon or Macao）。中國內地出口到中國港澳地區的貨物，如果直接卸到保險單載明的過戶銀行所指定的倉庫時，可附加這一條款，以延長存倉期間的火險責任。保險責任期限從貨物運入過戶銀行指定的倉庫時開始，直到過戶銀行解除貨物權益或運輸責任終止時起計算滿30天為止。

三、特殊附加險（Specific Additional Coverage）

特殊附加險與特別附加險一樣，不屬於一切險責任範疇，共有3項：

（1）罷工險（Strikes Risk）。因罷工者、被迫停工工人、參加工潮、暴動和民眾鬥爭的人員採取行動造成保險貨物的損失和上述行為引起的共同海損的犧牲、分攤和救助費用，由保險人負責賠償責任。

（2）戰爭險（War Risks）。本保險負責賠償因戰爭、類似戰爭行為和敵對行為、武裝衝突或海盜行為所致的損失；戰爭、類似戰爭行為和敵對行為、武裝衝突或海盜行為所致的損失；上述原因引起的捕獲、拘留、禁制、扣押所造成的損失；各種常規武器，包括水雷、魚雷、炸彈所致的損失；屬於以上責任範圍引起的共同海損的犧牲、分攤和救助費用。

（3）戰爭險除外責任（Risks Excluded）。在敵對行為中，使用原子或熱核製造的武器所致的損失或費用；執政者、當權者或其他武裝集團的扣押、拘留引起的承保航程的喪失和損失。

需要指出的是，戰爭險的責任期限僅限於水上或運輸工具上。戰爭險的責任起訖是自保險貨物裝上保險單所載起運港的船舶和駁船時開始，到卸離保險單所載明的目的港船舶或駁船時為止，保險責任最長期限以船舶到達目的港的當日午夜算起15天為限。

第三節 中國海上運輸貨物保險專門險

專門險是指海上運輸冷藏貨物保險，承保海運冷藏貨物因自然災害、意外事故或外來原因造成冷藏貨物的腐爛造成的損失。這種專門險可分為冷藏險和冷藏一切險兩類。

一、海上運輸冷藏貨物保險（Frozen Cargo）

1. 冷藏險（Risk for Frozen Products）

冷藏險除負責由於冷藏機器停止工作連續達到24小時以上所造成的被保險貨

物的腐敗或損失外，其他賠償責任與海上運輸貨物保險中的水漬險的責任範圍相同。

2. 冷藏一切險（All Risks for Frozen Products）

冷藏一切險的責任範圍，除包括冷藏險的各項責任外，還負責賠償被保險貨物在運輸途中由於外來原因所致的腐爛造成的損失。

在海上運輸冷藏貨物保險中，保險人規定冷藏機器損壞停止工作必須連續達24小時以上造成冷藏貨物的腐爛或損失，保險人才負責任。保險人規定24小時作為是否負責賠償的時間界限，與國際慣例一致。

3. 海上運輸冷藏貨物保險的除外責任

海上運輸冷藏保險的除外責任與海上運輸貨物保險的基本險的除外責任大致相同，此外，保險人對以下兩點所造成的冷藏貨物的損失也不負賠償責任：

（1）被保險貨物在運輸過程中的任何階段，因未存放在冷藏設備的倉庫或運輸工具中或輔助運輸工具沒有隔熱設備所造成的貨物腐敗。

（2）被保險貨物在保險責任開始時因未保持良好狀態，包括整理加工包紮不妥、冷凍不合規定及貨物變質所引起的貨物腐爛和損失。

4. 海上運輸冷藏貨物保險的責任期限

根據冷藏貨物運輸及貯藏條件的特殊要求，對於海上運輸冷藏貨物保險的責任期限做了相應的規定：貨物到達保險單所載明的最後卸載港30天內卸離船舶，並將貨物存入岸上冷藏倉庫，保險繼續有效，以貨物全部卸離船舶起算滿10天為止。如果在上述期限內貨物一經轉移出冷藏倉庫，保險責任即告終止。如果貨物卸離船舶後不存入冷藏倉庫，保險責任至卸離船舶時終止。

二、海上運輸散裝桐油保險（Woodoil in Bulk）

海上運輸散裝桐油保險承保海上運輸的散裝桐油不論任何原因造成的短少、滲漏、玷污和變質的損失。

1. 海上運輸散裝桐油保險的保險責任

海上運輸散裝桐油保險基本險的責任範圍與海上運輸貨物保險的責任範圍基本相同。同時根據散裝桐油這種貨物的自身特點，該保險在原有的保險責任基礎上增加了三項：

（1）不論任何原因導致被保險桐油的短少、滲漏損失，且超過保險單規定的免賠率時。

（2）不論任何原因導致被保險桐油玷污或變質損失。

（3）被保險人對遭受承保責任內的危險的桐油採取搶救、防止或減少貨損的措施而支付的合理費用，由保險人支付，但是不超過該批被救桐油的保險金額。

2. 除外責任

海上運輸散裝桐油保險的除外責任與海上運輸貨物保險的基本險相同。

3. 海上運輸散裝桐油保險的責任期限

海上運輸散裝桐油保險的責任期限是按「倉至倉」條款執行，其具體內容是：

（1）自桐油運離保險單所載明的起運港岸上油庫或盛裝的容器開始運輸時生效，直到安全運至保險單所載明目的地的岸上油庫時為止。如果桐油不及時卸離船舶或未交至岸上油庫，最長保險期限以船舶到達目的港後 15 天為止。

（2）在非正常運輸情況下，桐油運到非保險單所載明的目的港時，應在到達港口 15 天內卸離船舶，在卸離船舶後滿 15 天責任終止。如 15 天內貨物在就地出售，保險責任以交貨時為止。

（3）桐油在上述非正常運輸情況下，如 15 天內繼續運往保險單所載原目的地或其他目的地，保險責任按上述（1）款的規定終止。

4. 保險人承保散裝桐油時的注意事項

（1）被保險人在起運港口必須取得下列檢驗證書，否則保險人對桐油品質的損失不負責任：船上油艙在裝船前必須清潔，並經在場的商品檢驗局代表檢驗，出具合格的證書；桐油裝船後的容量或重量和溫度必須由商檢局詳細檢驗並出具證書；裝船桐油的品質應由商品檢驗局抽樣化驗出具合格的證書，證明在裝運時確無玷污、未變質。

（2）在非正常運輸情況下，如果桐油必須卸貨，應在卸貨前進行品質鑒定並取得證明書，對接受能卸桐油的船舶或其他容器，均須向當地合格的檢驗人申請檢驗，並取得證書。

（3）桐油運抵保險單所載目的地後，被保險人必須在卸貨前通知保險單上指定的檢驗、理賠代理人，由其指定的檢驗人進行檢驗。檢驗時，確定卸貨時油艙的溫度、容量、重量，並由代理人指定合格化驗師一次或數次抽樣化驗，出具確定當時品質狀況的證書。

三、中國海上運輸貨物保險期限（Duration of Marine Cargo Insurance）

保險期限是指保險人承擔保險責任的起訖期限。中國海上運輸貨物保險的基本險的責任期限是「倉至倉條款」（Warehouse to Warehouse Clause）期限。它規定了保險人對被保險貨物所承擔責任的空間範圍，從貨物運離保險單所載明起運港發貨人的倉庫時開始，一直到貨物運抵保險單所載明的目的港收貨人的倉庫時為止。中國《海上運輸貨物保險條款》把保險責任起訖分為正常運輸和非正常運輸。

（一）在正常運輸情況下的保險責任起訖

正常運輸是指按照正常的航程、航線行駛並停靠港口，包括途中正常的延遲和正常的轉船，其過程自被保險貨物運離保險單所載明的起運地發貨人倉庫或儲存處所開始，直到貨物到達保險單所載明的目的地收貨人倉庫或儲存處所為止。一旦貨物到達收貨人的最後倉庫，保險責任即行終止。在保險實務中，由於被保險貨物所運往的目的地有的就在卸貨港，有的是在內陸，保險人對保險責任的終止有不同的

規定。

（1）被保險貨物運抵目的港，並全部卸離船舶後，未被收貨人立即運到自己的倉庫。遇到這種情況，保險責任可以從貨物全部卸離船舶時起算滿60天終止。如果在60天內貨物到達收貨人倉庫，保險責任即在到達倉庫時終止。

（2）被保險貨物運抵卸貨港，卸貨港即為目的地，收貨人提貨後並不將貨物運往自己的倉庫，而是將貨物進行分配、分派或分散轉運。遇到這種情況，保險責任就在開始分配時立即終止。

（3）如果被保險貨物以內陸為目的地，收貨人提貨後運到內陸目的地自己的倉庫，保險責任從啓運起立即終止。

（4）如果收貨人提貨後沒有將貨物直接運往自己在內陸目的地的倉庫，而是先行存入某一倉庫，然後在這個倉庫對貨物進行分配、分派或分散轉運，即使其中一部分貨物運到了保單所載明的內陸目的地的最後倉庫，則先行存入的某一倉庫視為收貨人的最後倉庫，保險責任在貨物到達該倉庫時終止。

（二）非正常運輸情況下的保險責任起訖

非正常運輸是指在運輸過程中由於遇到被保險人無法控制的情況，致使被保險貨物無法運往原定卸載港，而在途中被迫卸貨、重裝或轉運，以及由此而發生的運輸延遲、船舶繞道行駛或運輸合同終止等情況。根據條款規定，在非正常運輸情況下，保險人要求被保險人在獲知貨物被迫卸貨、重裝或轉運等情況時，及時通知保險人。保險單繼續有效的責任期限按下列規定處理：

（1）被保險貨物如在非保險單所載明的目的地出售，保險責任至交貨時終止，但不論任何情況，均以被保險貨物在卸載港全部卸離船舶滿60天為止。

（2）被保險貨物如在上述60天期限內繼續運往保險單所載明的原目的地或其他目的地時，保險責任仍按正常運輸情況下所規定的「倉至倉條款」內容辦理。

四、被保險人的義務（Duty of the Insured）

與其他保險合同一樣，海上運輸貨物保險合同對保險人和被保險人都規定了權利和義務。保險人承擔貨物因發生保險事故而遭到損失的賠款義務，被保險人履行繳付保險費的義務。中國《海上運輸貨物保險條款》規定了被保險人義務：

（1）及時提貨。當被保險貨物運抵保險單所載明的目的港口以後，被保險人應及時提貨。貨物運抵目的港，被保險人如果不及時提貨，貨物存放在卸貨碼頭倉庫或海關倉庫的時間越長，發生損失的可能性就越大。被保險人應盡快提貨，以終止保險人的保險責任。

（2）申請檢驗。如果被保險人提貨時發現被保險貨物已遭受損失，應立即向保險單上所載明的檢驗、理賠代理人申請檢驗，以判定損失的程度及其原因，並以此確定責任歸屬。

（3）合理施救。當貨物遭受保險責任內的損失時，被保險人應迅速採取合理的搶救措施，防止和減少貨物的損失。被保險人採取此項措施，不應視為放棄委付

的表示，保險人採取搶救措施，也不應視為接受委付的表示。

（4）變更航程，立即通知。如遇航程變更時，被保險人在獲悉這種情況後應立即通知保險公司，增加一定的保險費，原保險合同繼續有效。

（5）提供索賠單證。如果被保險貨物遭受損失，被保險人向保險公司索賠時，必須提供必要的單證，以供保險人確定損失原因、審核保險責任和賠償金額。提供的單證包括保險單正本、提單或其他運輸單據、商業發票、裝箱單、磅碼單、貨損貨差證明、檢驗報告、海事報告和航海日誌、索賠清單等。如涉及第三者責任的索賠，還須提供向責任方追償的有關函電及其他必要單證或文件。

（6）船舶互撞，立即通知。根據運輸合同中船舶互撞責任條款的責任確定後，被保險人應及時通知保險人。船舶發生互撞之後，兩船之間的責任大小對被撞船舶承擔多少損失等問題都直接與保險人的利益有關，因此，被保險人在得知船舶互撞的實際責任後，必須及時通知保險人，以維護保險人的利益。

第四節　英國倫敦協會貨物保險新條款

1982年倫敦保險協會實施新的《倫敦保險協會貨物保險條款》（Institute of London Underwriters Cargo Clauses，簡稱ICC條款），包括協會貨物（A）險條款、協會貨物（B）險條款、協會貨物（C）險條款，分別取代1963年起實施的《倫敦保險協會貨物保險條款》中「All Risks, With Particular Average and Free from Particular Average」。（一切險、水漬險和平安險）以下為方便起見，分別用新條款和舊條款指代1982年和1963年實施的條款。

一、協會貨物（A）險條款內容（Main Contents of ICC［A］）

（一）承保的風險（Risks Covered）

這部分共包括三個條款，即風險條款（Risks Clause）、共同海損條款（General Average Clause）和船舶互撞責任條款（Both-to-Blame Collision Clause）。（A）險承保以下內容：

（1）除規定的除外責任以外的一切風險所造成的貨物滅失或損壞。

（2）保險責任範圍內的共同海損和救助費用。

（3）根據運輸合同中訂有的船舶互撞責任條款所規定應由被保險人承擔的賠償責任。

（二）除外責任（Risks Excluded）

這一部分共包括四個條款，即一般除外責任條款、不適航不適貨除外責任條款、戰爭除外責任條款和罷工除外責任條款。

1. 一般除外責任條款（General Exclusion Clause）
（1）被保險人的故意不法行為所造成的損失或費用。
（2）貨物的自然滲漏、重量或容量的自然損耗或自然磨損。
（3）貨物由於包裝不牢固或不當所造成的損失或費用。
（4）貨物由於自身的固有缺陷或特性所造成的損失或費用。
（5）直接由延遲引起的損失或費用，即使延遲是由於承保的風險所致。
（6）船東、經理人、租船人或經營人破產或不履行債務償還所造成的損失或費用。
（7）使用任何原子或熱核武器等造成的損失或費用。

雖然協會貨物（A）險承保一切風險所造成的損失或費用，但是承保的「一切風險」的含義僅指意外風險或外來風險，可以確定的風險、預期的風險、正常的風險以及戰爭風險仍舊是排除在保險責任範圍之外。

2. 不適航與不適貨除外責任條款（Unseaworthiness and Unfitness Exclusion Clause）
（1）被保險人或其雇傭人員在貨物裝船時已經知道船舶不適航以及船舶、運輸工具、集裝箱或大型海運箱不適貨的情況引起的損失或費用。
（2）被保險人或其雇傭人員已經知道承運人違反船舶適航、適貨的默示保證，即使保險人放棄提出關於船舶違反適航、適貨默示保證的權利，由此而引起的損失或費用。

3. 戰爭除外責任條款（War Exclusion Clause）
（1）戰爭、內戰、革命、叛亂或由此引起的內亂和敵對行為所造成的損失或費用。
（2）捕獲、拘留、扣留、禁制、扣押（海盜行為除外）所造成的損失或費用。
（3）遺棄的水雷、魚雷、炸彈或其他遺棄的戰爭武器所造成的損失或費用。

在戰爭除外責任條款中，協會貨物（A）險沒有把海盜行為列入除外責任。這一點明顯區別於舊條款。而中國《海上運輸貨物保險條款》將海盜行為列在貨物戰爭險條款中加以承保。

4. 罷工除外責任條款（Strikes Exclusion Clause）
（1）罷工者，被迫停工的工人或參與工潮、暴動或民眾騷亂人員直接造成的損失或費用。
（2）罷工、被迫停工、工潮、暴動或民眾騷亂間接造成的損失或費用。
（3）任何恐怖分子或出於政治動機而採取行動的人所造成的損失或費用。

（三）保險期限（Duration）

這一部分包括三個條款：運輸條款（Transit Clause）、運輸合同終止條款（Termination of Contract of Carriage Clause）和航程變更條款（Change of Voyage Clause）。這三個條款的內容都是有關正常運輸情況下和非正常運輸情況下海上運輸貨物保險期限的具體規定。

（四）索賠（Claims）

這一部分包括四個條款：可保利益條款、續運費條款、推定全損條款和增值條款。

1. 可保利益條款（Insurable Interest Clause）

該條款是根據原勞合社 S. G. 保險單格式中「無論滅失與否」（Lost or Not Lost Clause）條款的內容和英國 1906 年《海上保險法》的第六條規定而制定的：

（1）在保險標的發生損失時，被保險人必須對保險標的具有可保利益。

（2）即使保險標的在保險合同簽訂之前已經發生損失，但被保險人並不知道，他就有權要求保險人對發生的損失予以賠償。

無論滅失與否條款規定：一方面，雙方在簽訂保險合同時，保險標的實際上已經滅失，事後才被發現，保險人仍負責賠償。另一方面，保險標的事實上已經安全到達目的港，事後才知道，保險人不退還已收取的保險費。無論滅失與否條款的存在是因為過去海上交通運輸緩慢，通信聯絡不便，船舶出海後保險標的在途中是否發生滅失，船東貨主不一定知道。在現代海上保險實務中，在信息高度發達的今天，這種情況不可能再次發生。因此，無論滅失與否條款的實際和實用意義不大。

2. 續運費條款（Forwarding Charge Clause）

該條款是對協會貨物（A）險、（B）險和（C）險均適用的一個共同性條款。它規定在上述基本險的三種險別承保範圍內，由於承保的風險造成運輸航程在非保險單所載明的港口或處所終止，被保險人為將貨物卸下、存倉和轉運至保險單所載明的目的地所支出的運費及其他任何額外費用，均由保險人負責賠償。不過，被保險人能否獲得保險人的賠償，取決於是否具備以下條件：

（1）航程終止的原因必須屬於承保風險。

（2）發生的費用必須正當和合理。

（3）這些費用必須不是由於被保險人及其雇傭人員的過失、疏忽、破產或不履行債務所引起的。

續運費條款在舊條款的平安險、水漬險和一切險中也存在，新條款單獨列出續運費條款，使內容更加明確。

3. 推定全損條款（Constructive Total Loss Clause）

該條款規定，只有保險標的的委付是因為實際全損已不可避免，或因恢復、整理及運往保險單載明的目的地的費用必將超過其到達目的地的價值時，保險人才對推定全損給予賠付。

4. 增值條款（Increased Value Clause）

該條款是根據貨物貿易的特點，參照船舶保險中的增值條款而制訂的。在敘述該條款的內容之前，有必要先解釋一下增值的概念。一筆成交的貨物，賣方按其保險價值投保的金額有可能低於買方期望在出售後得到的金額，二者之間的差額就叫做「增值」。在這種情況下，買方往往希望將增值部分以與先前賣方投保時同樣的條件加以投保。這種按保險標的的保險價值投保後，再增加保險金額的保險，即為

增值保險。

新條款為適應買方的上述需要列入這一增值條款，規定保險人可以同樣條件對增值部分進行承保；在發生損失索賠時，以先前賣方投保的金額與買方就增值部分投保的金額相加作為計算賠款的基數，也就是說，保險人按增值保險的保險金額與兩者相加的全部保險金額的比例來計算賠款。

（五）保險權益（Benefit of Insurance）

該部分只有「不得受益條款」一條。它規定承運人或其他受託人不得享受本保險的權益，目的是為了不讓承運人或其他受託人對其應負責的貨物損失由於有本保險存在而享有權益，以免保險人在賠付被保險人的損失以後喪失代位求償權。

（六）減少損失（Minimizing Losses）

這一部分包括兩個條款：被保險人義務條款和放棄條款。

1. 被保險人義務條款（Duty of Insured Clause）

該條款規定被保險人及其雇員和代理人對保險項下的索賠承擔如下義務：一是為避免或減少損失而應採取合理措施；二是保證保留和行使對承運人、受託人或其他第三者追償的權利。保險人對被保險人因履行這些義務而支出的任何適當或合理費用給予補償。

舊條款中的「受託人條款」（Bailee Clause）內容與本條內容基本相同，但把承擔減少損失義務的人的範圍從被保險人擴大為被保險人及其雇傭人員和代理人。該條款鼓勵被保險人及其雇傭人員對貨損積極施救，並確保保險人對造成貨損的有關責任方的追償權利。

2. 放棄條款（Waive Clause）

該條款規定：當保險標的發生損失時，被保險人或保險人為施救、保護或修復保險標的所採取的措施，不應視為放棄或接受委付，或影響任何一方的利益。

這一規定明確了保險雙方中的任何一方對受損保險標的進行施救以後，另一方不能因此而認為對方已放棄了保險合同所規定的權利，也就是保險人不能把被保險人的施救行為看做是放棄委付權利，被保險人不能把保險人做出的減少保險標的損失的措施看作為已接受委付，亦即放棄了以後拒絕接受委付的權利。

（七）防止延遲（Avoidance of Delay）

合理處置條款（Reasonable Despatch Clause）規定：被保險人對其所投保的貨物在發生事故後，必須在其力所能及的情況下以合理的方式迅速處理。

（八）法律與慣例（Law and Practice）

英國法律與慣例條款（English Law and Practice Clause）規定：本保險適用英國法律和慣例。

（九）附註（Note）

附註規定被保險人在獲知發生本保險「另議」（Held Cover）的事件時，必須立即通知保險人，對本保險的權利取決於是否履行上述義務。

二、協會貨物(B)險條款的內容(Main Contents of ICC[B])

協會貨物（B）險取代了舊條款的水漬險，兩者的內容基本相似。

（一）承保範圍（Risks Covered）

與協會貨物（A）險條款一樣，協會貨物（B）險條款的這一部分一共也包括風險條款、共同海損條款和船舶互撞責任條款三個條款。協會貨物（B）險條款對於承保的風險採用列明風險的方式，其責任範圍顯然比舊條款更加明確。

（1）火災或爆炸。
（2）船舶或駁船發生擱淺、觸礁、沉沒或傾覆。
（3）陸上運輸工具傾覆或出軌。
（4）船舶、駁船或運輸工具與除水以外的任何外界物體碰撞。
（5）在避難港卸貨。
（6）地震、火山爆發或雷電。
（7）共同海損犧牲。
（8）拋棄貨物、浪擊落海。
（9）海水、湖水或河水進入船舶、駁船、運輸工具、集裝箱海運箱或貯存處所。
（10）貨物在裝卸時落海或跌落造成整件的全損。

（二）除外責任（Risks Excluded）

（B）險的除外責任基本上與（A）險相同，只存在兩點差異：

（1）在一般除外責任中，協會貨物（B）險條款增加了一條「由於任何個人或數人非法行動故意損壞或故意破壞保險標的或其任何部分」的損失或費用，不承擔賠償責任。

（2）在戰爭除外責任中規定，「捕獲、拘留、扣留、禁制、扣押以及這種行動的後果或這方面的企圖」所造成的損失或費用不予承保，而協會貨物（A）險條款中「海盜行為除外」，這說明協會貨物（A）險條款把海盜行為作為承保風險。而協會貨物（B）險條款將海盜行為列為除外責任，對海盜行為所造成的損失不承擔責任。

其餘六個部分與協會貨物（A）險條款完全一致，不必列出。

三、協會貨物(C)險條款的內容（Main Contents of ICC [C]）

新條款協會貨物（C）險取代了舊條款的平安險，兩者內容差別不大，但是（C）險條款把風險一一列出，責任範圍更加明確。

（一）承保範圍（Risks Covered）

協會貨物（C）險條款的這一部分與其（A）險和（B）險相同，同樣包括風險條款、共同海損條款和船舶互撞責任條款，這裡只闡述風險條款內容。協會貨物（C）險承保的風險包括：

（1）火災或爆炸。
（2）船舶或駁船發生擱淺、觸礁、沉沒或傾覆。
（3）陸上運輸工具傾覆或出軌。
（4）船舶、駁船或運輸工具與除水以外的任何外界物體碰撞。
（5）在避難港卸貨。
（6）共同海損犧牲。
（7）拋棄貨物。

根據協會貨物（C）險條款的承保範圍，可以看出其承保責任小於協會貨物（B）險條款，因為它沒有列入地震、火山爆發或雷電，海水、湖水或河水進入船舶、駁船、運輸工具、集裝箱、大型海運箱，浪擊落海，貨物在裝卸時落海或跌落造成整件全損。

（二）除外責任（Risks Excluded）

協會貨物（C）險條款的除外責任與協會貨物（B）險條款的完全相同，因此，如果被保險人需要保險人對其貨物因任何個人或數人的惡意行為而造成的損失提供保險保障，必須加保惡意損害險。因此，協會貨物（C）險條款對海盜行為所造成的損失不承擔責任。

四、協會貨物戰爭險條款、貨物罷工險和惡意損害險條款

（一）協會貨物戰爭險條款
新條款對於承保危險的表述比舊條款清楚。
1. 承保範圍（Risks Covered）
（1）戰爭、內戰、革命、叛亂、顛覆，或由此引起的內訌，或交戰國的或對抗交戰國的敵對行為。
（2）上述第（1）條款引起的捕獲、扣押、拘留、禁止或扣留及其後果，或這方面的任何企圖造成的損失。
（3）遺棄的水雷、魚雷、炸彈或遺棄的其他戰爭武器。
（4）由於承保的風險引起的共同海損犧牲、分攤和救助費用。

2. 除外責任（Risks Excluded）
協會貨物新條款的戰爭險其除外責任與協會貨物（A）險條款一樣，也包括（A）險所列的一般除外責任，即被保險人的故意行為、貨物自然損耗、貨物固有缺陷、延遲、船東破產和核武器等以及不適航不適貨除外責任。

3. 保險期限（Duration）
（1）在一般情況下，保險責任從貨物裝上起運港的船舶開始，到卸離目的港船舶至岸上為止，或者自船舶到達目的港當日午夜起算滿15天為止。
（2）如果在中途港口轉船，不論貨物是否在當地卸載，保險責任以船舶抵達該港或卸貨地點的當日午夜起算滿15天為止，以後再裝上船舶時恢復有效。
（3）在遭遇到由於浮在水面或沉在水下的遺棄水雷、魚雷所造成的危險情況

下，保險責任可延長到貨物被裝上駁船運往船舶或從船舶卸到駁船上為止，但最長不超過從船舶卸下後起算的 60 天。

（4）保險責任開始後，被保險人如果變更目的地，只要及時通知保險人，並另行商定保險費和保險條件。

（二）協會貨物罷工險條款

1. 承保責任範圍

（1）罷工者、被迫停工工人，參加工潮、暴動或民眾騷亂人員造成的損失。

（2）恐怖主義者或出於政治目的採取行動的人造成的損失。

除外責任與新條款的戰爭險除外責任基本一樣，也包括一般除外責任、船舶不適航不適貨除外責任。一般除外責任中增加了兩條：

（1）由於罷工、停工、工潮、暴動或民眾騷亂造成勞動力缺乏、短少和扣押所引起的損失或費用。

（2）由於戰爭、內戰、革命、叛亂或由此造成的內亂，或由交戰力量引起的敵對行為所造成的損失。

協會貨物新條款的罷工險承保由於罷工引起的直接損失，對間接損失不承擔責任。

2. 保險期限

保險期限與協會貨物新條款的貨物保險完全一致。

（三）惡意損害險條款（Malicious Damage Clauses）

惡意損害險條款用於協會貨物（B）險條款和（C）險條款的附加條款。因為協會貨物新條款中的（B）險和（C）險對於「由於任何個人或數人非法行動故意損壞或故意破壞保險標的或其任何部分」的損失或費用是不承擔賠償責任的，如果被保險人想獲得這方面的保障，就可以附加這一條款。值得注意的是，協會貨物新條款（A）險中，把惡意損害作為保險責任予以承保。

為了便於記憶和比較，我們把協會貨物新條款中（A）險、（B）險和（C）險的承保風險列表如下：

表5.1　協會貨物（A）險、（B）險和（C）險條款的承保風險範圍比較

倫敦協會貨物保險承保風險責任範圍	（A）	（B）	（C）
1. 火災、爆炸造成的損失	√	√	√
2. 船舶、駁船的觸礁、擱淺、沉沒、傾覆造成的損失	√	√	√
3. 陸上運輸工具的傾覆或出軌造成的損失	√	√	√
4. 船舶、駁船或運輸工具同除水以外的任何外界物體碰撞造成的損失	√	√	√
5. 在避難港卸貨的費用和損失	√	√	√
6. 地震、火山爆發或雷電造成的損失	√	√	×

表 5.1（續）

倫敦協會貨物保險承保風險責任範圍	（A）	（B）	（C）
7. 共同海損犧牲的費用和損失	√	√	√
8. 共同海損分攤和救助費用	√	√	√
9. 運輸合同訂有「船舶互撞責任」條款，根據該條款規定，應由貨主償還船方的損失	√	√	√
10. 拋棄貨物造成的損失	√	√	√
11. 浪擊落海造成的損失	√	√	×
12. 海水、湖水或河水進入船舶、駁船、集裝箱、大型海運箱或貯存處	√	√	×
13. 貨物在船舶或駁船裝卸時落海或跌落造成任何整件全部損失	√	√	×
14. 被保險人以外的其他人（船長、船員等）的故意違法行為造成的損失	√	×	×
15. 海盜行為造成的損失	√	×	×
16. 由於一般外來原因造成的損失	√	×	×

本章自測題

一、是非判斷題

1. 運輸貨物保險中的「貨物」是具備商品性質的貨物，但是不包括包裝材料及標籤在內。（　　）

2. 1992 年《中華人民共和國海商法》第二條對海上運輸的定義：海上運輸，是指海上貨物運輸和海上旅客運輸，包括海江之間、江海之間的直達運輸。（　　）

3. 班輪運輸固定航線、固定時間、固定靠港，費率相對固定。班輪運輸不限貨物數量，便利分批零星貨運，因此適合於大額成交的貿易。（　　）

4. 租船運輸沒有預訂的船期表，只根據承租人的需要與出租人簽訂租船合同安排運輸事宜。租船運輸主要是從事貨量大、運費相對較低的大宗貨物的運輸。（　　）

5. 中國海上貨物運輸保險條款參照了倫敦協會貨物運輸舊條款制定而成，基本險有平安險、水漬險、一切險三種和特殊附加險。（　　）

6. 一切險中的保險責任所指的「外來原因」並非運輸途中的一切外來風險，而是一般附加險中的 11 種風險。（　　）

7. 交貨不到險是指從被保險貨物裝上船舶開始，5 個月以內不能運到目的地的

交貨，保險人將按全部損失賠償。 （　　）

8. 海上運輸冷藏貨物保險承保海運冷藏貨物因自然災害、意外事故或外來原因造成冷藏貨物的腐爛造成的損失，可分為冷藏一切險兩類。 （　　）

9. 1982年《倫敦保險協會貨物保險條款》中的惡意損害險條款是（A）險、（B）險和（C）險的附加條款。「由於任何個人或數人非法行動故意損壞或故意破壞保險標的或其任何部分」的損失或費用由附加險承保。 （　　）

10. 無論滅失與否條款是指雙方在簽訂保險合同時，保險標的實際上已經滅失，事後才被發現，保險人仍負責賠償。另一方面，保險標的事實上已經安全到達目的港，事後才知道，保險人不退還已收取的保險費。 （　　）

二、單項選擇題

1. 中國海上貨物運輸保險條款的保險責任範圍從小到大排列，正確的是_____。

　　A. 水漬險，一切險，平安險　　B. 平安險，一切險，水漬險
　　C. 平安險，水漬險，一切險　　D. 水漬險，平安險，一切險

2. 「倉至倉」條款規定，被保險貨物運抵卸貨港口，並全部離開船舶後，但未被收貨人立即運到自己的倉庫，保險責任可以從貨物全部卸離船舶時起算滿_____日終止。

　　A. 30　　　　　　　　　　　　B. 60
　　C. 90　　　　　　　　　　　　D. 180

3. 按照有關規定，如果被保險貨物遭受偷竊行為遭受損失，被保險人必須在提貨後_____日內申請檢驗。

　　A. 5　　　　　　　　　　　　 B. 10
　　C. 15　　　　　　　　　　　　D. 30

4. 在海上運輸貨物保險中，對貨物的偷竊做了明確的解釋，一般附加險中有一條「偷竊、提貨不著險」，其中的「偷」是指_____。

　　A. 整件貨物被偷走　　　　　　B. 整件貨物中一部分被竊取
　　C. 公開的使用暴力手段劫奪　　D. A和B選項均是

5. 海上運輸貨物戰爭險的保險期限與海上運輸貨物保險基本險的責任期限不一樣，前者採用的是_____。

　　A. 「倉至倉」條款
　　B. 「艙至艙」條款
　　C. 從貨物裝上船舶或駁船開始負責到卸離船舶或駁船止
　　D. 從貨物離開倉庫或儲存地開始負責到達新倉庫或儲存地點為止

6. 中國海上運輸貨物保險條款中的水漬險的責任範圍大於平安險，但小於一切險的責任範圍。水漬險的責任範圍是_____。

　　A. 平安險的各項責任加上由於海上自然災害所造成的部分損失
　　B. 只對貨物遭受海水損失予以賠償

C. 只對單獨海損負責賠償

D. 只要是單獨海損都是責任範圍。

7. 交貨不到險是指保險貨物裝上船舶時開始，不論由於何種原因，如保險貨物不能在預定抵達目的地日期起_____以內交貨，保險人將賠付全部損失，該貨物的全部權益應轉移給保險人。

 A. 1 個月   B. 3 個月

 C. 6 個月   D. 9 個月

8. 中國海上運輸貨物保險條款中的附加險包括一般附加、特別附加和特殊附加險三種。有關特殊附加險的敘述中，錯誤的表達是_____。

 A. 特殊附加險包括戰爭險和罷工險

 B. 被保險人投保了戰爭險，加保罷工險，保險人不另外收費

 C. 被保險人只投保罷工險，按戰爭險費率繳付保險費

 D. 海上運輸貨物戰爭險的保險期限是「倉至倉」條款

9. 投保了海上運輸貨物短量險的貨物，如果其包裝無破裂、扯縫等異常情況而發生的短量，則保險人_____賠償責任。

 A. 承擔   B. 不承擔

 C. 按比例承擔   D. 以上皆不對

10. 對於裝載於艙面的貨物來說，投保人只有投保了附加險，才能得到保險的保障。如果是雨淋所致損失，應該由_____承擔賠償責任。

 A. 平安險   B. 水漬險

 C. 淡水雨淋險   D. 受潮受熱險

三、思考題

1. 簡述平安險與水漬險的差別。
2. 簡述海上貨物運輸保險一切險的保險責任。
3. 平安險與協會條款（C）險有什麼區別?
4. 簡述海上貨物運輸保險基本險除外責任。
5. 一般附加險與特別附加險有什麼不同?

四、名詞解釋

1. 淡水雨淋險
2. 進口關稅險
3. 艙面險
4. 黃曲霉素險
5. 拒收險

第6章 海上運輸貨物保險的承保

學習目標

通過對本章的學習，應達到以下目標：
1. 瞭解投保險種的選擇；
2. 熟悉國際貿易價格條件；
3. 掌握進出口貿易合同保險條款英文；
4. 學會保險單英文條款的撰寫；
6. 注意簽訂保險合同的事項；
7. 掌握保險單的批改與批單。

本章內容

第一節　海上運輸貨物保險的投保
第二節　海上運輸貨物保險的核保
本章自測題

第一節　海上運輸貨物保險的投保

海上運輸貨物的投保是指投保人或被保險人向保險公司表示訂立保險合同的意向的一種要約行為。投保是海上保險合同成立的要件，也是保險承保活動的基本內容之一。在全球保險市場上，海上保險的投保一般以書面的形式進行。書面形式是指保險公司依據核保實務上需要瞭解有關承攬風險的主要事項，制定出書面表達格式，這種書面表達格式稱之為投保單（關於投保單的樣式，可參見第三篇全真海上

保險實訓的「實訓1　客戶的投保」)。

海上保險的投保實務一般包括貨物運輸保險投保實務和船舶保險投保實務。二者的實務處理較為接近，而貨物運輸保險又有一定的特點，所以，這裡著重介紹貨物運輸保險投保實務。貨物運輸保險的投保實務主要涉及貿易的價格條件、險種的選擇、保險金額的確定、保險費的計算以及投保手續等。

一、投保人對保險產品的選擇（Selection of Insurance Products）

商人在投保時需要選擇恰當的保險產品，既要考慮能獲得所需的經濟保障，又要適當節省保險費的支出。例如，投保一切險加保戰爭險、罷工險，雖然能得到較全面的保障，但有些商品不一定需要這樣的保障，而要負擔更多的保險費。如果只考慮節省保險費，只投保責任最小的平安險，雖然保險費少多了，但往往得不到應有的保障。因此，投保人應根據貨物的種類、性質、特點、包裝、運輸工具、運輸路程以及港口等不同情況來選擇保險產品。以下是幾種商品容易受損的情況以及適合投保的險種。

（一）糧油食品類（Grains & Food Stuff）

（1）食品類。這類商品因隨時隨地能食用，遭受偷竊的情況也較常見。投保人可以投保一切險，也可以在平安險和水漬險的基礎上加保包裝破裂險、碰損險、銹損險和偷竊提貨不著險等。

（2）冷凍品類。這些商品的運輸都是由設有冷藏設備的運輸工具承載的，最容易遭受的損失是冷藏機器損壞使冷凍商品解凍變質或腐壞。對於這類商品，投保人一定要投保冷藏貨物險，以便獲得充分的保障。

（3）糧穀類。這些商品含有水分，長途運輸易造成水分蒸發，從而引起短斤少兩。增加水分會發生霉爛，導致霉爛的原因有海水浸入、漬水滲入、水管漏水等。在運輸途中遭遇惡劣氣候而封閉通風艙，或者因為氣候驟變，溫度突然上升和下降，這些都會造成發汗，發熱，造成貨物的損失。

這類商品的運輸包裝有兩種，一種是袋裝，另一種是散裝。保險人對這類商品規定免賠率。在售貨合同擬訂保險條件時，要注意加上免賠率的規定。如果投保人要求取消免賠率，保險人可以同意，但保險費率就會提高。對於這種商品，投保人可以投保一切險，也可以在水漬險的基礎上加保短量險和受潮受熱險。

（4）油脂類。這類商品在海上運輸途中容器的破裂會造成滲漏損失，也會因沾染雜質而產生玷污損失。運輸包裝的方式有兩種，一種是桶裝，另一種是散裝。油脂本身沾在艙壁和在裝卸過程中消耗都可能發生短量損失。對於這種散裝的油脂，保險人都規定免賠率。一般來說，投保人在水漬險的基礎上加保短量險和玷污險就夠了。

（5）活牲畜、活禽、活魚類。這類商品的主要風險是牲畜遭遇死亡。對這類商品，投保人要投保活牲畜、活家禽死亡險，以便得到應有的保障。

（二）土產畜產類（Local & Livestock Products）

（1）麻類。這類商品受潮發熱會引起變質、自燃等損失，投保人可以在平安或水漬險的基礎上加保受熱、受潮險，以便得到應有的保障。

（2）魚粉。這種商品在一定的溫度與濕度下因受潮、受熱會引起變質等損失。投保人可以在平安險或水漬險的基礎上加保受熱、受潮險，以便得到應有的保障。

（3）毛絨類。這類商品玷污後會影響質量。投保人可在平安險或水漬險的基礎上加保混雜、玷污險，以便得到應有的保障。

（4）皮張類。這類商品易受損失的情況包括玷污、受潮、受熱引起變質。投保人可以在投保平安險或水漬險的基礎上加保受潮、受熱、玷污險。此外，皮張遭受偷竊的可能性也較大，投保人還可加保偷竊提貨不著險。為簡單起見，也可保一切險，以便得到應有的保障。

（5）鹽漬腸衣、獸皮類。皮張，如沒有經過鞣制的原皮會因鹽水滲漏引起變質損失。投保人可以在平安險、水漬險的基礎上加保滲漏險，以便得到應有的保障。

（三）輕工品類（Products of Light Industry）

（1）玻璃製品類。這種商品的風險主要是破碎。投保人可在平安險、水漬險的基礎上加保破碎險，以便得到應有的保障。

（2）陶瓷製品類。這類商品的風險主要是破碎。投保人可以在平安、水漬險的基礎上加保破碎險，以便得到應有的保障。

這類商品的包裝好壞，對損失的影響很大。對於包裝較精細的，如用塑料泡沫襯墊包裝，或者泡沫按商品形狀定型包裝，損失較小，保險人願意承保。對於包裝粗糙的，如木條箱裝，損失就較嚴重，保險人可能拒絕承保。

（3）家用產品類。這些商品比較常見的風險是碰損和被竊。投保人可以投保平安險、水漬險，加保碰損險和提貨不著險。價值很高的電器設備最容易被竊，保險人對於在不太安全的港口停靠的，有時拒絕承保或採取控制責任的措施，只負責保險貨物卸離海輪後，在碼頭、倉庫等地被竊不承擔責任等。

（4）雜貨類。這類商品有儀表、金屬餐具、文體用品、各類鞋帽等，比較複雜，價值大小不一。對於儀表等價值高的商品，投保人可投保水漬險加偷竊提貨不著險和破碎險。對於其他的雜貨類，投保人可投保水漬險和淡水雨淋險，以便得到應有的保障。

（四）工藝品類（Arts & Crafts）

（1）首飾類。此類商品價值高，偷竊的風險特別大，投保人要加保偷竊提貨不著險或者投保一切險，才能得到有效的保障。

（2）琺瑯類。這些以金屬為毛坯的藝術品最容易遭到碰損，如脫瓷、凹陷、彎曲。投保人可投保平安險或水漬險，加保碰損險，以便得到應有的保障。

（3）雕刻類。這類商品破碎、碰損的可能性非常大，還容易被盜竊。投保人要加保破碎險、碰損險。這類商品的包裝條件很重要，如果包裝不適當，保險人不

願承保。

（4）漆器類。這種商品都是具有觀賞性的工藝品和用具，價值較高，本身比較嬌脆，一旦碰撞，就會影響商業價值。投保人要投保基本險後加保碰損險。

（5）陶瓷器類。這類商品造型精細，形狀各異，包裝特別重要，一般的風險為破碎，因此，投保人應加保破碎險，以便得到應有的保障。

（五）五金類（Hardware）

（1）金屬條、板、管、塊等。這些商品比較粗重，投保人投保平安險就可以了。但是，由於這些商品較為大宗，到達目的港時，經常會發生短少現象。投保人可以加保偷竊提貨不著險。保險人對這類商品不承保一切險，因為一切險對於外來原因的損失，如生鏽等也要賠償，保險人在確定責任時不易掌握。

（2）鑄鐵製品。這些商品比較笨重，有時是裸裝的，只是在貨物外邊纏繞一些草繩作為防護，發生破碎的可能性大。投保人可以加保破碎險，費率較高，但是可得到充分的保障。

（3）小五金類。對於這種商品，投保人可投保水漬險，因為它不可能發生碰損、破碎之類的損失，也不能被偷竊。

（六）礦產類（Mineral Products）

（1）礦石、礦砂、水泥。這些商品一般都是大宗散艙運輸，容易發生短少。投保人可以加保短量險。包裝水泥主要的風險是破包漏損，可以加保包裝破裂險。這些商品在投保時，保險人有免賠額的規定。

（2）建築材料類。這些商品主要的風險是破碎，投保人可加保破碎險，保險人對這些商品規定免賠率。

（七）化工類（Chemical Products）

（1）液體商品。這些商品都是用散艙運輸的，容易發生短量和玷污。因此，投保人應投保散艙油類險，以便得到應有的保障。對於這種散艙油類，保險人都規定免賠率。另外，用鐵桶、鐵聽、塑料桶和玻璃瓶裝的液體化工品容易發生滲漏損失，投保人應加保滲漏險。

（2）粉粒狀化工產品。這些商品有桶裝和包裝的，主要的危險是包裝破裂造成外漏短少，投保人可加保包裝破裂險。

（八）機械類（Machinery）

（1）各種機床。這種商品往往因遭受碰損而影響機器使用的效能，特別是精密機床，自動化程度高，若控制性部分失靈，修理或換置部件的費用很高，經過修理後，又會降低機床的質量，投保人應加保碰損險。

（2）通用、電力機械類。這類商品易發生碰壞、擦傷等，投保人可在平安險、水漬險的基礎上加保碰損險。

（3）車輛類。這些商品中的各類汽車一般是裸裝，即停放於露天甲板上，採取加固防滑動措施後進行運輸，很容易發生碰觸、凹陷、擦傷等損失。另外，車上的零件也會被竊，如備胎、工具箱、車上附裝的音響設備和冷風器等。因此，投保

人可在平安險、水漬險的基礎上加保碰損險、破碎和偷竊提貨不著險。放置於甲板上運輸的，還要加保艙面險。

（九）紡織纖維類（Textile & Fabric Products）

（1）纖維匹頭類。這類商品的價值較高，容易遭受的損失比較多，如玷污、鈎損、偷竊、短少、雨淋等。一般情況下，投保人可以投保一切險，以便得到充分的保障。

（2）抽紗製品。這類商品價值比較高，遭受損失的情況很多，如玷污、鈎損、偷竊、短少、雨淋等，投保人可投保一切險，以便得到充分的保障。

（3）服裝。高級毛料服裝和絲綢綉制服裝價值相當高，一般的布料、服裝價值並不高。因此，投保人可根據其價值的高低分別加以考慮。可投保一切險，或者在水漬險基礎上加保玷污、鈎損、淡水雨淋險等。

總之，從目前對投保險種選擇的趨勢看，對某些價值較高的商品，都傾向於投保一切險，以取得全面保障。從投保人的心理看，是可以理解的。但是，從貿易商核算角度考慮，也不一定統投保一切險。

二、投保人選擇保險產品的依據（Basis of Selecting Insurance Products）

海上保險業務投保作為國際貿易的重要組成部分，主要是依據國際貿易的價格條件的有關規定來確定的。在國際貿易中，貨價是由貨物本身的成本、運費和保險費三部分組成的。保險由賣方辦理還是由買方辦理，取決於不同的價格條件。海上運輸貿易價格條件是國際貿易中構成單價條款的重要組成部分，在對外報價和簽訂合同時所必然涉及的內容。它的產生解決了賣方在什麼地方、以什麼方式辦理交貨，風險何時由賣方轉移給買方，由誰負責辦理貨物的運輸、保險、通關、過境的手續，由誰承擔辦理上述事項所需的各項費用，買賣雙方需交接哪些有關的單據等問題。貿易價格條件的運用簡化了交易手續，縮短了洽商時間，節省了費用開支。

1. FOB（Free on Board）價格條件

FOB 意思是「裝運港船上交貨」，即貨物裝上運載工具為價格條件，賣方負責將貨物裝到買方指定的運輸工具，承擔將貨物裝上運輸工具前的費用和風險。FOB 價格條件本身還有許多附加條件，如 FOB 吊鈎下交貨（FOB under Tackle）、FOB 船上交貨帶理艙（FOB Stowed）、FOB 船上交貨帶平艙（FOB Trimmed）等。附加條件是進一步明確交貨的細節以及一些費用的承擔，總的來說都是 FOB 價格條件。這種價格條件規定，當貨物越過船舷或裝上船只，風險由賣方轉移給買方，買方負責租船訂艙、支付運費等，並將船期、船名及時通知賣方。貨物運輸保險由買方辦理。

2. CFR（Cost and Freight）價格條件

CFR 的意思是「成本加運費」，即賣方負責將貨物運送到買方指定的口岸，貨物價格中包含運費在內，不包含保險費。貨物在運輸途中的保險由買方辦理。由於

這一價格條件是由賣方負責運輸，包括托運、租船、訂艙等，這就產生了裝船通知的問題。按照《國際貿易術語解釋通則》的解釋，賣方在貨物裝船後，必須無延遲地通知買方。有些國家規定，按照貿易條件成交的貨物，當貨物裝船後，賣方必須立即通知買方辦理保險，如有疏漏，買方因而未辦理保險，賣方應承擔貨物在運輸途中的風險。因此，按照這種價格條件成交的貿易，賣方必須注意及時發出裝船通知，以避免不必要的損失。

3. CIF（Cost, Insurance and Freight）價格條件

CIF 意思是「成本加保險費、運費」，也稱為到岸價格，即賣方將貨物裝上船只，並支付啓運港口到目的港口的運費和保險費。也就是說，貨物價格中包含運費和保險費在內。這種價格條件對貨物風險的轉移，同前述的 FOB 價格和 CFR 價格條件是一樣的，但是保險是由賣方辦理並由其承擔保險費用。2000 年《國際貿易術語解釋通則》中的 CIF 價格條件對賣方在保險方面的責任和費用規定：根據合同約定自行負擔費用取得貨物保險，使買方和任何其他對貨物擁有保險利益的人有權直接向保險人索賠，並向買方提供保險單或其他保險憑證；應與良好信譽的保險人或保險公司訂立保險合同。如無相反的明示協議，應根據《倫敦保險協會貨物保險條款》或其他類似的條款中的保險險種投保。在買方要求時，賣方應提供由買方負擔費用的可以投保的戰爭、罷工、暴亂和民變險。最低保險金額應包括合同規定的價款另加成 10%，並應採用合同中規定的幣制。

根據以上三種貿易價格條件得知，以 FOB 和 CFR 價格條件成交合同，貨物的投保均由買方負責辦理，以 CIF 價格條件成交的合同，貨物的投保由賣方辦理，並負擔保險費的支付。

三、選擇投保考慮的因素（Factors to be Considered）

一般來說，在投保時，被保險人應按實際需要選擇投保條件和險種。

就被保險人的利益來說，選擇符合實際投保需要的險種和保險條件，通常要考慮下列因素：

（1）貨物的種類與價值。貨物的種類及其價值是考慮投保條件的首要因素。如果貨物價值較低而又不易受到損毀，例如原木、煤炭等，或者價值雖高但不易受損，例如重型機械等，就不需要投保一切險；如果貨物價值較高而又易毀損，例如高級成衣、手錶、精密儀器或電子零件等，則需要投保一切險。

（2）包裝情形。包裝材料及包裝方式會直接影響到貨物的損毀。貨物的包裝或由貿易當事人約定或按國際貿易慣例的規定。有的包裝雖符合約定或國際慣例規定，但仍避免不了在運輸過程中的損害，因此，貨物的包裝情形是投保人選擇運輸保險條件時應予以考慮的重要因素。

（3）運輸方式。貨物適用於何種運輸方式運輸，是經海運、空運、陸運，或是聯合運輸，這對危險事故的發生有著直接的影響，運輸方式不同，運輸過程中可能遭遇的危險事故也不同，所以選擇保險條件必須考慮運輸方式的因素及其對保險

的影響。

(4) 戰爭及罷工的危險。貨物在運輸過程中從起運地到目的地之間有無發生戰爭或罷工等危險事故的可能，如果有，必須考慮加保戰爭及罷工險，以求得保險保障。

(5) 附加危險。如果投保人選擇投保協會貨物保險條款（A）險，感覺到承保範圍超過了實際需要而浪費了保險費，如果要投保協會貨物保險條款（B）險、（C）險，又感覺到承保範圍過窄，那麼投保人可在投保協會貨物保險條款（B）險或（C）險外，另加保約定的附加險。例如，投保人投保協會貨物保險條款（B）險，可以另外加保短量險或偷竊提貨不著險等，以減少商品的成本。

(6) 國際貿易條件。國際貿易條件關係到買賣雙方的權利和義務。如果買賣雙方對貨物運輸保險種類已有約定，應從其約定；否則，應按國際商會制定的《跟單信用證統一慣例》（Uniform Customs and Practice for Documentary Credits）中關於貨物保險投保的規定執行，即按第三十四條、第三十五條和第三十六條執行。

第三十四條對保險單據的規定為：①保險單據必須在表面上由保險公司或承保人或其代理人開立並簽署。②如果保單指示簽發一份以上的正本，除非信用證另有授權，所有正本都必須提交。③除非信用證特別授權，保險經紀人開立的暫保單將不被接受。④除非信用證另有規定，銀行將接受由保險公司或承保人或他們的代理人預簽的預約保險單項下的保險證明書或保險聲明書。如果信用證特別要求預約保險單項下的保險證明書或保險聲明書，銀行可接受保險單作為代替。⑤除非信用證另有規定或保險單據表明保險責任最遲於裝船或發運或接受監管之日起生效，銀行將拒絕接受出單的日期遲於運輸單據註明的裝船或發運或接受監管日期的保險單據。⑥除非信用證另有規定，保險單據必須以與信用證同樣的貨幣表示。⑦除非信用證另有規定，保險單據必須表明投保最低投保金額應為貨物的 CIF 價加成 10%。

第三十五條對投保險種的規定為：①信用證應規定所需投保的險種以及應投保的附加險種，不應使用諸如「通常險種」或「慣常險種」一類含意不明的條款。②信用證如無具體規定，銀行將按照所提交的保險單據予以接受，對於未經投保的任何險種不予負責。③除非信用證另有規定，銀行將接受標明免賠率、免賠額約定的保險單據。

第三十六條對投保一切險的規定為：當信用證規定「投保一切險」時，如保險單據含有任何「一切險」批註或條款，不論是否有「一切險」標註，甚至註明不包括某些險種，銀行也將接受。對於未經投保的任何險種，銀行將不負責任。

四、貿易合同中的保險條文（Insurance Wordings in the Trade Contract）

在簽訂貿易合同時，買賣雙方必須將保險相關事項在合同中加以明確，明確合同雙方各自的責任，以免發生損失時，因責任不清引起糾紛。

1. 簽訂售貨合同應注意事項

在簽訂貿易合同時，必須明確雙方成交的價格條件。當價格條件確定為 CIF 價

格時，由賣方辦理保險。此外，還要明確保險的險種和保險金額及其加成率。如果買方對保險有特殊要求，應將這種要求寫清楚，並明確由誰承擔增加的保險費。貨物按照 CFR 價格條件或者按 FOB 價格條件成交的，由買方自己辦理保險。

此外，也可以經買賣雙方商定由賣方代辦保險，但這完全是受委託的代理關係，應明確代辦保險險別、保險金額等，尤其要明確保險費由買方另行負擔以及保險費支付的方法。如果採用信用證方式付款，要在信用證上詳細寫清楚。

如果貨物目的地在內陸，保險責任應延至內陸。如果只保到港口，客戶得不到全面保障。對於保險金額的加成、使用哪種條款也應當明確。一些客戶要求投保特殊險，而這些險種又不包括在一切險責任範圍的，例如拒收險、進口關稅險等，要事先徵得保險人的同意。

2. 國際貿易合同中的保險條款英文表達

（1）貿易合同中約定投保平安險（F. P. A）。如要求「賣方按發票金額加成 10% 投保平安險」，其英文表達是：「Insurance to be effected by the Sellers for 10% of invoice value against F. P. A.」

（2）貿易合同中約定投保水漬險（W. A）。如要求「賣方按發票金額加成 10% 投保水漬險」，其英文表達是：「Insurance to be effected by the Sellers for 10% of invoice value against W. A.」

（3）貿易合同中約定投保一切（All Risks）。如要求「賣方按發票金額加成 10% 投保一切險」，其英文表達是：「Insurance to be effected by the Sellers for 10% of invoice value against All Risks.」

（4）貿易合同中約定投保附加險。如要求「賣方按發票金額加成 10% 投保平安險或（水漬險）加保特別附加險」，其英文表達是：「Insurance to be effected by the Sellers for 10% of invoice value against F. P. A or（W. A）including Special Additional Risk.」

（5）貿易合同中雙方約定投保平安險或（水漬險）加保進口關稅險。如要求「賣方按發票金額加成 10% 投保平安險或（水漬險）加保進口關稅險」，其英文表達是：「Insurance to be effected by the Sellers for 10% of invoice value against F. P. A or（W. A）including Risk of Import Duty.」

（6）貿易合同中約定投保平安險（或水漬險）加保罷工險。如要求「賣方按發票金額加成 10% 投保平安險（或水漬險）加保罷工險」，其英文表達是：「Insurance to be effected by the Sellers for 10% of invoice value against F. P. A（or W. A）and Strike Risks.」

3. 國際貿易中有關保險期間的英文表達

如要求「賣方按發票金額加成 10% 投保平安險，包括目的港 60 天期限」，其英文表達是：「Insurance to be effected by the Sellers for 10% of invoice value against F. P. A including 60 days at port of destination.」

4. 國際貿易中保險責任延長到內陸目的地的英文表達

如要求「賣方按發票金額加成10%投保水漬險，保險責任延至湖南長沙市」，其英文表達式：「Insurance to be effected by the Sellers for 10% of invoice value against W. A up to Changsha, Hunan, China.」

5. 雙方商定合同按 FOB 價格或 CFR 價格成交，但由賣方為買方辦理保險事宜

如要求「保險由買方委託賣方按發票金額加成10%代為投保一切險，保險費由買方承擔」，其英文表達式：「Insurance to be effected by the Sellers on behalf of buyers for 10% of invoice value against All Risks, premium to be paid by buyers.」

五、投保手續（Procedures）

當一個貿易商需要對一筆貨物進行保險時，他首先要跟保險公司聯繫，通常是填製一張投保單，投保單經保險公司接受後，就開始生效。有時由於時間比較急，經投保人以口頭或電話向保險公司申請，如獲允諾，保險也生效，然後即補送投保單。保險公司出具保險單，以投保人的填報內容為準。填報內容時，對以下項目要寫明確：

（1）被保險人名稱。要按照保險利益的實際有關人填寫，因為保險是否有效與被保險人保險利益直接有關。買賣雙方的風險轉移從貨物過船舷開始。買方為被保險人時，保險責任從貨物裝上船時才開始。反之，賣方為被保險人時，保險自保單載明起運地運出時開始負責。

（2）標記，又稱 Mark，應該和提單上所載的標記符號相一致，特別要同印在貨物外包裝上的實際標記符號一樣，以免發生賠案時引起檢驗、核賠、確定責任的混亂。

（3）包裝數量。投保人要將包裝的性質，如箱、包、件、捆以及數量都寫清楚。

（4）貨物名稱。要將貨物的名稱寫得詳細，如棉布、襪子、玻璃器具等，一般不要籠統地寫紡織品、百貨、雜貨等。

（5）保險金額。要按照發票的 CIF 價值加適當加成，加成的比例一般是10%，也可以根據實際情況加兩成或三成等。如果發票價為 FOB 價格或者 CFR 價格，投保人應將運費、保費相應加上去，再另行加成。

（6）船名或裝運工具。如果是用輪船的應寫明船名，需轉運的也要寫明。如果是火車或航空運輸的，只要寫明火車、空運即可。聯運的最好寫明聯運方式，如空陸聯運、海空聯運等。

（7）開航日期。有確切日期的，填上＿＿月＿＿日。無確切日期的，填上約於＿＿月＿＿日。

（8）發票或提單號碼。寫上發票或提單的號碼以備保險公司核對。

（9）航程或路程。寫明自＿＿港（地）到＿＿港（地），如果到目的地的路線有兩條，則要寫上自＿＿經＿＿到＿＿。

（10）承保險種。需要投保哪種險種，要寫明確，不要含糊。如果對保險條款

有特別要求的，也要在這一欄內註明。

（11）賠款地點。一般都是在保險目的地支付賠款，如果要求在保險目的地以外的地方給付賠款，應該申明。

（12）投保日期。投保日期應在船舶開航或運輸工具開行之前。

六、投保注意事項（Notes）

（1）投保時所申報的情況必須屬實，這些情況包括貨物的名稱、裝載的工具以及包裝的性質等，因為保險公司是按照投保人所申報情況來確定是否接受承保，訂什麼費率。錯誤申報和隱瞞真實情況的，保險公司將按照不誠信有違擬訂保險契約的原則，在發生損失時拒絕賠償。

（2）投保的險種、幣制與其他條件必須和信用證上所列保險條件的要求相一致。賣方、買方銀行在審查出運單證時，對保險單上所列各項內容必須對照信用證，如有不符可拒絕接受保險單，即使賣方銀行未發現不符，保險單通過了，買方銀行在審查時也可以拒絕付款。

（3）投保的險種和條件要和售貨合同上所列的保險條件相符合，以做到重合同守信用。投保險種的責任小於售貨合同規定，如合同載明投保一切險，而投保了水漬險；保險條件不符售貨合同約定，如合同載明保險賠款不計免賠率，而投保時發現有免賠率的規定，這些都會構成違反合同而產生索賠事件。

（4）要注意盡可能投保到內陸目的地。貿易以 CIF 價格條件都是賣到目的港的，實際上收貨人往往在內陸。如果同貿易價格條件一樣，保險責任到港口終止，從港口到內陸段發生損失就得不到保險保障。尤其是對一切險，很多損失在港口是無法發現的，只有在貨物到達內陸目的地經檢驗才能肯定，如果保險責任在港口終止，就會對責任的確定造成困難。為了解決收貨人的實際需要，避免工作上的糾紛，保險責任延長至內陸目的地。不過，有些內陸城市由於運輸條件很差，保險公司明確不保，這就要按照保險公司的規定辦理。

（5）要注意一些特殊情況。除一般的貿易情況按照正常的要求辦理保險外，對一些較為特殊的貿易情況，如買方所購的貨物要求保拒收險等特殊險種的，還要事先同保險公司商量是否接受，即使接受，還要弄清保險費率多少。

（6）投保後發現投保項目有錯漏，要及時向保險公司申請批改，特別是涉及保險金額的增減、保險目的地的變動、船名的錯誤，都應該馬上向保險公司提出，否則會影響保障的利益。

關於貨物運輸保險投保單樣本，可參看第三篇「實訓 1　客戶的投保」。

第二節　海上運輸貨物保險的核保

在海上保險承保活動中，無論是何種承保方式承攬的業務，都不是保險關係的

正式建立，而是暫時承保，稱之為暫保業務。這些暫保業務必須經過專業人員按設定的標準審核、估價、確認後，方可正式承保。這種承保審定工作稱之為核保。

核保過程是海上保險承保活動中的關鍵環節，是保險公司對投保標的物的選擇和風險的控制，其內容一般包括：

一、投保風險因素的審核（Risks Verified）

（1）保險標的。保險標的是保險公司承擔風險責任的對象，保險標的本身的特性、客觀條件與災害事故危及標的物的可能性及其損失程度有著密切關係，也是保險公司確定是否予以承保和厘定保險費率的依據，因此，保險公司對投保標的物的危險性質、管理的情況，在核保過程中必須進行調查，如貨物是否有易遭破損、滲漏、串味、有毒、易移動、易燃燒等損害，是否屬於危險性貨物，貨物的包裝是何種材料、何種方式包裝等。

（2）被保險人的信譽。在保險承保活動中，調查被保險人的信譽與道德風險是至關重要的，其原因在於風險的發生在很大程度上同人的因素有關。不誠實、不道德的被保險人會給保險公司帶來難以預料的風險。在核保過程中，應追蹤審查被保險人的信譽和其他事項，如經營狀況、財務狀況、金融聯繫和業務往來狀況等。

（3）運輸工具，包括船舶及陸上運輸工具等。以船舶運輸工具為例，要查對與投保有關船舶的建造年份、噸位、配備及各方面性能，還要審查投保人所約定的船舶價值是否適當，船舶是否懸掛方便旗①。

（4）行程及地區。行程的長短、途中有無轉換船舶、起運港的設備及其管理等，對風險的產生與否均有極大影響。

（5）保險條件。這是決定費率高低的主要因素。除了要認真審查保險條件外，還要審查貨物與保險條件是否適當，投保的保險條件與信用證、銀行的要求是否相適應。

（6）氣候條件。航行期間和航行範圍內的氣候因素，諸如季風、雨霧、地震、火山爆發、礁石、淺灘、海嘯及風暴等情況，均在審查範圍之內。

（7）過去的損失率。查看被保險標的以往的損失情況，一方面可審定是否存在道德風險的因素，另一方面可以根據以往損失的大小，決定降低或提高保險費率或不予承保。

二、保險費率的審核（Rate Checked）

核保人員對上述因素經過周詳審慎的考慮後，如決定對投保予以承保，應根據

---

① 方便旗（Flag of Convenience）：船舶不在本國註冊，而在國外註冊，所懸掛的旗幟為註冊國的國旗，稱為方便旗。一些經濟不發達的小國家，以船舶登記費和年噸稅為主要外匯收入，例如巴拿馬、利比里亞、洪都拉斯、塞浦路斯、巴哈馬等。方便旗船有許多弊端，如船舶技術條件差、安全無保障、海事發生頻繁、船員工資低，社會福利方面無保證，船東身分不易確定，海運詐欺常有發生等。

上述因素核定費率是否適當。核保過程中應就每一筆業務的實際情況與制定它所適用的那類費率的限定條件進行對比檢查，既要根據保險開價所應用的費率，又要參考以往慣例、保險市場情況、承保方式以及被保險人各項特殊因素等進行綜合審定。當保險市場上有同業工會統一費率時，還應遵守有關規章。關於保險費率的詳細確定，請參看本書第 7 章「海上保險費率」。

三、保險業務的選擇（Business Selected）

為了保證業務質量，保險公司在審定投保因素後，對承攬的風險還要進行最後選擇。如果把展業時進行的選擇稱為事前選擇，核保時的選擇就稱為事後選擇。事後選擇的目的不在於迴避風險，不接受承保，而是將初步承保的標的物的保險條件與被保險人所交付的保險費等價化，實現保險關係雙方權利和義務的對等，避免消極因素的產生。經過選擇後，應根據具體情況對原承保條件進行修改或補充，採取某些限制性措施，如控制保險金額、確定保險限額、規定免賠率或被保險人自負一部分責任等，確定新的、合理的承保條件或做出拒絕承保決定。

四、危險的分散與控制（Risks Spread & Controlled）

同其他保險一樣，海上保險也是運用危險分散的科學方法，達到損失分攤的目的。單一的保險公司在承保了大量的標的尤其是巨額風險的標的風險後，不可能將所保業務全部自留，而要用平均分散風險的原則，將自己承擔的風險責任的一部分轉嫁給另一個保險公司承擔，這種風險責任的再轉嫁稱為再保險。在再保險業務中，保險公司對本身所承擔的海上保險業務中每一危險單位負責的限額稱為自留額。保險公司承受投保人投保的數額應受其自留額與再保險責任額總和的約束。在沒有做進一步的安排之前，保險公司不能簽發高於總額的保險單，這就是保險公司的承保能力。因此，保險公司建立了危險分散和控制制度，這種制度包括承保金額的累積和保險金額的分配。

1. 承保金額的累積

承保金額作為危險控制與轉移的一種制度適用於海上運輸保險。海上運輸貨物保險是以每一船舶的每一航次為一個危險單位，對每一危險單位已接受的保險金額累積總額應隨時做出明確的顯示，以備核保人員參考，從而避免簽發超過其承保能力的保險單。保險公司對海上運輸貨物保險使用一種「航次卡」來記載所承保貨物的詳情，以便查看。在每次承受新的投保時，可以從有關卡片中立即查出同一危險單位已承負責任的總額，同時做出適當安排，或者拒絕繼續接受，或者接受承保金額，或者將超額部分運用再保險方式分保出去，從而達到控制危險、轉移保險責任的目的。

2. 保險金額的分配

保險公司的核保人員對所承保的業務首先應根據本公司再保險部門提供的「限額表」，決定該危險所應援用的限額。限額表是保險公司對各種海上運輸保險所能

承負責任的最大限度規定。其次，根據限額表內規定的自留額及各再保險公司的責任額，分配所承受的業務。在此之後發生的保險索賠就按分配比例由保險公司與再保險公司分攤賠付。

五、保險合同的簽訂（Contract Signed）

核保工作完成後，可以確認承保的保險標的，這需要保險公司與投保人或被保險人達成協議，正式簽訂保險合同。訂立保險合同是海上保險承保的最後一環。在組成保險合同的文件中，保險單或保險憑證是其最直接最基本的代表文件。保險單的簽發，既表明了海上保險經濟關係的正式確立，又表明了保險承保活動的結束。

（一）出具保險單

海上保險單是國際貿易和運輸中不可缺少的單據和文件，其流轉往往超出國界而在世界相關國家之間傳遞，因此，保險單的質量不僅涉及保險公司的聲譽，而且會牽涉到一個國家的對外影響。在具體出單時必須注意下述幾點：

（1）保險單的文字和字句必須清楚明確。若為外文保險單，要注意外文文句的正確性。

（2）保險單上所列內容必須符合信用證上對保險條件的規定，否則將會影響整個進出口貿易的收匯。

（3）保險單的份數根據投保人的需要確定。保險單正本交投保人，保險公司一般自留兩份，一份交出單部留底用，一份作為統計之用。

（4）保險單要按編號順序使用，對註銷的保險單要將正本排列歸檔，以便查核。

（5）保險險種的措辭要根據投保單要求對承保的防別加以確定，使之既能符合信用證上所列的要求，又要符合保險習慣，以明確保險責任。

（6）各種貨物運輸保險條款措辭及其分類中措辭的排列：主險（如平安險、水漬險、一切險）、附加險（如偷竊險、短少險等）、特別附加險等。

（7）保險單制成後，應由復核人員復核，復核的內容為：保險單上的項目是否打印齊全；保險單上的內容和投保單所列的是否一致；承保的險種是否符合投保單或信用證上的要求；措辭是否明確，並符合保險習慣；理賠檢驗代理人的名稱、地址是否準確；保險費率和保險費的計算是否有誤；承保的這筆業務是否符合有關政策的規定；是否加蓋了公司總經理或法定代表人公章。

（二）保險單條款的英文表達

海洋運輸貨物保險的英文表達：

Ocean Marine Cargo Insurance includes Basic Cover (F. P. A. , W. A and All Risks) and three Additional Covers. Besides there are two other technical insurances, including Ocean Marine Insurance「Frozen Product」and「Wood oil in bulk」.

（1）「承保中國人民保險公司海洋運輸貨物平安險和戰爭險」的英文表達：「Covering F. P. A. and War Risks as per Ocean Marine Cargo Clauses and Ocean Marine

Cargo War Risk Clauses of the People's Insurance Company of China dated 1/1/1980.」

（2）「承保中國人民保險公司海洋運輸貨物水漬險和戰爭險」的英文表達：「Covering W. A and War Risks as per Ocean Marine Cargo Clauses and Ocean Marine Cargo War Risk Clauses of the People's Insurance Company of China dated 1/1/1980.」

（3）「承保中國人民保險公司海洋運輸貨物一切險和罷工險」的英文表達：「Covering All Risks and War Risks as per Ocean Marine Cargo Clauses and Ocean Marine Cargo Clauses of Strikes Risk of the People's Insurance Company of China dated 1/1/1980.」

（4）「承保中國人民保險公司海洋運輸貨物冷藏水漬險和戰爭險」的英文表達：「Covering W. A and Including damage arising from the breakdown of refrigerating machinery as per Clauses for Frozen Products（W. A）dated May 6th, 2006 attached, including War Risks as per Ocean Marine Cargo War Risk Clauses of the People's Insurance Company of China dated 1/1/1980.」

（5）「承保中國人民保險公司海洋運輸貨物散裝桐油水漬險和罷工險」的英文表達：「Covering loss or damage arising from shortage, leakage, contamination and isomerization as per Clauses for Wood oil in bulk dated June 8th, 2006 attached, including Strikes Risks as per Ocean Marine Cargo Clauses of the People's Insurance Company of China dated 1/1/1980.」

此外，國外開來的信用證，或外國商人要求使用倫敦協會條款，國內許多保險公司一般都同意承保。保險單承保條件的英文表達同國內保險公司條款基本上是一樣的，只是在使用條款的詞句上寫明「按照協會某年某月某日貨物某某險條款負責」（as per Institute Cargo Clauses × dated // ）

（6）「承保倫敦協會條款（C）險」的英文表達：「Covering I. C. C. （C）as per Institute Cargo Clauses（C）dated 1/1/1982.」

（7）「承保倫敦協會條款（B）險」的英文表達：「Covering I. C. C. （B）as per Institute Cargo Clauses（B）dated 1/1/1982.」

（8）「承保倫敦協會條款（A）險」的英文表達：「Covering I. C. C. （A）as per Institute Cargo Clauses（A）dated 1/1/1982.」

（9）「承保倫敦協會條款（C）險和戰爭險」的英文表達：「Covering I. C. C. （C）as per Institute Cargo Clauses（C）including the risk of war as per Institute War Clauses dated 1/1/1982.」

（10）「承保倫敦協會條款（B）險和罷工險」的英文表達：「Covering I. C. C. （B）as per Institute Cargo Clauses（B）including risks of S. R. C. C as per Institute S. R. C. Clauses dated 1/1/1982.」

（三）海洋貨物運輸保險單樣本

關於貨物運輸保險單樣本，可參看第三篇「實訓2　保險公司的承保」。

（四）批改及批單（Endorsement）

批單是批改保險單內容的憑證，它具有補充、變更保險單內容的作用。保險單出具後，如果保險內容有變動，被保險人可以向保險公司申請批改。一般來說，凡是承保規定允許的，批改也可以同意。如果批改內容涉及增加保險金額或擴大保險責任，必須在被保險人和保險人雙方都不知有任何損失事故發生的情況下，在貨物到達目的地或在貨物發生損失以前申請批改。批單一經簽發，保險關係雙方按照批改後的保險單來承擔責任，享受權利。

批改一般由投保人或被保險人提出申請，保險公司經審核無誤給予確認後，方可辦理批改手續，批改應注意的事項和法律效力有如下幾方面：

（1）凡是保險公司承保規定的允許承保條件和內容，在接到批改申請後，保險人可以同意批改。

（2）申請批改的內容如涉及保險公司所承擔的保險責任，如保險金額增加、保險期限延長，批改必須在保險標的無任何損失時或被保險人不知標的有損失時才能同意，否則保險人不接受批改，即使保險公司接受了批改申請，相應的批改在法律上也無效。

（3）批單的內容應與原保險單相聯繫。批單應記載原保險單的內容，對原保險單所做的批改應粘貼在保險單上，並加蓋騎縫章。

（4）簽發批單時，保險人應將批單上的項目，如批單日期、批單號碼、保單號碼、被保險人名稱、保險金額、船名、開航日期詳情列明。

（5）批單無論是保險公司簽發的還是其代理人簽發的，都具有同等效力。

（五）批單的英文表達

（1）更改被保險人名稱。「廣州外貿公司」更改為「廣州外貿進出口公司」。

It is hereby noted that the name of Insured under policy should be Guangzhou Foreign Trade Import & Export Company instead of Guangzhou Foreign Trade Company as originally stated.

Other terms and conditions remain unchanged.

（2）更改包裝種類。「貨物捆包」更改為「貨物箱裝」。

It is hereby noted that the goods covered under this policy are packed in cases and not in bales as originally stated.

Other terms and conditions remain unchanged.

（3）更改商品名稱。「羊毛運動衫」更改為「棉運動衫」。

It is hereby noted that the description of goods under this policy should be「cotton sweaters」instead of「wool sweater」as originally stated.

Other terms and conditions remain unchanged.

（4）更改保險金額。「保險金額 60 萬美元」更改為「保險金額 50 萬美元，並按約定退一部分保險費給被保險人」。

It is hereby noted that the amount insured under this policy is reduced by one hundred thousand United States dollars, leaving the amount in force five hundred thousand United Stated dollars.

In consideration of the above reduction of sum insured, a return premium as arranged is refunded to the insured.

Other terms and conditions remain unchanged.

（5）更改船舶名稱。「白雲號」更改為「海鷗號」。

It is hereby noted that the name of ship carrying the goods insured under this policy should be s/s「Seagull」instead of s/s「White Clouds」as originally stated.

Other terms and conditions remain unchanged.

（6）更改開航日期。「2006 年 6 月 6 日開航」更改為「2006 年 6 月 16 日開航」。

It is hereby noted that the sailing date of the carrying vessel「Blue Sky」under this policy is on or about June 16th, 2006 stead of June 6th, 2006 as originally stated.

Other terms and conditions remain unchanged.

（7）更改目的地。「最後目的港利物浦」更改為「最後目的港倫敦」。

It is hereby noted and declared that the final destination under this policy should be London stead of Liverpool as originally stated.

Other terms and conditions remain unchanged.

（8）更改保險條件。「增加海洋運輸貨物特殊附加險，按約定由被保險人交納附加保費」。

It is hereby noted that the insurance is extended to cover Specific Additional Risks of Ocean Marine Cargo Insurance.

In consideration of the increase of above risks, an additional premium as arranged is payable by the insured.

Other terms and conditions remain unchanged.

（9）延長保險期。「保險期限延長 10 天，並按約定由被保險交納附加保險費」。

It is hereby noted that this insurance is now extended to cover a further period of 10 days, i. e. this insurance is to be valid for 10 days after discharge of the goods from the oversea vessel at port of destination.

In consideration of above situation, an additional premium as arranged is payable by the insured.

Other terms and conditions remain unchanged.

（10）更改理賠代理人。「中華聯合保險公司」更改為「中國太平洋保險公司」。

It is hereby noted that the name of Claims Handling Agent under this policy is「China Pacific Insurance Company, Limited」stead of「China United Property Insurance

Company, Limited」as originally stated.

Other terms and conditions remain unchanged.

（六）海洋貨物運輸保險批單格式樣本

關於貨物運輸保險批單的樣本，可參看第三篇「實訓 3　保險單的批改」。

本章自測題

一、是非判斷題

1. 海上運輸貨物的投保是指投保人或被保險人向保險公司表示訂立保險合同的意向的一種要約行為。（　）

2. FOB 價格條件規定，當貨物越過船舷或裝上船只，風險由買方轉移給賣方，買方負責租船訂艙、支付運費等。（　）

3. 「Cost & Freight」（成本加運費），賣方負責將貨物運送到買方指定的口岸，貨物價格中包含運費在內，不包含保險費，貨物在運輸途中的保險由賣方辦理。（　）

4. CIF 是成本加保險費、運費，賣方將貨物裝上船只，並支付啓運港口直到目的港口的運費和保險費。保險是由賣方辦理並由其承擔保險費用。（　）

5. 除非信用證另有規定以外，保險單據必須表明投保最低投保金額應為貨物的 CIF 價加成 15%。（　）

6. 除非信用證另有規定，銀行將拒絕接受出單的日期遲於運輸單據註明的裝船或發運或接受監管日期的保險單據。（　）

7. 信用證規定，保險單據必須在表面上由保險公司或承保人或其代理人或保險經紀人開立並簽署。（　）

8. 保險單上所列內容必須符合信用證上對保險條件的規定，否則，將會影響整個進出口貿易的收匯。（　）

9. 凡是保險公司承保規定的、允許承保條件和內容，在接到批改申請後，保險人可以同意批改。（　）

10. 申請批改的內容如果涉及保險公司所承擔的保險責任，如保險金額增加、保險期限延長，批改必須在保險標的無任何損失時或被保險人不知標的有損失時才能同意。（　）

二、單項選擇題

1. 1992 年《中華人民共和國海商法》及國際貿易慣例都規定海上運輸貨物保險的保險金額的確定可在 CIF 價格的基礎上加成＿＿＿＿。

　　A. 10%　　　　　　　　　　B. 15%
　　C. 20%　　　　　　　　　　D. 25%

2. 為了增加國家外匯儲備，目前中國絕大部分從外國進口的貨物要求在

_____的保險公司投保。

  A. 美國   B. 國外

  C. 英國   D. 國內

3. 在國際貿易商品交往中，常採用的貿易價格條件有三種，說出「離岸價格」的英文表達是_____。

  A. Cost, Insurance and Freight B. Free on Board

  C. Cost and Freight   D. Free from Cost and Freight

4. 在國際貿易商品交往中，常採用的貿易價格條件有三種，其中，國際貿易價格條件中最常見的一種是_____價格條件。

  A. FOB   B. FR

  C. CIF   D. FIC

5. 「Cost and Freight」的中文意思是「成本加運費」。在這種價格條件下，一般來說，貨物運輸保險由_____辦理。

  A. 買方   B. 賣方

  C. 經紀人   D. 代理人

6. 到岸價格由賣方將貨物裝上船，貨物價格中包含運費和保險費在內。這種價格條件對貨物風險的轉移，和 FOB 價格和 CFR 價格條件都一樣，但是保險及保險的交納是由_____辦理。

  A. 買方   B. 代理人

  C. 經紀人   D. 賣方

7. 《跟單信用證統一慣例》中關於貨物保險投保的規定中，_____開立的暫保單將不被接受。

  A. 買方   B. 保險代理人

  C. 保險經紀人   D. 賣方

8. 在再保險業務中，保險公司對本身所承擔的海上保險業務中每一危險單位負責的限額稱為_____。

  A. 保險金額   B. 自留費用

  C. 自留額   D. 保險價值

9. 保險單出具以後，如果內容有變動，要求對保險單進行批改，批單出具後，保險關係雙方按照_____承擔責任，享受權利。

  A. 原保險單   B. 原投保單

  C. 批改後的保險單   D. 批改後的投保單

10. 批單的內容應與原保險單相聯繫，批單應記載原保險單的內容和所做的批改。批單經過保險人簽發的，具有法律效力。代理人簽發的，_____。

  A. 具有同等效力   B. 不具有同等效力

  C. 不具有同等約束力   D. 可作為參考

三、思考題
1. 簡述工藝品的種類與特點。
2. 簡述輕工產品的種類與特點。
3. FOB 價格與 CFR 價格有什麼區別？
4. 簡述 CIF 價格條件的特點。
5. 簡述貨主投保時考慮的因素。

四、名詞解釋
1. 信用證
2. 批單
3. FOB 價格條件
4. CFR 價格條件
5. CIF 價格條件

第7章 海上保險費率

> **學習目標**

通過對本章的學習，應達到以下目標：
1. 瞭解海上保險費率的特點；
2. 掌握海上保險費率確定的原則；
3. 區分純費率與附加費率；
4. 熟悉海上保險費的計算；
5. 瞭解海上保險退費的規定。

> **本章內容**

第一節　海上保險費率的定義及特點
第二節　制定海上保險費率的原則
第三節　海上保險費率的確定
第四節　海上保險費的退費
本章自測題

第一節　海上保險費率的定義及特點

一、海上保險費率的定義（Definition of Marine Insurance Rate）

海上保險費率（Premium Rate）是指保險公司按保險金額等保險條件向投保人

或被保險人收取保險費的比例，通常按百分比或千分比來計算。與保險費的構成相對稱，海上保險費率是由純費率和附加費率兩個部分構成，兩者之和稱為毛費率。純費率也稱基本費率，其確定是根據各類保險災害事故以一定範圍的保險標的在一定時期內發生的頻率和毀損率（二者之積稱之為損失率）來計算費率百分比，同時，還要參考同一災害事故在同一個範圍內、同一時期的實際賠付率。純費率作為支付賠款之用，是以危險概率為基礎，即以海上保險標的可能發生危險的頻率和發生保險事故可能導致的損毀程度為準，在這個基礎上求得海上保險標的接近實際的賠償金額後，再按賠償金額和保險金額的百分比來確定保險標的的損失率。這種比例是根據過去經驗資料進行的，所以具有或然的因素。從純費率確定的內容和過程看，純費率具有一定的客觀性，受人為因素的影響較小。

附加費率則是一定時期保險業務活動的各營業支出的百分比，另外還包括保險經營的盈利因素。附加費率的確定，往往與保險經營管理的水準有關，受人為因素的影響較大，具有較強的主觀性，因此在海上保險經營活動中，提高經營管理水準，減少成本費用開支，降低附加費率的比例，是每一個保險公司必須予以充分考慮的事項。附加費率的降低將導致毛費率的總體下降，這樣，一方面可減輕被保險人的保費負擔，擴大盈利；另一方面，較低的費率水準能使保險公司在業務經營中更具有競爭力。

二、海上保險費率的特點（Feature of Marine Insurance）

海上保險業務活動具有國際性，保險標的風險因素不同於一般財產保險標的風險的因素。首先，保險標的涉及國際經濟貿易交往中的各種對象，如進出口貨物、國際運輸船舶及建造、海上石油開發等。其次，保險標的具有流動性，比如從一個國家運送到另一個國家，保險標的所面臨的風險大部分來自海上，與一般的國內財產保險相比，不僅風險大，頻率高，而且缺乏可控性。上述差異決定了海上保險標的發生危險事故遭受損失的範圍、頻度和危險性質具有明顯的國際性和流動性。受這些因素影響，海上保險費率從構成到確定和使用具有明顯的國際性。所以，在確定海上保險費率時，既要依據費率制定的一般性原則，又要考慮海上保險費率的特點，注意遵循其特有的原則，綜合考慮海上保險費率的確定因素和水準。

第二節　制定海上保險費率的原則

制定保險費率的一般性原則是所有保險業務包括海上保險業務在確定費率時必須遵循的原則，其內容如下：

一、公平合理原則（Fair & Reasonability）

公平是指根據總體等價交換的原則制定費率。一方面，要根據損失頻率和損失

額度來確定純費率水準，使被保險人基本上按保險標的大小來分攤保險費。另一方面，附加費率必須反應保險公司組織經濟補償所付出的必要的實際勞動耗費，在整體上使保險關係雙方的權利與義務對等。檢驗保險費率是否公平，可以用實際賠付率與預定賠付率加以比較，如果實際賠付率與預定賠付率較一致，則說明費率是公平的，反之，則是不公平的。

合理是指在公平的基礎上，根據單個等價交換的原則，按照被保險人投保標的危險性大小及數量恰當地確定保險費率的檔次，實行差別費率。對單個保險合同而言，就是某一被保險人所支付的保險費與其所獲得的索賠權利及賠償數量相適應，保險人對其所承擔的賠付責任與向其所收取的保費數額相適應。

保險人承擔賠償責任的大小是與風險性質和損失程度相適應的，風險愈大，出險率越高，保險人的賠付責任就越大，被保險人應交的保費也就越多。因此，根據風險的不同性質和程度，既要對單個被保險人實行差別費率，也要在總體上實行差別費率。如船舶保險和貨物運輸保險的風險性質和程度有較大差異，其費率就不同。即使是同一險種，也會因險別的不同而有不同的危險性質和程度。如同是貨物運輸保險，一切險和水漬險的風險程度就不相同，因而其費率應有所區別。不僅如此，同一險別由於各種條件有差別也有不同的風險程度和不同的損失頻度，費率水準就不能相同。

二、可行性與保證償付原則（Feasibility & Payable Ability）

保險費的一部分形成保險賠償基金，它是補償保險標的損失的資金來源。保險公司只有擁有一定數量的保險基金，才能保證其償付能力和經營的穩定性。適度的保險費率是保持其財務穩定性的基礎。保險費率最低限度應能夠滿足補償災害事故所造成的損失和業務開支的需要。如果保險費率過低，不能保證保險公司的償付能力和業務開支，其財政就不穩定，其結果會導致保險經營陷入困境甚至破產，同時也使被保險人的經濟保障建立在不可靠的基礎上。當然，保險費率也不能過高，保險費率過高，超過被保險人的承受能力，加重其負擔，既有損於被保險人的利益，影響其投保的積極性，又會削弱保險公司在保險市場上的競爭力。因此，確定費率要保證保險公司的財務穩定性，也要與被保險人的承受能力相適應，實現了二者統一的費率水準，才是可行的費率水準。

三、相對穩定原則（Relative Stability）

保險費率一經制定，在一定時期內，應保持相對穩定，不要過於頻繁地變動。保險費率中的相當一部分具有客觀性，其影響因素受客觀條件制約。如果變動頻繁，就可能涉及保險關係雙方的權利和義務變動，或是造成保險公司財政不穩定而影響其償付能力。保費的經常變動也有損於被保險人的利益。另外，不穩定的費率將會導致保險市場出現激烈競爭，出現各保險公司爭相降低費率的情況，從而使投保人為追求低費率下的利益而任意中途解約，這種投機心理與保險的基本原則相違

背，不利於保險市場的穩定。除此之外，費率經常波動，會給人一種經營管理不善、業務開展不穩定的印象，導致投保人對保險公司的不信任，使其業務量下降。

四、伸縮性原則（Flexibility）

伸縮性原則也稱為彈性原則。保險費率的一部分受客觀條件所制約，要求其保持相對穩定性，但這種穩定性不是絕對的，在具體經營中，費率必須有一定的伸縮性和彈性，以適應國內、國際保險市場多變的客觀情況。例如，對於因國際形勢的變化或發生戰爭或者國內社會經濟政策變動導致的保險市場供需狀況或風險程度發生變化的情況，保險人必須在及時掌握這些情況的基礎上適時適度調整保險費率。

五、國際性原則（Internationalization）

海上保險經營活動的內容和方式與國際貿易、國際航運、金融、保險市場緊密相連，因此，其主要險種的風險、保障對象和保障範圍，都不可避免地與國際市場發生聯繫，受之影響和制約，這就要求在制定海上保險費率時，既要以國內經貿、金融、航運市場的情況和信息數據以及風險種類、性質為依據，又要對國際範圍的影響因素和風險情況進行研究。國際市場的供需情況、費率水準、競爭情況，某一地區的戰爭衝突情況，某一國家的政治動亂、工人罷工等情況，無一不對海上保險費率有決定性影響。同時，同其他險種相比，海上保險承保的風險責任高度集中，損失金額巨大，因此大部分風險責任需要通過再保險在國際保險市場和再保險市場範圍內進行轉嫁，在制定保險費率時，如果不考慮目前保險市場和再保險市場的供求狀況和費率行情而確定費率，不但不會為國際再保險公司所接受，還會使風險責任向國際市場轉移發生困難。如果轉移不出去，萬一發生災害時，有可能導致保險公司經營陷入困境甚至破產。因此，在制定海上保險費率時，必須遵循國際性原則。通常要注意兩個方面的問題：一方面使費率水準適應國際保險市場的行情，以加強保險公司在國際保險市場的競爭力。另一方面，使費率水準能為國際再保險公司所接受，以順利地使危險在國際範圍內分散。

六、盈利原則（Profitability）

保險是一種勞務性商品，保險經營活動作為經濟活動，是一種商品經營性活動。其經營的目的，一方面是補償災害事故給社會和個人造成的損失，另一方面是追求最大化的利潤。保險公司獲得利潤的途徑是擴大承保量，適時調整保險商品的價格，即保險費率。海上保險經營活動作為國際經濟貿易的一個重要組成部分，是國際間勞動分工和商品勞務交換的一個重要內容，其經營的對象、經營內容和經營方式同市場經濟有密切聯繫，其經營目的不僅是為了滿足國際經濟貿易中的風險保障需要，而且還要實現一定數量的利潤，一方面給國家累積外匯基金，另一方面又增添自己經營的穩定性。海上保險經營活動的這種特點決定了制定費率時，在充分遵循前述各項原則的前提下，還要遵循盈利原則。

遵循盈利原則，並不是絕對提高保險費率，而是要在保證保險公司償付能力和被保險人對保險費率水準的承受能力的基礎上，根據國際保險市場情況的變化、承保標的不同對象，靈活地調整費率水準。例如，在具體制定費率時，可採取薄利多銷的方式調整開價水準，降低保險費率，以優勢的競爭價格吸收更多的投保人，擴大承保量，增加保費收入，間接地提高盈利水準。在國際保險市場供求平衡的情況下，則應遵循隨行就市的原則，根據變化了的市場情況，及時調低或調高保險費率，以便減少盈利損失或提高盈利水準，如國際保險市場某一險種供大於求時，就應考慮適當調低保險費率，避免客戶流失，減少承保數量。而當出現某一險種供不應求，而被保險人又必須將標的投保的情況時，就可考慮適度提高保險費率，直接增加保費收入，提高盈利率。總之，運用各種行銷原則確定保險費率是貫徹盈利原則的重要途徑。

第三節　海上保險費率的確定

海上保險費率的制定是海上保險經營的一項重要工作，其制定從內容到程序都是基於海上保險風險事故發生的不確定性，憑藉過去的統計資料和經驗，對事故的發生進行觀察和統計分析，找出規律性後，利用大數法則和概率論等數學原理，從量上推算出事故發生的可能性大小，並依次制定保險費率。其制定程序一般包括以下內容：

一、風險因素的識別（Identification）

一般地說，風險因素及其相應的風險是導致風險事故發生，產生經濟損失的內在原因，也是制定保險費率首先要確定的問題。海上保險承保活動的空間範圍廣闊，涉及世界各個國家和地區，加之保險標的是各種各樣的並具有流動性，海上保險標的所面臨的風險具有多樣性和綜合性，既包括海上水域的風險，又包括與航程有關的內河、湖泊或陸上風險，同時各個水域的地理條件和自然條件有很大差異，風險因素較為複雜。不僅如此，上述風險所造成的損失也是多種多樣的，既包括自然災害、意外事故，又包括外來原因和特殊性風險。因此，必須根據保險公司承擔的風險責任種類和各個險別的風險責任範圍，認真識別各類保險標的所面臨的風險及風險性質，弄清風險因素的類型、數量和範圍，並掌握其發生、發展的規律。另外，識別風險不僅要求明確海上保險標的中可能存在的風險，為了保證保險公司的財務穩定性，還要剔除海上風險中的不可保風險，以保證保險費率公平合理。總之，只有對風險進行識別，才能測定風險發生的概率和造成的損失程度。

1. 風險的分類

識別風險後，在制定保險費率前，還必須將海上風險和各類海上保險標的所面臨的風險因素按性質和危險程度進行分類，如按航程區域、保險期限、船齡、運輸

工具種類等風險因素分類，只有經過風險分類，才能制定出差別的等級費率，適應保險公司承保需要。在風險分類中要注意，分類既不要太細，也不可太粗。分類太細，每類中包含的風險單位太小，不足以代表一般情況；分類太粗，不利於精確，影響費率的公平性。為了使風險頻度和損失程度較為準確，應確切掌握風險分類標準，準確地劃分風險檔次。

2. 確定純費率

一般情況下，海上保險的可保危險具有一定的客觀制約性，其發生也有一定的規律性，因此，可以借助一定的數學方法，並依據一定的客觀標準對風險加以測定。風險測定是一項專門性的技術工作，險種不同，所應掌握的知識和技術也不同。但總的來說，就是利用大數法則和概率論等數學工具預測出一定時期（一般為3～5年）某一險種或保險標的的保險額損失率，即一定時期的總保險金額和賠款數額之比，進而確定該險種或保險標時的純費率。

其具體程序如下：

（1）劃分危險單位。危險單位是指發生一次風險事故可能造成的保險標的損失的範圍，它是保險公司確定其能夠承擔的最高保險責任的計算基礎。根據危險單位的大小，確定一定單位時間內某種海上風險發生的可能性。

（2）測定海上保險事故發生的頻率，即單位保險標的發生保險事故的次數與全部承保的保險標的數的比率。

（3）測定海上保險標的損毀率，即受損保險標的數與保險標的發生保險事故次數的比率。

（4）確定海上保險標的的損毀程度，即保險賠償額與受災保障標的保險金額的比率。

（5）計算海上受災保險標的的平均保險額與全部保險標的平均保險額的比率。

上述四項因素之乘積即為保險額損失率。它是一個保險金額單位遭受經濟損失的平均值。海上保險費率的測定，是根據海上保險統計以往年度的保額損失率和經驗估計來計算的，一般是將一定時期的保額損失率加總後，除以有關的期間數，得出一個平均保額損失率，並用數學方法測得其穩定系數和經驗估計數，從三者之和就可計算出保險費率。

例如：保險標的的件數為10,000件，全部保險標的的保險金額為40,000,000元，發生保險事故的次數是20次，受災保險標的的件數為30件，受災保險標的的保險金額為132,000元，保險賠償的金額為48,000元。分別計算保險事故的頻率、保險事故的損毀率、保險標的損毀程度、受災保險標的的平均保險金額與全部保險標的的平均保險金額的比率。最後算出保險金額損失率。

（1）保險事故的頻率 $= \dfrac{20}{10,000} = 0.002$

（2）保險事故的損毀率 $= \dfrac{30}{20} = 1.5$

（3）保險標的損毀程度 = $\dfrac{48,000}{132,000}$ = 36%

（4）受災保險標的的平均保險金額與全部保險標的的平均保險金額的比率 = $\dfrac{132,000}{30} \div \dfrac{40,000,000}{10,000}$ = 1.1

（5）保額損失率 =（1）×（2）×（3）×（4）

$\qquad\qquad\qquad$ = 0.002 × 1.5 × 0.36 × 1.1 = 0.12%

或直接用受災標的總賠償金額 全部標的總保險金額得出保險損失率，即：

保險損失率 = $\dfrac{48,000}{40,000,000}$ = 0.12%

3. 確定附加費率（Additional Rate）

附加費率的測定較為簡單，一般根據如下兩種計算公式算出，其計算結果相同。

$$\text{附加費率} = \dfrac{\text{多項業務開支總和 + 預期利潤額}}{\text{保險費收入總額}} \times 100\%$$

$$\text{附加費率} = \dfrac{\text{保費 × 按保費提附加費和利潤率百分比}}{\text{保險金額}} \times 100\%$$

4. 費率的適用與調整

費率確定後，保險費的收取就有了依據，但保險公司在承保業務過程中，並不是全按已規定的費率收費。在很多情況下，費率水準還要受其他因素的影響，如保險市場供求狀況、競爭狀況、被保險人及船東的資信情況、保險公司與被保險人的業務關係情況以及承保對象、標的、航行區域近期的損失記錄等，因此，費率確定後，應附加上有關說明和特別條款，編製成費率表和業務手冊，保險公司可根據制定的基本費率、保險市場以及標的實際情況，運用附加條款，確定某一筆業務的適用費率。同時，在保險經營活動中，也要根據實際變化了的情況對基本的保險費率進行必要的修改和調整。

二、影響海上保險費率的因素（Factors Affecting Marine Rate）

海上風險的因素及風險的多樣性影響海上保險費的確定。

1. 貨物的種類、性質、特點和包裝

海上運輸貨物的種類、性質和特點，是確定保險費率的首要因素。不同種類的貨物，在運輸過程中如遭到同一種自然災害和意外事故，其發生損失的可能性和損失程度也全然不同。例如，船舶在航行期間，遭到暴風雨襲擊，引起船舶顛簸、貨物擠壓、海水進入艙內。對棉織品來說，擠壓不會造成重大損失，海水浸泡會造成較大損失。對鋼精器皿、搪瓷製品等貨物，海水浸泡不會有多大損失，而顛簸、擠壓會造成凹陷、脫瓷等重大損失。此外，貨物的包裝與裝載對危險發生的可能性也有很大影響，包裝好壞會直接關係到貨物破損、碰損的程度，如集裝箱貨物的風險

程度就相對較低。因此，要根據各種風險對貨物可能造成的損失及程度以及貨物本身特點和包裝，確定相應的保險費率。

2. 運輸工具、運輸線路和港口情況

運輸工具的新舊程度（船齡）、抗災能力、設備狀況等條件，對運輸貨物遭受損失的影響很大。運輸線路的自然條件、氣候條件、航線的長短及區域範圍等狀況對保險標的遭受損失的可能性也有相當大的關係。世界各地的港口在裝卸設備、吞吐能力、安裝設施、治安狀況、管理水準等方面差異極大，也會使保險標的在各港口裝卸時發生貨損貨差的情況有所不同。因此，確定保險費率時，必須綜合考慮以上因素。

3. 運輸方式

在不同的運輸方式下，保險標的發生損失的可能性及損失程度也是不同的。例如，海洋運輸的風險就大於陸地運輸的風險，而海陸聯運的風險則更大。除此以外，直達運輸、轉換船舶運輸或擴展內陸運輸的危險程度也相當大。因此，確定保險費率時應區別對待，實行差別費率。

4. 保險責任範圍和保險條件

保險責任範圍和保險條件是決定費率高低的主要因素，承保責任範圍與保險費率成正比。承保範圍愈廣，保險費率就愈高。在運輸貨物保險中，一切險的費率最高，平安險的費率最低。此外，附加的保險條件越多，保險公司承擔的風險就越多，費率也高，如果不計免賠額的保險條件或超過一定比例加成的保險條件，其保險費率相應提高。

5. 被保險人和船東信譽以及以往的損失記錄

海上保險標的處於流動之中，由船東或船舶管理人所控制，海上保險標的的風險發生通常與人的因素較為密切，加上海上保險又難於使保險公司發揮檢查、監督、防損等職能，所以對被保險人及船舶經營人的商業信譽和素質的考察顯得特別重要。例如，船舶管理人的疏忽、缺少航海經驗及對船的維護不夠等，均可造成重大損失。被保險人的不誠實也可以影響保險公司的風險的估計。因此，被保險人和船東的資信，以往或近期的損失記錄，船長的航海記錄、學識、經驗、船員素質等是確定費率時必須考慮的因素。

6. 其他危險性和非危險性因素

這類因素主要包括國際國內保險市場的供求狀況、市場同業競爭狀況、國際國內政治經濟形勢的變動、戰爭、罷工等。上述影響因素有的雖然沒有直接增加海上保險標的風險程度，但由於其對保險公司的經營活動有很大影響，因此在確定保險費率時，是一個需要考慮的重要因素。例如，就保險供求關係來說，保險經營作為一種商品經營，其商品的價格保險費率同一般商品一樣會受到供求關係的影響，保險供給大於保險需求時，保險費率就會下降。如果保險需求大於保險供給時，保險費率就會上升。

同樣，與一般商品一樣，在保險市場上，供給者之間、需求者之間、供求者與

需求者之間的競爭都會引起保險費的上升或下降。因此，保險公司所確定的保險費率必須有一個上下浮動的界限，以避免發生不可預測的經營風險。

三、中國海上保險費率的構成（Formation of the National Marine Rate）

中國海上保險的費率一般包括基本險費率、附加險費率和逾齡船舶運輸工具增加費率三部分，計算的保險費率應是三項費率之和。目前，中國國際運輸貨物保險費率的組成分為下列幾種：

（1）一般貨物保險費率分為平安險、水漬險和一切險三種。附加險不能單獨承保，必須在平安險或水漬險的基礎上加保，加保一項附加險，除了費率表中另有規定外，按照一切險的費率計算。投保同一險別，由於國家或地區或港口的不同，保險公司所確定的費率是不一樣的。國際運輸貨物保險費率分成兩大類：一般貨物保險費率和指明貨物保險費率。指明貨物是指特別指明的某些貨物，凡是未指明的屬於一般貨物。

（2）陸運、空運和郵包險費率分別為基本險費率和一切險費率兩種。附加險的費率計收標準同海上運輸貨物保險相同。

（3）戰爭險費率單獨列出。海運、陸運、空運、郵包的戰爭險費率一般為0.03%，但是可視某一地區戰爭形勢的變化，隨時調整。

（4）指明貨物增加費率表。指明貨物增加費率表是按貨物的大類進行分類的，如糧油類、土畜產類、輕工產品類等。需要增加費率的貨物在商品欄內應明確，同時在備註欄內註明免賠率，加貼條款等有關規定。凡屬於指明貨物費率表中所列舉的貨物，在計算費率時，應首先算出一般貨物費率，然後再加上該項指明貨物的增加費率。例如，從海上運往澳大利亞的壇子裝的榨菜投保一切險，一般貨物費率規定到澳大利亞的費率為0.6%，指明土畜類中的壇裝食品貨物加費為1.5%，總費率為0.6% + 1.5% = 2.1%。

（5）逾齡運輸工具（船齡）加費。要按照船舶名錄核對船舶的噸位、建造年份並確定船齡。一般來說，船齡在15年以上被認為是老船，保險公司按老船的費率表加收保險費。有些保險公司在訂費時按照不同噸位分類，如500噸以下、100噸以下另行計算加費。對於一般貨物來說，船齡在11～15年的油輪，不增加費率；船齡在16～20年的船舶，增加0.187%的費率；船齡在21年～25年的船舶，增加0.375%的費率；船齡在26～30年的船舶，增加0.563%的費率；船齡在31～35年的船舶，增加0.75%的費率；船齡在36～40年的船舶，增加1.5%的費率；船齡在41年及以上的船舶，增加2.25%的費率。

計算海上運輸貨物保險費率時，應當把基本費率、附加費率、逾齡船附加費幾個部分都加進去。

四、保險金額的確定（Decision of Sum Insured）

保險金額是被保險人對保險標的實際投保金額，是保險公司承擔保險責任的標準和計收保險費的基礎。在保險貨物發生保險責任範圍內的損失時，保險金額就是保險公司賠償的最高限額。因此，投保人投保運輸貨物保險時一般應向保險公司申報保險金額。

一般來講，保險金額應與保險價值相等，但實際上也常出現不一致的情況。保險金額與保險價值相等稱之為足額保險（Full Insurance）。被保險人申報的保險金額小於保險價值稱之為不足額保險（Under Insurance）。在不足額保險情況下，保險貨物發生損失時，保險公司按保險金額與保險價值的比例承擔補償責任。被保險人申報的保險金額大於保險價值，就是超額保險（Excess Insurance）。在不定值保險條件下，超額部分無效，保險人只按照可保價值賠付。

國際貿易中的貨物運輸保險的保險金額一般是以發票價值為基礎確定的。從買方的進口成本看，除去進口商品的貨價外，還包括運費和保險費，即以 CIF 價值作為保險金額。但在貨物發生損失時，被保險人已支付的經營費用和本來可以獲得的預期利潤仍然無法從保險公司獲得補償。因此，各國保險法及國際貿易慣例一般都規定進出口貨物運輸保險的保險金額可在 CIF 貨價基礎上適當加成。按照國際商會制訂的《國際貿易術語解釋通則》和《跟單信用證統一慣例》中有關規定，一般是加成 10%。當然，保險公司與被保險人可以根據不同貨物、不同地區進口價格與當地市價之間不同差價、不同的經營費用和預期利潤水準，約定不同的加成率。過高的加成率有時會造成保險公司的誤解而拒絕承保，或者大幅度增加保險費，對投保人不利。

五、保險金額的計算方法（Ways of Calculating Sum Insured）

保險金額的計算是以 CIF 價格為基礎，即 CIF 價格乘以加成率。以公式表示：

$$保險金額 = CIF 價格 (1 + 加成率)$$

以上公式表明，貨物、運費和保險費都作為保險標的一起加成投保。因此，對外報價如果從 CFR 價格換算成 CIF 價格，或者在 CFR 合同項下貨物賣方代買方辦理投保，都不能以 CFR 價格為基礎直接加成計算保險金額，而應先把 CFR 轉化為 CIF 價格再加成計算保險金額，然後再計算保險費。從 CFR 價格換算成 CIF 價格時，可利用下列公式：

$$CIF = \frac{CFR}{1 - (1 + 加成率) \times 保險費率}$$

例：廣州機器進出口公司（Guangzhou Machinery Import & Export Corporation）出口廣州本田雅閣轎車 50 臺到英國，起運港是廣州，目的港是倫敦。以 CFR 價格成交，每臺 12,000 英鎊，保險費率為 1%，按 CIF 價格加成 10% 計算保險金額和

保險費。

第一步，換算成 CIF 價格：

$$\text{CIF} = \frac{50 \times 12,000}{1 - (1 + 10\%) \times 1\%} = 606,673 \text{（英鎊）}$$

第二步，計算保險金額：

保險金額 = 606,673 (1 + 10%)

= 667,340（英鎊）

第三步，計算保險費：

保險費 = 667,340 × 1%

= 6,673.4（英鎊）

如出口按 CFR 價格成交，買方要求賣方按 CIF 價格加成 10% 代辦保險，可利用下列公式直接從 CFR 價格計算保險金額：

$$\text{保險金額} = \frac{50 \times 12,000}{1 - (1 + 10\%) \times 1\%} \times (1 + 10\%)$$

= 667,340（英鎊）

對於進口貨物保險，根據同保險公司所簽訂的預約保險合同辦理。保險金額以進口貨物的 CIF 價格為準，一般不再加成，即保險金額等於 CIF 進口貨價，如按 CFR 或 FOB 條件進口，按特約保險費率和平均運費率直接計算保險金額。

按 CFR 價格進口時：

保險金額 = CFR 價格 ×（1 + 特約保險費率）

按 FOB 價格進口時：

保險金額 = FOB 價格 ×（1 + 平均運費率 + 特約保險費率）

上述進口貨物保險金額的計算公式是保險公司與被保險人特別約定的，平均運費率和特約保險費率在預約保險合同中已經列明，目的是為了簡化手續，方便計算。投保人按照約定的費率，以保險金額為計算基礎，向保險公司交納保險費。

保險費 = 保險金額 × 保險費率

六、保險費的計算（Calculation of Premium）

保險費的計算取決於被保貨物的價值或價格。海上運輸貨物的保險金額是依據國際貿易的價格條件決定的，國際貿易價格條件和保險費率確定之後，才能計算保險費。計算方法有以下幾種：

1. CIF 價格條件下保險費的計算

國際貿易中的 CIF 價格包括保險費在內，賣方在確定出售貨價時，已根據下列公式和方法將計算出的保險費包括在貨價之內。

計算方法：先計算出 CIF 價格

$$\text{CIF 價格} = \frac{\text{成本} + \text{運費}}{1 - (\text{保險費率} \times \text{投保加成})}$$

再計算出保險費：

$$\text{Premium} = \text{CIF 價格} \times (1 + 投保加成率) \times 費率$$

2. CFR 條件下保險費的計算

CFR 價格條件下，買方要求賣方代辦保險，也就是將 CFR 價格改為 CIF 價格。計算方法：

$$\text{Premium} = \frac{\text{CFR} \times (1 + 投保加成) \times 費率}{1 - (1 + 投保加成) \times 費率}$$

3. FOB 價格條件改為 CIF 價格條件下的計算

原為 FOB 價格條件，改為 CIF 價格條件，即通常所說的 CIF 價格，計算方法：

$$\text{Premium} = \frac{(\text{FOB} + 運費) \times (1 + 投保加成) \times 費率}{1 - (1 + 投保加成) \times 費率}$$

第四節　海上保險費的退費

如果保險的性質在承保後發生變化，保險人承擔的責任可能大大減小。在這種情況下，被保險人有權向保險人提出申請，要求全部或部分返還已繳納的保險費，這種返還叫做保險費的退費。

保險費退費大體上可以分為兩種情況：承保失效退費和協議退費。

一、承保失效退費（Return of Premium for Failure of Consideration）

海上保險合同和其他經濟合同一樣，其中的一個要素是合同的對價（Consideration）。在海上保險合同中，被保險人為了獲得保險人對標的物的保障而支付的對價是保險費，而保險人的對價是承擔被保險人遭受損失的賠償責任。由於某種原因保險人並未承擔與所收取保險費相應的風險責任，這種情況叫做承保失效。根據英國 1906 年《海上保險法》的規定，在被保險人不存在詐欺的情況下，保險費應退還給被保險人。

因承保失效而產生退費的稱承保失效退費，它有以下幾種情況：

（一）風險從未開始而退費

比如，某船舶投保了航程保險，被保險人已繳納保險費，但是由於某種原因，該航程沒有開始，保險人因而沒有承擔風險。又如，被保險人投保了海上運輸貨物保險的一批貨物，已繳納保險費，因售貨合同撤銷等原因未能運離倉庫裝船，保險人因而未承擔任何風險。再如，辦理了定期船舶保險（例如 12 個月）的船舶，被保險人已繳納保險費，在風險開始前失蹤或丟失。對於以上三種情況，保險人應將收到保險費退還給被保險人。

如果保險標的的可分割部分從未處於危險之中，那麼相應比例的保險費應該退

還。對於航程保險單，若航程可以分階段實施，該保險單可以按可分割的保險單處理。但定期保險一般不能作為可分割的保險。

如果風險是不可分割的，保險單一旦生效，保險費就不能退還給被保險人。有時，定期保險單中雙方約定一項條款，規定如果船舶的所有權、管理人、船級、船旗有所改變，保險合同的效力會因此而終止，保險費按日比例退還給被保險人。

如果保險標的是按「滅失與否」條件承保的，在訂立保險合同時，保險標的已經安全抵達目的港，保險人不退保險費。但如果保險人對標的物的安全抵達的情況了如指掌，按照英國1906年《海上保險法》的規定，被保險人有權收回已支付的保險費。

如果保險人宣布自風險開始時就不承擔責任，其所收取的保費應當退還給被保險人，但前提是被保險人不存在詐欺或違法行為，否則不能退還保險費。

（二）解除合同而退費

如果被保險人未履行告知義務，保險人有權解除合同，解除的效力從合同成立之時，保險人對於標的不負賠償責任，但要退還保險費給被保險人。

如果因被保險人有意隱瞞或捏造有關重要情況，保險人宣布合同無效，保險人不但可以拒絕承擔賠償責任，而且有權不退還保險費。1992年《中華人民共和國海商法》的有關規定與英國1906年《海上保險法》的規定基本一致，但是，根據1992年《中華人民共和國海商法》的規定，若被保險人非故意違反告知義務，保險人有權解除合同，合同自解除之日起無效，保險人要退還合同解除之日以後的保險費。

（三）沒有保險利益而退費

如果事後發現在整個保險期間被保險人對保險標的不具有可保利益，他便可申請保險費退還。但若是被法律認定為賭博性合同，則保險人不必退費。

如果被保險人為其所擁有的、可取消的利益辦理了保險，而該利益在保險期間終止，保險人也不退保險費給被保險人。

（四）有關重複保險的退費

重複保險是指被保險人對同一財產標的、同一種風險分別向兩個或兩個以上的保險人投保，以致在相同的保險期限內幾張保險單的保險金額總和超過了該保險標的的價值。發生重複保險時，根據海上保險的賠償原則，被保險人獲得的賠償金額不能超過法律所允許的保險金額。在重複保險的情況下，保險人之間要根據公平原則，按比例對被保險人的損失進行分攤。

重複保險下的退費要注意以下兩點：

（1）如果被保險人故意辦理重複保險，保險費一律不退。一般情況下，重複保險是出於被保險人的無意而辦理的，而且船舶保險很少有重複保險，重複保險主要出現在貨物保險當中。例如，按CIF價格進了一批貨物的商人決定向其所在國所信任的保險人對該批貨物再辦理一次保險。如果出口商轉交的保險單支付了進口商的貨損失，進口商在國內自己購買的保險就不需要退費。

（2）重複保險中，如果一張保險單先於另一張保險單開始承擔風險，或按照要求已經全部進行了賠償，這張保險單的保險費就不能退還給被保險人，只有後一張保險單的保險費需要辦理退費。

（五）超額保險而退費

在不定值保險中，如果出現了保險金額大於保險價值的情況，超出部分被認為是無效的，保險人應將相應比例的保險費退還給被保險人。

二、協議退費（Return of Premium by Agreement）

在海上保險合同中，雙方經常在一些條款中約定，在保險期間，某項或某些事件出現時，保險人按一定方式退還一定的保險費，同時解除或部分解除承保責任，這種退費稱為協議退費。

協議退費有以下幾種情況：

1. 承保風險有所改善

保險人收取保險費多少，部分取決於保險標的所面臨的風險的大小、損失率的高低。當保險標的的風險有所改善時，保險責任就有所減輕，保險人通常在保險單內制訂一項條款，在保險風險有所改善時，可以退還一部分保險費。這種情況常發生在貨物保險單中。保險人在確定貨物保險費率時就已經制訂好了退費的辦法，例如，貨物改為更安全的航線運送或貨物特意按防損標準進行了包裝等。

2. 保險船舶的船級社或船級發生改變

船舶保險人十分重視保險船舶的入級狀態。現行協會船舶定期保險條款規定，船舶應嚴格遵守有關船級的保證，如果船舶變更了船級社或者其船級出現變更、暫停、中止、撤回或到期等情況，保險責任自動終止，除非保險人做出相反的書面同意。此時，保險人應將淨保費按日比例退還。

3. 保險船舶的所有人、船旗等發生改變

根據協會船舶定期保險條款的規定，如果保險船舶所有權變更、船旗（籍）改變、轉給新的管理人、光船出租、被徵購或徵用等情況，保險合同自動終止。如果保險合同自動終止，保險人應將合同終止後直至合同屆滿期間的淨保險費按日比例退還給被保險人。

4. 當事人同意註銷保險合同

海上保險合同，除貨物運輸保險或船舶的航程保險外，雙方可在保險合同中約定，保險責任開始後，在一定情況下，某一方當事人有權解除保險合同。例如，中國集裝箱保險條款規定，保險雙方均可用30天事先通知的方式取消。

如果雙方協議取消保險合同，未到期的保險費退還給被保險人，按照協會船舶定期保險條款的規定，每一未開始的月份的保險費按月比例退還。而且，如果在約定解約生效前保險船舶發生了全損，無論全損是否由承保風險造成，被保險人對於損失發生後至保險屆滿期間的保險費和損失發生前船舶停泊於港內期間的保險費，均不得要求退還。如果在航程保險，保險責任開始後，一律不辦理退保手續。

5. 停泊退費

停泊退費是指被保險船舶在保險人同意的港口或區域停泊，不管是因為要在船廠修理還是為了裝卸貨物，只要停泊天數超過 30 天，停泊期間的保險費就應按淨保險費比例的 50% 退還給被保險人。

停泊退費中的停泊天數的計算是將停泊前後日期相加後減去 1 天，計算結果如果達到 31 天，方可享受退費。停泊退費是按天計算，不按時計算。停泊退費的計算公式如下：

$$停泊退費 = (保險金額 \times 費率 - 經紀人佣金) \times \frac{停泊天數}{365} \times 50\%$$

停泊退費應在保險期限終止、船舶安全到達目的港時辦理。同時該規定不適用船舶全損的情況，如果船舶在保險期間內已有停泊時間超過 30 天，但事後發生了全部損失，保險人也不辦理退費。

此外，該條款還規定被保險船舶超過 30 天的停泊期分屬兩張同一保險人的連續保險單，停泊退費應按兩張保單所承保的天數分別計算。

投保了定期船舶保險的船舶如果在港口內連續停泊時間程長，船東希望投保險費率較低的港口風險。為了防止船東因船舶停泊而退保或不續保，保險人同意在定期保險到期時，根據船舶在港的停泊時間退還給被保險人一定比例的淨保險費。淨保費是指保險人在保險費中扣除了經紀人佣金後的實收保險費。

根據協會船舶定期保險條款的規定，如果船舶在保險人同意的港內或閒置水域連續停泊 30 天，保險人以 30 天為 1 個退費單元退還單元段內大部分的保險費，僅留一小部分用以支付承擔港口風險。退費的比例取決於船舶停泊期間是否進行修理，一般修理停泊期間的退費比例要小一些，因為管理期間船舶遭受火災損失的風險要大大增加。這裡所指的修理包括所有原因引起的修理，即承保風險引起的修理、非承保風險引起的修理、修理費用低於免賠額的修理以及船東自負費用的修理。如果是船東為了維護保養船舶而自費進行的修理，保險人給予的退費比例要大一些。如果船東根據船舶保險單中的「索賠通知與招標」條款的要求將船舶從一個港口移到另一個港口去修理，那麼船舶在兩個港口停泊的時間可以累計以湊成 1 個 30 天的退費單元。

關於停泊退費需要注意以下幾點：

(1) 停泊退費是在定期保險的保險期間屆滿以後才支付的，並不是一旦發生停泊 30 天，保險人就退還保費給被保險人。

(2) 在整個保險期間或延續期間，如果船舶發生了任何原因引起的全損，那麼在保險船舶全損之前發生的停泊不能退費。

(3) 按照協會船舶定期保險條款的規定，構成 1 個退費單元需要連續停泊 30 天，連續停泊時間小於 30 天的，沒有退費的規定。船舶連續停泊從船抵達港口檢疫錨地開始計算至起航時為止，包括此期間的移泊、進出修理廠及船塢和裝卸貨物。而中國船舶保險條款對超過 30 天的停泊，按日比例退還保險費，對被保險人

有利。

（4）停泊的地點必須是保險人認可的港口或停泊區域。如果在未被認可的港口或停泊區域停泊，保險人不承擔退費責任。保險人只對在認可的港口或停泊區域停航的時間按比例退費。

（5）船舶在停泊期間可以裝卸貨物，但不能被雇傭來存儲貨物或駁運貨物，否則不能退還保險費給被保險人。

（6）如果連續停泊30天的停泊期間跨越了同一保險人簽發的兩張連續保險單，停泊退費應按照各保險單下停泊的天數按比例計算。如果停泊的時間超過30天但不足另1個退費單元，被保險人有權利選擇對自己有利的連續30天停泊的起算日。

本章自測題

一、是非判斷題

1. 海上保險費率是指保險公司按保險金額等保險條件向投保人或被保險人收取保險費的比例。　　　　　　　　　　　　　　　　　　　　　　　（　　）

2. 海上保險費率通常按百分比或千分比來計算，由純費率和附加費率兩個部分構成，兩者之和稱為淨費率。　　　　　　　　　　　　　　　　　（　　）

3. 純費率以海上保險標的可能發生危險的頻率和發生保險事故可能導致的損毀程度為準，純費率具有一定的主觀性。　　　　　　　　　　　　　（　　）

4. 附加費率則是一定時期保險業務活動的各營業支出的百分比，另外還包括保險經營的盈利因素。附加費率具有一定的主觀性。　　　　　　　　（　　）

5. 一般來講，保險金額與保險價值相等，但實際上也常出現不一致的情況。保險金額與保險價值相等稱之為足額保險。　　　　　　　　　　　　（　　）

6. 被保險人申報的保險金額小於保險價值，就是不足額保險。保險貨物發生損失時，保險公司按實際損失承擔賠補償責任。　　　　　　　　　　　（　　）

7. 被保險人申報的保險金額大於保險價值，就是超額保險。在不定值保險條件下，超額部分無效。　　　　　　　　　　　　　　　　　　　　　　（　　）

8. 國際貿易中的貨物運輸保險的保險金額，一般以發票價值為基礎。國際貿易慣例一般都規定進出口貨物運輸保險的保險金額可在CIF貨價基礎上適當加成。　　　　　　　　　　　　　　　　　　　　　　　　　　　　　　（　　）

9. 按照國際商會制訂的《國際貿易術語解釋通則》和《跟單信用證統一慣例》中有關規定，保險金額在發票價的基礎上加成20%。　　　　　　　　（　　）

10. 如果保險的性質在承保後發生變化，保險人承擔的責任可能大大減小。在這種情況下，被保險人有權向保險人申請，要求部分返還已繳納的保險費。
　　　　　　　　　　　　　　　　　　　　　　　　　　　　　　　　（　　）

二、單項選擇題

1. ＿＿＿＿＿＿是投保人或被保險人支付的費用，作為保險公司根據保險合同的內容承擔賠償或給付責任的一種對價。
  A. 手續費   B. 保險費
  C. 運輸費   D. 保險金額

2. 保險費一般包括兩個部分，其中之一是＿＿＿＿＿＿，專門用於賠付保險災害事故所造成的損失，它是保險費的主要部分。
  A. 淨保險費   B. 毛保險費
  C. 純保險費   D. 附加保費

3. 海上保險費率是指保險公司按保險金額等保險條件向投保人或被保險人收取保險費的比例，通常是按百分比或千分比來計算的。海上保險費率是由純費率和附加費率兩個部分構成的，兩者之和稱為＿＿＿＿＿＿。
  A. 毛費率   B. 淨費率
  C. 純費率   D. 附加費率

4. 保險金額原則上應與保險價值相等，但實際上也常出現不一致的情況。保險金額與保險價值相等稱為＿＿＿＿＿＿。
  A. 足額保險   B. 不足額保險
  C. 足值保險   D. 超額保險

5. 保險貨物發生損失時，保險公司按保險金額與保險價值的比例承擔補償責任。被保險人申報的保險金額大於保險價值，就是超額保險。在不定值保險情況下，超額部分＿＿＿＿＿＿。
  A. 按比例分攤   B. 保險人和被保險人各承擔50%
  C. 保險人承擔   D. 無效

6. 要按照船舶名錄核對船舶的噸位、建造年份並確定船齡。一般來說，船齡在＿＿＿＿＿＿以上視為老船，保險公司按老船的費費率表加收保險費。
  A. 25 年   B. 15 年
  C. 35 年   D. 10 年

7. 被保險人申報的保險金額大於保險價值，就是超額保險。在＿＿＿＿＿＿條件下，保險人只按照保險價值賠付。
  A. 定額保險   B. 定值保險
  C. 不定值保險   D. 預約保險

8. 被保險人投保了海上運輸貨物保險的一批貨物，並已繳納保險費，但是由於售貨合同撤銷等原因未能運離倉庫裝船，保險人正確處理方式是＿＿＿＿＿＿。
  A. 退還保費   B. 不退保費
  C. 退還50%   D. 退還80%

9. 停泊退費是指被保險船舶在保險人同意的港口或區域停泊，停泊天數超過30天，停泊期間的保險費就應按淨保險費比例的＿＿＿＿＿＿退還給被保險人。
  A. 25%   B. 60%

第 7 章 海上保險費率

C. 50%　　　　　　　　　　　D. 80%

　　10. 如果保險標的是按「滅失與否」條件承保的，在訂立保險合同時，保險標的已經安全抵達目的港，保險人正確處理方式是_____。

　　A. 退還保費　　　　　　　　　B. 不退保費
　　C. 退還 20%　　　　　　　　　D. 退還 50%

三、思考題

1. 簡述海上保險費率的特點。
2. 確定海上保險費率應堅持的原則是什麼？
3. 簡述影響海上保險費率的因素。
4. 簡述中國海上保險費率的構成。
5. 簡述國際貿易價格條件下保險費的計算方法。

四、名詞解釋

1. 純費率
2. 附加費率
3. 毛費率
4. 協議退費
5. 停泊退費

五、計算題

1. 深圳外貿進出口公司出口紡織品 1000 箱到澳大利亞，CFR 價格為 900 美元/箱，買方要求賣方代辦海上運輸貨物一切險，費率為 0.8%。按照國際貿易慣例的規定，應在 CIF 價格基礎上加成 10% 投保。被保險人應交多少保險費？

2. 廣東外貿進出口公司出口茶葉 5000 箱運往英國，FOB 價格為 1000 美元/箱，運費為 10 美元/箱，買方要求國內某出口公司代為辦理海上運輸貨物一切險、附加戰爭險，費率為 1.02%。按照國際貿易慣例的規定，應在 CIF 價格基礎上加成 10% 投保。被保險人應交多少保險費？

第8章 海上運輸貨物保險的理賠

學習目標

通過對本章的學習，應達到以下目標：
1. 瞭解被保險人索賠程序；
2. 掌握保險人理賠原則；
3. 熟悉保險理賠的計算方法。

本章內容

第一節　海上運輸貨物保險的索賠
第二節　海上運輸貨物保險的理賠
本章自測題

第一節　海上運輸貨物保險的索賠

一、海上保險索賠概述（Brief Introduction of Making Marine Claims）

保險的索賠是保險標的在遭受保險事故後，被保險人憑保險單有關條款的規定，向保險人要求賠償損失的行為。從保險人的角度來說，當它接到被保險人損失通知時起，直至處理賠款案件的全過程，稱之為理賠（Claims Handling or Settlement）。這項工作涉及被保險人投保的根本目的和切身利益，保險人應在「重合同，守信用」的前提下，本著「主動、迅速、準確、合理」的原則，妥善處理

好賠案。做好這項工作對於正確發揮保險的補償作用，促進對外經濟貿易的發展，提高保險企業的信譽等，有著非常重要的作用。

當被保險人保險的貨物遭受到損失後，就會立即向保險公司提出索賠。貨物受損一般有兩種情況：一種是運輸工具在途中遭遇意外事故，例如船舶擱淺、火車出軌使貨物嚴重遭損，這種情況被保險人往往當時就能知道；另一種是貨物抵達目的港後，被保險人在碼頭、車站提貨或者在自己的倉庫、貯藏所發現損失。不論哪一種情況，被保險人都應該按照保險單的規定向保險公司辦理索賠手續，同時還應以收貨人的身分向承運方辦妥必要的手續，以維護自己的索賠權利。

二、索賠方式（Ways of Marine Claims）

被保險人獲悉被保險貨物受損後，可以直接提出索賠或間接提出索賠。

1. 直接索賠

直接索賠是指被保險人直接以書面形式提出索賠，它包括以下兩種：

（1）直接責任索賠。直接責任索賠是指被保險人直接向保險人或其代理人提出賠償請求。按照這種方式，不論遭受損失的一方是誰，只要有保險損失發生，被保險人就可以向保險人提出索賠。例如，貨物損失是船方責任造成的，收貨人根據船方簽證，申請商檢部門出具證明，連同有關單證交卸貨港的外運公司或保險公司分別向外運租船船東提出索賠。如果貨物損失是國內裝卸、運輸部門責任造成的，收貨人應立即向有關責任方取得貨運記錄，直接向保險公司索賠。如果貨物損失在異地發生，被保險人應本著就近報損的原則，向該保險人設立的損失發生地最近的代理機構提出索賠。

（2）轉位責任索賠。轉位責任索賠是指被保險人先直接向負有責任的第三者提出索賠，然後就第三者賠償後的不足部分向保險人或其代理人提出索賠。因為轉位責任索賠強調第三者責任方的賠償責任，所以又可稱「追償索賠」。它與保險人的「代位追償」是有區別的。如貨物在運輸途中發生殘損，導致貨物損失60萬美元，其中40萬美元的損失為船方責任所致，20萬美元為惡劣氣候所致。假如貨主先向船方索賠40萬美元，再就剩下的20萬美元向其保險人索賠，這就是轉位責任索賠。如果貨主就60萬美元的損失向其保險人索賠，保險人賠償後再向船東追償40萬美元，這種方式稱之為「代位追償」。

2. 間接索賠

這種方式是指被保險人委託其代理人或保險經紀人以書面形式向保險人或其代理人提出索賠請求。在這種方式下，被保險人代理人的行為視同為被保險人的行為，其行為結果由被保險人承擔。被保險人向其代理人簽發授權委託書，代理人在索賠時必須出示授權委託書，而保險人或其代理人不得無故拒絕被保險人的代理人提出的賠償請求。

三、索賠程序（Procedure of Claims）

1. 損失通知

當被保險人獲悉或發現保險貨物已經遭受損失，應該馬上通知保險公司。一經通知，索賠行為已經開始，不再受索賠時效的限制，保險公司在接到損失通知後即能採取相應措施，如檢驗損失、提出施救意見、確定保險責任、查核發貨人或承運方責任等。延遲通知會耽誤保險公司辦理有關工作，引起異議，影響索賠。在出口貨物運輸保險單上都寫明了保險公司在目的港的檢驗、理賠代理人名稱、地址。被保險人或他的代表可就近通知代理人，並申請對貨損進行檢驗。在檢驗的同時，還應會同保險公司及其代理人對受損貨物採取相應的施救、整理措施，以避免損失進一步擴大。檢驗完畢後，應提交檢驗報告，作為向保險公司索賠的重要證件。出口貨物運輸保險由國外代理人或其他公證機構出具的檢驗報告都應視作一種公證證明，但並不最後決定保險責任，因此，在檢驗報告中往往註明本檢驗報告並不影響保險公司的權利，也就是說賠還是不賠還取決於保險公司。在中國，進口貨物運輸保險較多地採取聯合檢驗報告的形式，由收貨人會同當地保險公司對現場檢驗情況進行記錄，最後由保險公司或港口公司進行核賠。

2. 向承運人等有關方提出索賠

被保險人或其代理人在提貨時發現貨物的包裝有明顯的受損痕跡，或者整件短少，或者散艙貨物已經殘損。除按上面所說的向保險公司報損外，還應該立即向承運方、受託人以及海關、港務當局等索取貨損貨差證明。特別是這些貨損貨差涉及承運方、受託人或其他有關方面如碼頭、裝卸公司的責任，應該立即以書面的形式向他們提出索賠要求，並保留追償的權利，必要的時候還要申請延長索賠時效。因為按照運輸契約等有關規定，如果不在當時提出索賠，承運人認為收貨人承認貨物完好無損，事後不能再提出索賠。保險公司對喪失第三者追償權利所造成的損失，可以拒絕賠償。這就要求被保險人包括收貨人及其代表要掌握和瞭解承運方、港口、車站、航空港等有關貨物提取和賠償的有關規章，以免受到不應有的損失。

3. 採取合理施救措施

保險貨物受損後，作為貨主的被保險人應該對受損貨物採取合理的、及時的施救、整理措施，以防止損失的進一步擴大，被保險人不能因為有了保險就完全把責任轉嫁給保險公司。特別是對受損貨物，被保險人仍有處理的職責與義務，比如對受損貨物的轉售、修理、改變用途等。這是因為被保險人對於貨物的性能、用途比保險公司更為熟悉，能更好地利用物資。在中國，無論是進口貨物或國內運輸的貨物受損後，原則上都應由貨主自行處理。

4. 準備必要的索賠單證

保險貨物的損失向承運人等第三者的追償手續辦妥後，就應向保險公司或其他代理人提請賠償請求。提出賠償時，應將有關的單證備齊。保險人通常要求被保險人提供以下單證或單據：

（1）保險單原件或保險憑證正本。這是向保險公司索賠的基本證件，可證明保險公司承擔保險責任及其範圍，是保險公司理賠的依據之一。

（2）運輸契約。這包括海運提單、陸空運單等運輸單證。這些單證能證明保險貨物承運的狀況，如承運的件數、運輸的路線、交運時貨物的狀態，以確定受損貨物是否是保險所承保的責任以及在保險責任開始前的貨物情況。

（3）發票。貨物的發票是計算保險賠款的金額的重要依據。

（4）裝箱單、磅碼單。這是證明保險貨物裝運時件數和重量的細節材料，是核對損失數量的依據。

（5）向承運人等第三者責任方請求賠償的函電或其他單證和文件。這些文件中往往應包括第三者責任方的答復文件，這是證明被保險人已經履行了他應該辦的追償手續，即維護了保險公司的追償權利。至於第三者是否承擔責任則不屬被保險人所能決定的。

（6）檢驗報告。這是證明損失原因、損失程度、損失金額、殘餘物資價值及受損貨物處理經過的證明，是確定保險責任和賠償金額的主要證件。檢驗報告可以由第三方公證、檢驗機關出具，也可以由保險公司及其代理人出具。一般來說，出口貨物往往由保險代理人或檢驗人出具，進口貨物由保險公司或者他的代理機構如交通、鐵路、民航等部門同收貨人聯合出具。

（7）海事報告摘錄或海事申明書。當船舶在航行途中遭受海難，即屬於人力不可抗拒的事故，船長要在海事日誌中記錄下來，同時他要申明船方不承擔因此而造成的損失。這些證明對保險公司確定海事責任直接有關，碰到一些與海難有關的較大損失的案件，保險公司要求提供此種證件。

（8）貨損、貨差證明。保險貨物送給承運人運輸時是完好的，由承運人簽發清潔提單或者無批註的運單。當貨物抵達目的地發現殘損或短少時，由承運人或其代理人簽發貨損、貨差證明，既作為向保險公司索賠的有力證明，又是日後向承運方追償的根據。特別是整件短少的貨物，更應要求承運方簽發短缺證明。

（9）索賠清單。這是被保險人要求保險公司給付賠款的詳細清單，主要寫明索取賠款數字的計算依據以及有關費用的項目和用途。

第二節　海上運輸貨物保險的理賠

一、保險理賠概述（Brief Introduction of Marine Claims）

理賠是指對保險賠案的處理，它包含保險貨物發生損失後，被保險人向保險公司的索賠以及保險公司接到報損通知後處理賠案的全過程。海上保險的理賠與其他保險理賠一樣，是一種對特殊的經濟損失的理賠。首先，理賠相對損失而言，無損失則無理賠，理賠是以保險事故造成經濟損失為存在前提；其次，保險公司的賠償

應使被保險人在經濟上恢復到損失發生前的狀態，被保險人不能因保險事故的發生而獲得超過其損失的不當利益。

保險理賠是保險經營管理的重要組成部分，是保險人對被保險人實施經濟補償職能的具體體現。理賠是保險人的履約行為，是以保險人擁有保險核賠權為其法律基礎，即保險人對於保險索賠擁有核定審查的權利，同時不排除被保險人的舉證責任和權利。

保險理賠關係到被保險人的切身利益，被保險人的保險金請求權必須得到保護。保險理賠工作涉及的方面不僅僅包括保險人和被保險人，還包括檢驗理賠代理人、理算人、承運人、港口當局、律師和法院等，因此是一項具有廣泛社會影響的工作。

做好保險理賠工作有四方面意義：

（1）保險理賠能保障被保險人生產的穩定經營。海上保險的保險標的基本上處於海上流動狀態，面臨較大的海上風險，一旦遭受損失，直接影響被保險人生產經營，破壞被保險企業的經營穩定性。保險人依據保險合同，不僅要合理地核定賠款，而且要及時地將賠款支付給被保險人，從而保障被保險企業的穩定經營。

（2）保險理賠促進國際經濟交往的順利進行。國際經濟合作已成為世界各國經濟發展的重要組成部分，深入到經濟生活的各個領域。海上保險從財產、責任、信用等各個方面為國際經濟合作提供全方位、立體式的經濟保障，如果保險理賠工作處理得當，就能促進國際經濟交往的順利進行。

（3）保險理賠促進保險制度的不斷完善。保險理賠是最能夠反應保險條款、規章是否合理明確、保險費率是否準確的工作。保險人通過理賠工作，不斷發現自己所提供的保險商品是否可以滿足被保險人的需要，是否為被保險人提供充分保障，同時發現保險條款、規章不完善的地方，發現保險費率是否符合被保險人以最合理的保險成本獲取最大的保險保障的原則。在發生保險合同爭議時，通過和解、仲裁和訴訟等途徑，保險人和被保險人不斷總結經驗，完善保險制度。通過理賠工作，可以使保險人、被保險人、法官、律師和仲裁員等不斷熟悉和接受國際保險慣例，避免爭議的產生。

（4）保險人從保險理賠中獲取風險管理資料和數據。通過理賠獲取的資料或數據，可幫助保險人制定出防損的合理措施。保險人將這些防災防損措施提供給被保險人，有助於被保險人加強風險管理工作。總之，保險理賠的質量直接體現保險的服務水準，優質的保險服務能夠吸引更多的客戶。因此保險人應該重視保險理賠工作。

二、**海上保險理賠程序**（Procedures of Marine Claims）

被保險人索賠申請一旦被保險公司所接受，理賠工作就正式啟動。海上保險理賠的具體工作內容及其實務程序如下：

(一) 損失的確定

當損失發生時，首先要確定損失，對損失情況、損失原因進行分析，並得出結論，然後才能審定保險責任。

1. 損失檢驗

損失檢驗包括收貨人申請檢驗、保險人對檢驗報告的審核。

(1) 要求收貨人申請檢驗。貨物運抵目的地時發現貨物損失，貨主應立即申請檢驗。按照保險單上註明的檢驗代理人名稱，向指定代理人申請查勘。

如果保險單上註明有檢驗、理賠代理人，而貨主沒有向該代理人申請檢驗，而是申請其他檢驗人進行檢驗，屬於貨主沒有按約定辦理。如果損失不大，保險人可以接受。如果損失較大，保險公司需要重新檢驗。如果有些收貨人經常違反保險單規定，不向指定代理人申請檢驗，視情況保險公司有權拒絕賠償。

如果發現整件貨物短少，且收貨人持有港務局、裝卸公司或者承運人所出的短少證明，沒有必要再進行檢驗。

(2) 保險人對檢驗報告的審核。被保險貨物發生損失經驗後，保險人要填製檢驗報告，作為審核賠案責任的依據。因為出口貨物的損失大部分發生在國外，要靠保險人指定理賠、檢驗代理人來進行檢驗，賠案責任的審定是通過審核檢驗報告的各項內容加以判斷。保險人掌握了出口貨物損失的檢驗報告的審核事項，審核起來就比較容易。

2. 保險人對檢驗報告和審核內容

(1) 審核誰提出申請檢驗。瞭解申請檢驗的是誰。出口貨物運輸的流動性很大，中間環節較多。貨物受損後，並不一定是收貨人申請檢驗。當貨物在港口或中途港發現損失時，大都是由受託人、海關等申請檢驗。

(2) 審核誰是收貨人。弄清誰是最後收貨人，瞭解他是否具有保險利益。按照慣例，貨物運輸保險單可以不經保險公司同意而隨著貨物權益的轉移進行轉讓。

(3) 審核檢驗日期。通過審核日期，可以瞭解收貨人是否按照保險單規定履行立即申請檢驗的義務。如果有延誤，要審核是什麼原因造成的延誤，延遲是否影響保險責任和損失程度。

(4) 審核檢驗日期和地點。通過審核日期和地點，可以對檢驗日期與保險責任終止日期進行對照，審核檢驗地點掌握損失是否是在保險有效路程內。

(5) 審核船舶航行情況。這包括到港船舶名稱、起運日期、航程起訖。審核航行情況是核對承載受損貨物的船舶和航程是否屬保險單所保的船舶、航次和航程。

(6) 審核轉船情況。貨物如果在中途轉船，根據註明的原船舶名稱、轉載日期和地點，通過審核，可以核對轉船情況是否屬於保險單承保第一程轉船。

(7) 審核船舶轉運內陸情況。瞭解貨物轉運到內陸地點、運輸工具名稱、轉運日期，以確定內陸保險責任的期限，以便區分海陸承運各方的責任。

(8) 審核提貨日期。通過審核提貨日期，掌握收貨人及其代表是否及時提貨、

有否耽誤。根據慣例，被保險人必須及時提貨，延遲提貨對於追償承運人責任、防止貨物損失擴大不利。

（9）審核包裝情況。通過審核，瞭解卸貨時外包裝是否良好、有否重新整理。對確定損失是否在運輸途中發生以及是否外來原因所引起損失等。

（10）審核承運人簽證。審核卸貨時承運人對貨損是否有簽證，以確定承運人是否有責任。

（11）審核海事情況。審核船舶在航行途中有否發生過海事，有無海事報告。比較大的貨物損失往往同海事有聯繫，特別是運輸工具遭遇災害、事故導致的貨損，以便確定船方是否盡責任、免責等。

（12）審核清潔收據。審核收貨人在提貨時是否出具清潔收據，如果有清潔提單，說明提貨時貨物是完好的，船方沒有責任。

（13）審核追償情況。審核收貨人是否向責任方申請賠償。收貨方只有履行了這種手續，才能保障追償權益權的獲得。

（14）審核艙面載貨。審核貨物裝在艙面是否合乎規定，以核對該批貨物有否加保艙面險。只有加保了艙面險，保險公司才承擔責任。

（15）審核貨損情況。審核包括損失原因、性質和程度，由檢驗人對貨物受損的原因、性質、損失情況和損失程度提出意見等，是保險人核定責任和賠償數額的依據。

表8.1　　　　　　　　國內保險公司檢驗報告

中國人民保險公司

The People's Insurance Company of China

檢驗報告

Survey Report

編號：
No

1.　(a) 申請檢驗人／收貨人。 　　　　Applicant for survey/consignee 　(b) 申請檢驗日期。如有延誤，說明原因。 　　　　Date of application for survey (if delayed, give reason for delay) 　(c) 檢驗日期和地點。 　　　　Date and place of survey	(a) (b) (c)
2.　(a) 承保公司和保單號碼。 　　　　Name of Insurer and Policy No 　(b) 保險標的、險別和金額。 　　　　Interest Covered, Insurance Conditions and Sum Insured	(a) (b)

表 8.1（續 1）

3.	(a) 到港船舶名稱。 　　　Name of Vessel Arriving (b) 起運日期。 　　　Sailing Date (c) 航程起訖。 　　　Voyage (d) 如中途轉船，註明原裝船名稱，轉載日期和地點。 　　　In case of transhipment of route, give name of first vessel, date and place of transhipment (e) 到達卸貨港日期和卸貨完畢日期。 　　　Date of arrival of vessel at port of discharge (f) 如貨物轉運內陸，註明轉運日期和運輸工具名稱，貨物到達內陸的地點和日期。 　　　If goods transshipped into inland, give date of transhipment, and means of conveyance, place and date of arrival of goods in inland.	(a) (b) (c) (d) (e) (f)
4.	(a) 提貨日期。 　　　Date of delivery (b) 卸貨時外包裝情況。有否重新整理的現象？ 　　　External conditions of packing at time of discharge. Was there any sign of having been reconditioned? (c) 卸貨時承運人對貨損有無簽證。 　　　Has the carrier signed a Certificate of loss or damage at time of discharge? (d) 船舶在航行途中，曾否發生海事？有無海事報告？ 　　　Has there been an occurrence of sea perils on the voyage? Was Sa Protest available? (e) 收貨人在提貨時曾否出具清潔收據？ 　　　Has a Clean Receipt been given by the Consignee at time of delivery?	(a) (b) (c) (d) (e)
5.	(a) 檢驗時外包裝情況。 　　　External condition of packing at time of Survey (b) 檢驗時承運人港務局或海關（以下簡稱責任方）代表是否在場。 　　　Were representatives of carrier, Port Authorities and／or Customs Office (hereafter Called the responsible parties) present at time of survey? (c) 收貨人是否向責任方申請賠償。 　　　Has claim been lodged by Consignee with responsible parties? (d) 責任方對申請賠償的答復摘要。 　　　Summary of reply to Claimant by responsible parties (e) 如果貨物裝在艙面，請註明。 　　　Please state if goods shipped on deck	(a) (b) (c) (d) (e)
6.	(a) 保額幣制同處理損失後使用幣制的折合率。 　　　Exchange rate between Currency of amount Insured & that used for disposal of loss prevailing on	(a)

表 8.1（續）

7. （a）檢驗員的姓名。 Name of survey	（a）
貨損情況，原因，性質和程度 Description of damage, cause, nature and extend of damage	

註：1. 被保險人有責任將受損件數和完好件數分別堆開。
　　　Note：It is the responsibility of the Assured to separate the damaged packages from the sound.
　　2. 如發生短少，代理人應盡可能說明發票，裝運重量以及在檢驗時的重量。
　　　In case of shortage, the Agent should state as possible as, in addition to the following details, the invoiced and landed weight of the goods, also weight at time of survey.

8. 備註
　 Remarks
　 如延遲檢驗或出具檢驗報告必須說明
　 If there had been any delay in holding Survey or
　 in issuing Report, the reason must be stated.

　 申請檢驗人/收貨人支付費用如下：
　 The following fees have been paid by Applicant / Consignee

代理費 Agency fee	檢驗員簽字 Signature of Surveyor
檢驗費： Surveyor's fee	檢驗員簽字 Signature of Surveyor
其他費用 Other expenses	
	代理人簽字 Signature of Agents
總計 Total	

3. 國外檢驗報告格式樣本

關於貨物運輸保險的檢驗報告，參看第三篇「實訓 4　客戶的索賠」。

(二) 損失原因

貨物損失的原因各種各樣，既有保險責任，也有除外責任。有時多種原因交織在一起，錯綜複雜，有些原因之間互為因果連續發生，有些原因間斷發生，有些則同時發生。為了正確合理地進行賠付，就需要有一個判明危險與標的損失之間關係的標準，以便確定保險人的責任。近因原則是確定保險賠償責任的一項基本原則。

1. 損失是否由承保風險引起

為了確定損失是否由承保風險引起，首先要確定損失的近因，然後再確定該風險是否屬於承保風險。

(1) 承保風險直接造成損失。如果損失是由某一因素直接作用保險標的所致的，那麼這一因素便是損失的近因。如果是承保風險，保險人要負責賠償。

(2) 承保風險間接造成損失。如果承保風險不是直接而是間接造成損失的，但是與最後實際造成損失的原因之間有著密切的關係，後者是前者的合理結果，是緊接其後通過一系列事件傳送而至的，以致後者造成的損失依然為首者的結果，根據近因原則，前者便是損失的近因。

例如，保險貨物由起火期間的菸或為了滅火使用的水造成貨損，被保險人企圖阻止火的發展或對可能遭受火災損失的貨物進行施救引起的損失，應看做是火災損失。

(3) 造成損失的風險和促成損失的因素。在確定什麼是損失近因的時候，必須將促成損失的因素與造成損失的因素區別開來，例如火災引起混亂、貨物被搶。這一損失的近因是非法搶掠行為，而不是火災，火災只是助長了搶掠行為的發生。

2. 損失是否由除外風險造成

近因原則同樣適用於除外責任方面，如果損失是由除外風險造成的，被保險人便不能就直接由除外風險造成的損失獲得賠償。

(1) 承保風險先於除外風險。例如投保了平安險的貨物，運輸途中船舶碰到惡劣氣候，持續數日，通風設備被關閉，導致貨艙內濕度很高而且出現了艙汗，從而使這批進口貨物發霉變質，全部受損。因為惡劣氣候是前因，惡劣氣候導致受潮和艙汗的發生，受潮和艙汗是惡劣氣候的必然結果。因此惡劣氣候是貨物受損的近因，保險公司應給予賠償。

(2) 承保風險後於除外風險。例如，出口柑橘投保了一切險，裝船後，船舶公司為攬生意而推遲開船，柑橘運抵目的地後受熱腐爛嚴重。雖然受熱腐爛屬於一切險承保風險，但造成這些損失的近因是船舶公司因承攬生意而造成的延期，這種延期屬於保險除外風險。如果延期是惡劣氣候所引起，不應歸結為除外風險。

(3) 損失是由兩個同時發生而彼此獨立的因素的共同作用造成的。如果承保風險和除外風險是同時發生的原因，且損失發生的時候兩者均起著作用，除外風險的存在並不妨礙被保險人就承保風險造成的損失向保險人索賠。但是，被保險人必須把承保風險造成損失同除外風險造成的損失區別開來。否則，被保險人將喪失索賠的權利。

三、海上保險的理賠原則（Principle of Marine Claims）

理賠是指保險人對保險理賠案的處理，保險貨物發生損失後，被保險人向保險人提出索賠，保險人接到報案通知後，對案件進行處理的過程。首先，理賠相對損失而言，無損失則無理賠，理賠是以保險事故造成經濟損失為存在前提。其次，保險人的賠償應使被保險人在經濟上恢復到損失發生前的狀態，被保險人不能因保險事故的發生而獲得超過其損失的不當利益。海上保險的理賠應遵循原則如下：

（一）重合同、守信用原則

海上保險合同是一種具有法律約束力的經濟合同。對海上損失進行賠償既是海上保險合同規定的保險公司應盡的義務，也是被保險人應該享受的權利。保險公司應該從尊重和維護被保險人的合法利益出發，重合同，守信用，按照合同的規定賠償被保險人的經濟損失，以贏得被保險人或保戶的信任，提高保險公司的聲譽。

（二）主動、迅速原則

當保險人得知發生索賠以後，首先要主動、迅速反應。因為保險賠案是被保險人向保險人申請賠付，不論賠償與否，都必須迅速採取行動。保險公司的服務質量在很大程度上反應在理賠工作中，如果反應遲緩，會引起被保險人的不滿，使保險公司的聲譽下降。在理賠過程中，屬於保險責任的，保險人應迅速賠付。如果通過審核，屬於除外責任造成的損失，保險人要堅持原則，拒絕賠付。

（三）先賠償、後追償原則

凡屬於保險責任範圍內的案件，同時又是由第三者責任造成的，當被保險人辦理了必要的向第三者的追償的手續後，保險公司應對保險責任的損失立即進行賠付，取得被保險人的代位權益的轉讓，然後由保險公司向第三者行使追償的權利。

（四）賠償適當原則

賠償適當原則是指保險人賠償被保險人的損失時，應該合情合理，恰到好處。通過賠償，被保險人的經濟損失得以彌補，恢復到發生損失前的狀態。如果補償沒有達到損失標準，保險作用難以發揮，保險的目的難以達到。相反，如果補償超過損失，將會使保險人蒙受經濟損失，同時會誘發道德風險的產生，使被保險人為取得保險金而進行詐欺活動。貫徹賠償適當的原則的途徑有以下兩種：

1. 以實際損失為賠償原則

海上保險的賠償限度同其他保險一樣，從法律的角度看是保險價值，從合同的角度看是保險金額。然而，在海上保險實務中，大都以保險標的的實際損失為標準。實際損失的計算是以損失發生時受損財產的實際現金價值為基礎。

2. 按比例分擔原則

比例分擔是在重複保險的情況下，規定本保險公司與他保險公司共同承擔保險責任的一種賠償方式。如果被保險人就同一保險標的、在其保險期間相同的情況下向兩個或兩個以上的保險公司購買承保相同危險的保險單，則被視為重複保險。

現代海上保險單中均訂有比例分擔條款。按照條款規定，各保險公司依照其承

保金額比例，分擔被保險人的實際損失。比例分擔的具體方式是：

（1）比例責任制。比例責任制是指依據各家保險公司的保險金額，按比例分擔損失賠償金額的一種賠償方式。

例如，某商人把價值200萬美元的貨物同時向A、B兩家保險公司購買貨物保險，其中A保險公司購買120萬美元的貨物保險，向B保險公司購買80萬美元的貨物保險。在保險期間內，該批貨物因發生船舶擱淺的意外事故，造成60萬美元的貨物損失。按比例責任制：

A 保險公司分擔的損失 $= \dfrac{1,200,000}{2,000,000} \times 600,000 = 360,000$（美元）

B 保險公司分擔的損失 $= \dfrac{800,000}{2,000,000} \times 600,000 = 240,000$（美元）

（2）超額保險制。按照超額保險制的規定，投保超額保險的被保險人在約定危險發生導致保險標的損失時，可以按沒有投保的情況從其他保險公司獲得賠償。承保超額保險的保險公司只負責賠償其他保險公司賠償不足的部分。如果涉及同一損失的幾家保險公司出具的保險單都是超過保險單，在他們沒有達成以其他方式分擔損失的情況下，將按比例責任制原則予以處理。

（五）遵循國際慣例原則

海上保險是一種國際性保險，其賠償處理往往涉及許多與海上保險有關的國際法規和慣例。這些國際法規和慣例作為一種相對穩定的行為準則，在海上保險賠償中可以起到規範當事人的行為活動。協調當事人的權益關係，保證海上保險經營活動穩定發展的作用。因此，深入研究這些法規和慣例，嚴格按照這些法規和慣例處理賠案，是海上保險賠償工作中必須遵守的又一重要原則。

四、海上保險賠款的計算（Calculations of Marine Claims）

索賠案件經過審定，如果屬於保險責任，要進行計算。不同的索賠案件有不同的賠款計算方法。

（一）全部損失

保險合同雙方如果根據定值保險承保的貨物，如發生在保險責任範圍內的實際全損或推定全損，不論損失當時的實際價值是高於或低於約定價值，只要保險金額同約定價值相等，保險人給予補償。例如紡織品100箱，保額為50,000元，因火災被燒毀，保險公司全額賠付，殘餘部分變賣所得1,000元，歸保險人所有。

按不定值保險承保的貨物，如發生保險責任範圍內的實際全損或推定全損，按實際價值作為賠款計算的依據。如果出險時貨物的實際價值高於保險金額，保險公司可按保險金額賠付；如果實際價值低於保險金額，則按實際價值賠付。

（二）部分損失

1. 數量損失的計算公式

$$賠款 = 保險金額 \times \dfrac{遭損貨物件數（或重量）}{承保貨物總件數（或總重量）}$$

例：植物油1,000公斤，每公斤20元，保險金額為22,000元，投保平安險，加保短少險，短少100公斤。不考慮免賠率，賠款是多少？

$$賠款 = 22,000 \times \frac{100}{1,000} = 2,200（元）$$

2. 質量損失的計算公式

計算受損貨物的質量損失時，首先確定貨物完好價值和受損價值，即得出貶值率，以此乘以保額，就等於應付賠款。

對於完好價值和受損後的價值，一般以貨物運抵目的地檢驗時的市價為準。如受損貨物在中途處理不再運往目的地，則可按處理地的市價為準。計算公式為：

$$賠款 = 保險金額 \times \frac{貨物完好價值 - 受損後的價值}{貨物完好價值}$$

例：一批紡織品投保水漬險，保額為150,000元，在運輸途中，遭受風浪襲擊而受到部分損失，該批貨物到達目的地的完好價值為200,000元，受損後的價值為112,000元。計算賠款為多少。

$$賠款 = 150,000 \times \frac{200,000 - 112,000}{200,000} = 66,000（元）$$

3. 加成投保的計算公式

損失按發票價值計算，保險金額高於發票價值的計算公式為：

$$賠款 = 保險金額 \times \frac{按發票價值計算的損失額}{發票金額}$$

例：出口水果2,000箱，發票金額為200,000元，保險金額為220,000元，損失100箱，按發票計算損失金額為10,000元，保險人賠多少？

$$賠款 = 220,000 \times \frac{10,000}{200,000} = 11,000（元）$$

4. 扣除免賠率的計算公式

免賠率是指保險公司對損失免除部分賠償責任的百分比，免賠率分相對免賠率和絕對免賠率。相對免賠率是指損失達到規定的免賠率時，保險公司對全部損失如數賠償，其目的是減少零星瑣碎的小額賠款。絕對免賠率是指損失超過規定的免賠率時，保險公司只對超過免賠的部分進行賠償。其目的是減少自然損耗或運輸損耗損失的賠償。在海上貨物運輸保險中，絕對免賠率應用較多。

絕對免賠率的貨物發生損失時，計算公式為：

$$免賠重量 = 已損貨物件數 \times 每件原裝重量 \times 免賠率$$
$$賠償重量 = 損失重量 - 免賠重量$$
$$賠款 = 保險金額 \times \frac{賠償重量}{保險重量}$$

例：進口石油2,000桶，每桶重50公斤，其中150桶發生滲透，短量5,000公斤。免賠率為5%，保險金額為120,000美元。賠償金額是多少？

免賠重量 = 150 × 50 × 5% = 375（公斤）

賠償重量 = 5,000 − 375 = 4,625（公斤）

賠償金額 = $120,000 \times \dfrac{4,625}{2,000 \times 50}$ = 5,550（美元）

（三）散裝貨物的短量損失

1. 包括中途耗損的計算公式

$$短少數量 = 裝船重量 - 實到重量$$

$$賠款 = 保險金額 \times \dfrac{短少數量}{裝船重量}$$

例：進口鐵礦石 1,000 噸，保險金額為 1,000,000 元，裝船重量為 1,000 噸，實到重量 900 噸，短少 100 噸。賠款是多少？

賠款 = $1,000,000 \times \dfrac{100}{1,000}$ = 100,000（元）

2. 不包括中途耗損的計算公式

$$應到重量 = 裝船重量 - 途耗$$

$$短少數量 = 應到重量 - 實到重量$$

$$賠款 = 保險金額 \times \dfrac{短少數量}{應到重量}$$

例：出口散裝大豆 1,500 噸，保險金額為 450,000 元，裝船重量 1,500 噸，扣除中途耗損 1% 共 15 噸，應到重量 1,485 噸，實到重量 1,470 噸，短少 15 噸。賠款是多少？

賠款 = $450,000 \times \dfrac{15}{1,485}$ = 4,545（元）

（四）理賠結案

通過一系列的理賠工作，從立案、賠案的審核到賠款的計算，理賠工作接近完成，準備向索賠人支付賠償。要繕制賠款計算書，填製賠款收據，擬寫賠付函件，最後進行歸檔。

本章自測題

一、是非判斷題

1. 保險索賠是保險標的在遭受保險事故後保險人憑保險單有關條款的規定，向被保險人要求賠償損失的行為。（　　）

2. 直接責任索賠是指被保險人先直接向負有責任的第三者提出索賠，然後就第三者賠償後的不足部分向保險人或其代理人提出索賠。（　　）

3. 間接索賠是指被保險人委託其代理人或保險經紀人以書面形式向保險人或其代理人提出索賠請求。（　　）

4. 索賠是指對保險賠案的處理，它包含保險貨物發生損失後被保險人向保險公司的索賠以及保險公司接到報損通知後處理賠案的全過程。（　）

5. 保險合同雙方如果根據定值保險承保的貨物，如發生保險責任範圍內的實際全損或推定全損，不論損失當時的實際價值是否高於或低於約定價值，只要保險金額同約定價值相等，保險人就給予賠償。（　）

6. 比例責任制是指依據各家保險公司的承保的保險金額，按比例分擔損失、分攤賠償金額的一種賠償方式。（　）

7. 主要保險制是指當有兩家以上保險公司承保同一保險標的時，投保人最先購買的保險單為主要保險，在以後購買的保險單中，承保金額在主要保險的承保金額之內，則被認為是一種有效保險。（　）

8. 如果損失是由某一因素直接由於保險標的所致，那麼這一因素便是損失的近因。如果是承保風險，保險人要負責賠償。（　）

9. 當被保險人獲悉或發現保險貨物已經遭受損失，應該馬上通知保險公司。因為一經通知，表示索賠行為已經開始，但是受索賠時效的限制。（　）

10. 免賠率是指保險公司對損失免除部分賠償責任的百分比。相對免賠率指的是損失達到規定的免賠率時，保險公司對全部損失如數賠償。（　）

二、單項選擇題

1. ＿＿＿＿＿＿是指被保險人直接向保險人或其代理人提出賠償請求。按照這種方式，不論遭受損失的一方是誰，只要有保險損失發生，被保險人就可以向保險人提出索賠。

　　A. 追償索賠　　　　　B. 直接責任索賠
　　C. 代位索賠　　　　　D. 間接責任索賠

2. 如果出險時貨物的實際價值高於保險金額，保險公司可按＿＿＿＿＿＿賠付，如果實際價值低於保險金額，則按實際價值賠付。

　　A. 比例分攤　　　　　B. 保險人和被保險人各承擔一半
　　C. 保險金額　　　　　D. 實際價值

3. 海上保險合同是一種具有法律約束力的經濟合同。對海上損失進行賠償是海上保險合同規定的＿＿＿＿＿＿應盡的義務。

　　A. 保險人　　　　　　B. 被保險人
　　C. 投保人　　　　　　D. 經紀人

4. ＿＿＿＿＿＿是指被保險人先直接向負有責任的第三者提出索賠，然後就第三者賠償後的不足部分向保險人或其代理人提出索賠。

　　A. 代位追償索賠　　　B. 間接責任索賠
　　C. 轉位責任索賠　　　D. 直接責任索賠

5. 主要保險制是指當有兩家以上保險公司承保同一保險標的時，投保人最先購買的保險單為主要保險單，在以後購買的保險單中，為次要保險單。採用這種制度的國家是＿＿＿＿＿＿。

A. 法國 　　　　　　　　　B. 英國
C. 德國 　　　　　　　　　D. 美國

6. 在中國，進口貨物運輸保險較多地採取_____的形式，由收貨人會同當地保險公司對現場檢驗情況進行記錄，最後由保險公司或港口公司進行核賠。
A. 聯合檢驗報告 　　　　　B. 公正檢驗報告
C. 港口檢驗報告 　　　　　D. 商品檢驗報告

7. 檢驗報告是證明損失原因、損失程度、損失金額、殘餘物資價值及受損貨物處理經過的證明，是確定保險責任和賠償金額的主要證件。一般來說，出口貨物往往由_____或檢驗人出具檢驗報告。
A. 保險責任人 　　　　　　B. 保險代理人
C. 保險公估人 　　　　　　D. 保險經紀人

8. 保險人審核檢驗報告時，要弄清誰是最後收貨人，瞭解他是否具有保險利益。按照慣例，_____可以不經保險公司同意而隨著貨物權益的轉移進行轉讓。
A. 船舶保險單 　　　　　　B. 財產保險單
C. 貨物運輸保險單 　　　　D. 汽車保險單

9. 貨物損失的原因各種各樣，既有保險責任，也有除外責任。為了合理賠付，需要一個判明危險與標的損失之間關係的標準，以確定保險人的責任。_____是確定保險賠償責任的一項基本原則。
A. 保險利益原則 　　　　　B. 補償原則
C. 損失分擔原則 　　　　　D. 近因原則

10. 絕對免賠率指的是損失超過規定的免賠率時，保險公司只對超過免賠率的部分賠償，其目的是減少自然損耗或運輸損耗損失的賠償。在海上貨物運輸保險中，_____應用較多。
A. 絕對免賠 20% 　　　　　B. 相對免賠 20%
C. 絕對免賠率 　　　　　　D. 相對免賠率

三、思考題

1. 簡述海上保險索賠的程序。
2. 直接索賠與間接索賠有何區別？
3. 說明做好理賠工作的意義。
4. 簡述海上保險理賠的程序。
5. 談談海上保險理賠的原則。

四、名詞解釋

1. 保險索賠
2. 直接責任索賠
3. 轉位責任索賠
4. 間接索賠
5. 保險理賠

第9章 海上運輸貨物保險的追償

學習目標

通過對本章的學習，應達到以下目標：
1. 區分追償與理賠的關係；
2. 瞭解追償成立的條件；
3. 掌握追償函件的英文撰寫；
4. 掌握追償程序與時效；
5. 瞭解保險的仲裁與訴訟。

本章內容

第一節　保險追償與理賠的關係
第二節　海上保險賠償爭議的處理
本章自測題

第一節　保險追償與理賠的關係

　　保險人向被保險人支付保險責任的賠償之後，取得向第三者責任方追償的權利。在海上貨物運輸險中，第三者主要承運人或船舶所有人按照提單、運單規定，負擔應該由承運人承擔的貨物損失的賠償責任。保險人向承運人等第三者索回已支付給被保險人的賠款，稱之為追償（Subrogation）。對保險人而言，把這項工作做好了，就能維護自身的經濟利益，同時也能促使承運人在今後改善經營管理，以免遭受更多的損失。

一、區分追償與理賠的關係（Subrogation & Claims Handling）

海上貨物運輸保險的追償與理賠有明顯的區別。首先，從時間上看，一般是先賠償後追償，即追償總是在賠償工作結束之後進行的，而理賠工作的結束往往又是以賠償工作結束為準的。所以，追償和理賠可以看做是兩個不同時期上的行為。其次，從追償的效果看，保險公司是否追償成功與賠償沒有必然聯繫。最後，從行為對象上看，追償的對象是第三者，理賠的對象是被保險人。

海上保險追償與理賠也有明顯的聯繫。首先，追償可以看做是理賠工作的有效組成部分。只有追償工作辦好了，整個理賠工作才能算是圓滿。如果應該追回的賠款沒有被追回來，而該賠的款項已經支付出去，長此以往，保險公司就會遭受不必要的經濟損失，經營發生困難。其次，追償以理賠為前提。先有賠償後有追償，這種先後順序絕不能顛倒。保險公司追償成功了才給予賠付，或保險人要求被保險人保證能夠追償回來後才予以賠付，這種做法對被保險人來說是不公平的。最後，保險人追償所得應以他所支付的賠償金額為限。保險公司的追償款項包括它支付給被保險人的賠償金，以及自賠付之日起到追償獲得成功這段時間應獲得的利息。如果追回款項扣除費用開支和利息後，還大於已支付給被保險人的賠償金額，除了被保險人辦理的委付外，一般說來，超出部分餘額應退給被保險人。

因此，海上保險追償與理賠在內容上有著不可分割的聯繫。海上保險追償與理賠是兩種不同的行為，同時，追償是理賠的有效組成部分，追償是理賠的延續。

二、追償成立的條件（Precondition of Subrogation）

海上貨物運輸保險追償成立需具備以下條件：

1. 保險標的損失由第三者造成

海上保險合同雙方當事人依據合同約定，投保人繳付保險費給保險人，保險人在保險標的遭受損失時進行補償。這種對價關係體現了保險雙方權利義務相互的原則。與保險合同無關的人稱為第三者，他對保險標的不具有可保利益。第三者的過失造成保險標的損失，本著「過失責任自負」的法律原則，他應對這種損失負責。又因為這種損失涉及海上保險合同，所以有了海上保險追償的可能性。

2. 保險公司取得被保險人的賠償請求權

被保險人獲得賠償後，應將他對第三者的賠償請求權轉讓給保險人，保險合同雙方都不能放棄這種權利。當被保險人知道第三者應對損失負責時，如果沒採取措施保全這種賠償請求的權利，這是被保險人的棄權行為。保險人明示或默示對第三者責任不予追究，這是保險人的棄權行為。如運輸合同中寫有「承運人享有保險契約上的利益」等條款，保險人仍然簽訂保險合同，這說明保險人預先拋棄對承運人的賠償請求權。一般來說，保險人不會放棄對第三者的追償權，因為對第三者的賠

償請求權對保險人非常重要，如果保險責任由第三者造成，保險公司在賠償給被保險人後，能夠追回已付給被保險人的賠款，這樣，保險人實際上沒有經濟上的損失。1992 年《中華人民共和國海商法》第二百五十三條規定：「被保險人未經保險公司同意放棄向第三者要求賠償的權利，或者由於過失致使保險公司不能行使追償權利，保險公司可以相應扣減保險賠償。」

三、追償的依據（Basis of Subrogation）

海上保險追償的對象是負有責任的第三者，因此，第三者責任的種類和範圍就構成追償的依據。在海上保險中，較為常見的第三者責任是運輸貨物保險中的第三者責任。運輸貨物的收貨人或保險公司向承運人追償，以海上運輸的法規和提單為依據。

（一）法律依據

根據《海牙規則》規定，承運人有承擔基本義務的責任和享有免責的權利。

1. 承運人的義務

（1）承運人應提供適航的船舶。《海牙規則》第三條第一款規定，承運人在開航前與開航時，必須謹慎處理，以便使船舶具有適航性；適當配備船員，設備和船舶供應品，使貨艙、冷藏艙和該船其他運載貨物的部位適宜並能安全地收受、運送和保管貨物。適航性是指船舶必須在設計、結構、條件和設備等方面經受得起航程中的一般風險。其次要配備合格的船長和足夠的船員，船舶航行所用的各種設備必須齊全，燃料、淡水、食品等供應品必須充足，使船舶安全地把貨物運抵目的地。另外，船舶的適航性還包括適宜載貨，即適於接受、保管和運輸貨物。如果承運人沒有盡到責任，以致貨物遭受損失，承運人應負賠償責任。

（2）承運人應適當和謹慎地裝載、搬運、積載、運送、保管、照料和卸載所承運的貨物。按照《海牙規則》第三條第二款的規定，承運人對貨物的責任包括裝載、搬運、積載、運送、保管、照料和卸載七個方面。在上述各個環節，承運人都要適當地、謹慎地行事。如果由於他的疏忽或過失致使貨物受到損壞，承運人應負賠償責任。

2. 承運人的免責事項

按照《海牙規則》，承運人對下列 17 種情況所引起的貨物損失，可以免除責任：

（1）Act, neglect, or default of the master, mariner, pilot or the servants of the carrier in the navigation or in the management of the ship.（船長、船員、引水員或承運人的雇傭人員在航行或管理船舶中的行為、疏忽或不履行義務。）

（2）Fire, unless caused by the actual fault or privity of the carrier.（火災，但由於承運人的實際過失或私謀所引起的除外。）

（3）Perils, dangers and accidents of the sea or other navigable waters.（海上或其他能航水域的災難、危險和意外事故。）

（4）Act of God.（天災。）

（5）Act of war.（戰爭行為。）

（6）Act of public enemies.（公敵行為。）

（7）Arrest or restraint of princes, rulers or people, or seizure under legal process.（君主、當權者或人民的扣留或管制或依法扣押。）

（8）Quarantine restrictions.（檢疫限制。）

（9）Act or omission of the shipper or owner of the goods, his agent or representative.（托運人或貨主、其代理人或代表的行為或不行為。）

（10）Strikes or lock－outs or stoppage or restraint of labor from whatever cause, whether partial or general.（不論由於任何原因所引起的局部或全面罷工、關廠停止或限制工作。）

（11）Riots and civil commotions.（暴動和騷亂。）

（12）Saving or attempting to save life or property at sea.（救助或企圖救助海上人命或財產。）

（13）Wastage in bulk or weight or any other loss or damage arising from inherent defect, quality or vice of the goods.（由於貨物的固有缺點、性質或缺陷引起的體積或重量虧損或任何其他滅失或損壞。）

（14）Insufficiency of packing.（包裝不善。）

（15）Insufficiency or inadequacy of marks.（嘜頭不清或不當。）

（16）Latent defects not discoverable by due diligence.（雖恪盡職責亦不能發現的潛在缺點。）

（17）Any other cause arising without the actual fault and privity of the carrier, or without the fault or neglect of the agents or servants of the carrier, but the burden of proof shall be on the person claiming the benefit of this exception to show that neither the actual fault or privity of the carrier nor the fault or neglect of the agents or servants of the carrier contributed to the loss or damage.（不是由於承運人的實際過失或私謀，或者承運人的代理人或雇傭人員的過失或疏忽所引起的其他任何原因。引用這條免責利益的人應負責舉證，證明有關的滅失或損壞既非由於承運人的實際過失或私謀，亦非承運人的代理人或雇傭人員的過失或疏忽所造成。）

除此以外，船方一般不能在此以外再自行增加免責條款，以減輕責任。

3. 承運人的責任期限

按照《海牙規則》的規定，承運人對所運貨物的責任期限是從貨物裝到船上時起至貨物從船上卸下時止，這段時間就是承運人對貨物承擔責任的時間界限，也是《海牙規則》適用的時間界限。這段時間包括裝貨過程和卸貨過程，但不包括裝貨前和卸貨後的時間。

4. 承運人的賠償限額

如果承運人沒有履行相應的義務，使貨物受損，應承擔貨物損失的賠償責任。

（1）《海牙規則》規定，承運人對每件貨物的損害賠償的最高責任限制為100英鎊。

（2）《維斯比規則》規定，承運人對每件貨物的賠償限額為1,000金法郎或666.67特別提款權[1]；或者每公斤（毛重）貨物賠償限額為30金法郎或2特別提款權，以高者為準。

（3）《漢堡規則》對承運人的賠償責任限額比《維斯比規則》提高了約25%，每件或每裝運單位為835特別提款權，或每公斤2.5特別提款權，以高者為準。

中國承運人對貨物的滅失和損害的賠償限額，基本採納了《維斯比規則》的規定，按每件或每個貨運單位為666.67特別提款權或者按貨物毛重計算，每公斤為2特別提款權，以高者為準。

（二）合同依據

海上貨物運輸合同一般分為租約和提單兩種。

（1）租約是指貨主與船主訂立貨物運輸合同。航程租約合同由船主將整船或一部分艙位租給貨主，由船主負責將貨物裝船運往目的港，同時承擔船舶適航、不能延誤船期和不能繞航等責任。而貨主承擔運費和滯留費的支付、提供港口、負責裝卸貨物等。如果是船主的原因造成貨物損失，保險人賠償了貨物損失之後，可以依據租約的規定向船主追償。

（2）提單（Bill of Lading）。提單是承運人和托運人之間訂立的運輸合同。它規定了承運人和托運人在貨物運輸過程中的權利、義務、責任和免責內容。提單是承運人或其代理人出具給托運人已收到貨物的收據，是物權憑證。承運人在港口船邊或承運人自己的碼頭倉庫收受和交付貨物，負責裝卸貨物及其費用。提單還是處理海事糾紛的法定文件，投保海上運輸貨物保險的憑證。因此，提單是保險人向承運人進行追償的依據。

四、追償程序和追償時效（Procedure & Time Limit）

（一）追償程序

1. 立案審核

與賠償的立案登記一樣，追償立案應先按「自追」和「代追」進行登記。登記的內容包括：追償案件編號、收到案子的日期、船名、船東、貨物名稱、提賠日期、追償限期、展期情況、追償金額。追償結束後，要補充追回金額和處理摘要。然後，收集齊全各種有效追償證件，包括船上檢驗報告、船方代理出具證明、卸貨

---

[1] 特別提款權（Special Drawing Right, 簡稱SDR）是國際貨幣基金組織創設的一種儲備資產和記帳單位，亦稱「紙黃金（Paper Gold）」。它是基金組織分配給會員國的一種使用資金的權利，會員國在發生國際收支逆差時，可用它向基金組織指定的其他會員國換取外匯，以償付國際收支逆差或償還基金組織的貸款。還可與黃金、自由兌換貨幣一樣充當國際儲備。但由於它只是一種記帳單位，不是真正的貨幣，使用時必須先換成其他貨幣，不能直接用於貿易或非貿易的支付。因為它是國際貨幣基金組織原有的普通提款權以外的一種補充，所以稱為特別提款權。根據2006年統計，1個特別提款權相當於1.5135美元。

公司或碼頭證明、港方或海關證明、貨物檢驗報告等。最後,根據追償原則,結合具體案情進行審核,查明是否屬於承運人責任。如果是承運人的責任,則要繕制索賠清單,寄發索賠函。索賠函的英文表達如下:

(1) 索賠函

We refer to a shipment of textile transported to Helsinki which is shipped on board the vessel Seagull.

From the enclosed documents, you'll note that the goods is damaged or in shortage. According to B/L clauses, you, as the carrier, should be held responsible for the damage to and/or loss of the goods.

As the underwriters, we have paid the loss to the consignees in sum of ＄15,000 and would request you to reimburse us for the same amount as soon as possible.

We are waiting for your reply and enclosing the supporting documents for your reference as follows:

① Our Statement of Claims;

② Bill of Lading;

③ Invoice;

④ Survey Report;

⑤ Tally Sheet;

⑥ Receipt and Subrogation Form.

譯文:提及由海鷗號運到赫爾辛基的紡織品貨物,從所附單證中,你們會注意到該批貨物遭受殘損和短少。根據提單條款,你們作為承運人應對上述提及的貨損貨差承擔賠償責任。作為保險人,我們已賠付收貨人＄15,000。因此,請你們盡早補償我們上述損失。

等待你們的答復,並附如下單證:

① 索賠清單;

② 提單複印件;

③ 發票;

④ 檢驗報告;

⑤ 理貨單;

⑥ 收據和追償表。

(2) 催復函、延期函

We refer to our letter dated February 1st, 2006 and one month has passed by since then, we have no responses from you.

It's trusted that you have finished your investigation and therefore you are kindly requested to pay more attention to the case.

As the time limit for this claim will expire on March 1st, 2006, we shall appreciate your settlement prior to that date. If not, please grant us an extension of the limit for a further two months as from today.

We are waiting for your earliest replay.

譯文：提及我們2006年1月1日的函件及附件，到目前為止，已過了1個月，仍未收到你們的答覆。我們相信，你們的調查工作已完成，因此，請對此案給予更多關注。由於本案時效將於2006年3月1日終止，我們期望能夠在此之前結案。如不能結案，請自今日起，給予延期2個月。等待你們早日答復。

（3）收到賠款，並同意結案的函

We acknowledge, with thanks, the receipt of your remittance for the sum of $15,000 in settlement to the claim and enclose here with our receipt.

Please accept our regards.

2. 扣船

扣船的目的是保險公司為了取得船方擔保，以便日後判定船方有責任時能保證付款。保險人認為有必要扣船時，首先向法院提出扣船申請，法院認為申請合法，就向船方發出扣船命令，要求船方提供擔保。所以，扣船不是把船扣留下來直到追償結束才放船，而是一種要求船方提供擔保的手段。當船方辦妥擔保手續後，由法院宣布解除扣船命令，由港務局監督放船。

3. 結案

保險人和第三者之間對於追償數額的確定存在差異，必須協商，解決賠償數額的問題。當保險公司最後同意了責任方的賠償數額，往往要向責任方發函復證。待責任方將賠款匯來後，保險公司就可繕制「紅字」賠款計算書。經復核送負責人批准後，一份存檔，一份送會計部門，一份送上級公司。

（二）追償時效

按照提單規定，貨物損失的追償時效為一年。在交貨後或自貨物應該提交之日起，收貨人於一年內未提出訴訟的，承運人即解除對於貨物損失的一切責任。如果收貨人或保險公司在交貨日起，一年以後超出追償，承運人可以以時效已過為由拒賠。

如果收貨人第一次索賠是在一年期限內，但船方看到單證不足，復函收貨人繼續提供證明，而收貨人在一年期限之後再與船主聯繫，船方可以拒賠。反之，如果收貨人在一年期限終止之前申請延期，則不受時效已過的限制。在追償過程中，承運人往往利用時效限制的規定，拖延時間，等一年時效快結束時答復拒賠，致使收貨人來不及向法院提出訴訟。因此，在船方未認賠之前，不論結果如何，收貨人均應在時效終止前正式辦理擴展追償時效的申請手續。

第二節　海上保險賠償爭議的處理

海上保險關係雙方往往處於不同的國家或地區，海上保險合同的履行在一定程

度上受到各國政治、經濟和法律制度的影響。此外，由於雙方存在風俗習慣上的差異，經常發生相互之間發生的爭議和糾紛。這些爭議或糾紛，按照國際慣例可採用和解、仲裁和訴訟的方式加以處理。

一、和解（Compromise）

和解是指海上保險賠償發生爭議或糾紛時，保險合同雙方進行磋商，經過相互讓步得出一種彼此都認為可以接受的一種解決方案的一種行為。海上保險和解的途徑有以下兩種：

（一）自行和解

當事人之間自行和解，是沒有第三者介入，由當事人雙方直接進行磋商、達成和解的一種方式。在所有海上保險賠償糾紛的解決方式中，當事人自行和解是一種最佳方式。

海上保險賠償糾紛在當事人之間自行謀求解決。賠償糾紛的內容，如發生賠償的環境、損失狀態及損失原因等，雙方當事人比作為第三者的調解人或仲裁人更清楚、更明了。因此，由雙方當事人進行協商，可以使問題得到更及時更合理的解決。保險關係雙方自行協商和解，不經過仲裁和司法訴訟程序，可以減少許多手續和麻煩，節省費用支出。此外，雙方自行協商和解，保持友好關係，有利於海上保險業務的進一步發展。在當事人之間謀求自行解決，雙方會充分考慮與對方過去或將來的業務關係，對自己有充分理由的事項也會有所妥協，或為了保持業務關係而向對方讓步。因此，在許多情況下，保險合同關係雙方遇有爭議時，一般都願意首先進行自行協商，寧願做一定的讓步，承擔一點損失，以求得爭議的友好解決，而不願意仲裁或向法院提起訴訟。

在中國海上保險中，中國的大部分保險公司與外國被保險人和有關第三者的爭議與糾紛，絕大部分都是通過自行和解的方式獲得解決，效果很好。

（二）仲介人調解

調解是指由保險人和被保險人自願地把有關的爭議問題或賠償糾紛提交給雙方同意的第三者進行公平判斷。這種由第三者做出的判斷與仲裁不同，一般不具有約束力。調解因其主體的不同可以區分一般第三者的調解和法院的調解兩種類型。

1. 一般第三者的調解

它是指由當事人的一方委託或當事人雙方共同委託調解人解決雙方的糾紛或爭議。被選定的調解人負有詳細聽取雙方當事人的意見，然後進行公斷的責任，所以調解人必須具備一定的條件才能勝任調解工作，比如對海上運輸業務有一定的瞭解，並具有實踐經驗，熟悉法律知識，累積了豐富的經驗，公正無私，品質高尚，對雙方當事人都沒有利害關係等。在現實生活中，調解人的種類有：

(1) 個人，即受委託具有上述資格的個人。

(2) 公證公司。

(3) 公共機關，如同業公會、駐外領事館、仲裁協會等。當然，有時這些機

關本身並不自行辦理這種調解業務，而是幫助尋找或推薦具有上述資格的人。

在一般第三者辦理調解的情況下，調解人的判斷乃至裁定對雙方當事人不具有約束力。這就是說，雙方對該項裁定是否服從，由當事人自由決定，既可以服從，也可以不服從。如果當事人的一方或雙方拒絕執行其裁定，調解就失去其效力。這是一般第三者調解方式的不足之處。但是，這種調解較之仲裁手續簡便，費用低廉，容易在不破壞當事人之間感情的情況下使問題得到圓滿解決，所以，它仍受到重視，得到廣泛利用。

2. 法院的調解

法院調解的方法與一般第三者調解的方法略有不同，它主要解決外國公司在本國沒有分公司或代理機構的情況下而產生的爭議或糾紛問題。法院調解不同於法院判決，它是依據當事人的同意自由解決。解決爭議的標準是充分運用比較溫和的常識、情誼與保險慣例等。

法院調解不在公開場合進行，當事人可以在平靜的氣氛下進行磋商談判，如果當事人之間互相讓步，能找到一般法律不容易達到的妥協境地。

和解具有許多優點，因此是處理海上保險賠償爭議或糾紛比較理想的方式，但是，在某些情況下，雙方當事人雖然經過協商或調解，仍然達不成和解協議，比如爭議所涉及的賠償金額太大，雙方都不肯讓步，或者一方故意違約，沒有協商和解決問題的誠意，或雙方各執一端，相持不下，雖經反覆調解，仍無法消除爭議等。在這種情況下，就必須進行仲裁或是向法院起訴。

二、仲裁（Arbitration）

（一）仲裁的特點

仲裁是由海上保險關係雙方當事人在爭議發生之前或之後達成書面協議，自願把爭議提交給雙方同意的第三者裁決。仲裁是一種自願性的解決爭議的方式，在訂有仲裁協議的條件下，發生爭議時應通過仲裁解決，除非有特殊情況，當事人雙方都不得向法院起訴，這是國際上的一種慣例。仲裁是解決海上保險賠償爭議的一種方式，它既不同於友好的協商和解，也不同於司法訴訟，有其自身的特點。

1. 自願性

仲裁作為一種制度與司法制度有很大區別。仲裁制度具有自願性和自主性，只有雙方當事人自願，並一致同意把爭議問題提交仲裁解決，仲裁才能進行，其裁決才有效力。這種自願性和自主性主要表現為雙方當事人之間達成的仲裁協議。它是實行仲裁的唯一的法律依據，這是區別之一。雙方當事人對選用的仲裁規則和程序應當遵守，但是對所選用的規章和程序可以通過雙方當事人的約定進行選擇，這是區別之二。此外，各國法律對仲裁制度給予支持和尊重，凡屬於雙方當事人自願達成的仲裁協議，法院對屬於該項仲裁協議範圍的爭議一般不予受理。即使一方單方面向法院起訴，另一方當事人也可向法院提交仲裁協議，請求法院不予受理。仲裁裁決一旦做出，當事人不得再向法院起訴或請求法院重新審理，除非該項裁決是非

法的或者是無效的。

2. 公正性

仲裁的另一特點是實事求是，秉公處理。首先，嚴格掌握仲裁員的資格。聯合國仲裁程序和各國仲裁程序對擔任仲裁員具備的素質都做了具體規定，其中特別強調仲裁員的公正性。當事人一方有血緣和姻緣關係的人，或與該案有重大個人利益的人，均不得充當該案的仲裁員。其次，如果仲裁由獨任仲裁員擔任，這個獨任仲裁員應當由雙方共同挑選並達成一致意見後才能選任，或者由仲裁庭指定或聘任。如果仲裁員為三個擔任，一般應由雙方當事人各選一名，然後由這兩個仲裁員共同推薦一名，作為首席仲裁員，共同組成仲裁庭。這些規定，從組織上保證了仲裁的公正性。最後，仲裁員被指定後，無論該仲裁員由何方建議或者由雙方選定，都必須對各方採取同等的態度，不得為當事人辯護或者有其他任何不公正的行為，否則任何一方當事人均可提出異議，並由仲裁機關做出判定。此外，仲裁機關在提供服務、提交文件、使用語言文字等方面，對雙方當事人都應給予同等待遇。

另外，如果裁決不當或不公平，任何一方當事人均可向法院上訴。如果事實確鑿，法院可依法宣布裁決無效。

3. 效率性

仲裁制度同訴訟做法相比，其程序比較簡便，費用比較低廉，審理和裁決的速度比較快。如果通過打官司處理賠償案件，由於法律程序或訴訟手續複雜，起訴到最後確定判決一般要一年半載或更長時間。而在仲裁程序中，從申請仲裁到裁定終結的期間通常很短。按照仲裁程序，如未經雙方的仲裁合同約定，仲裁人對正在爭議應在接到被選為仲裁人的通知之日起或對將來爭議應在接獲爭議發生的通知之日起10日內決定仲裁地點和詢問開始日期，通知雙方當事人，並從詢問開始之日起10日內完成判決書，宣告詢問結束。就費用支付來說，由於沒有訴訟案件中的律師費、訴訟費費等開支，費用很少。

(二) 仲裁協議

1. 仲裁協議的形式

仲裁協議是雙方當事人表示願意把他們之間的爭議交付仲裁解決的一種書面形式。它是仲裁機構或仲裁員受理爭議案件的依據。

仲裁協議的形式有兩種：一種是由雙方當事人在爭議發生之前訂立的，表示願意把將來可能發生的爭議提交仲裁人解決的協議。這種協議一般包括在海上保險合同之內，作為海上保險合同的一項專門條款，稱為仲裁條款。另一種是由雙方當事人在爭議發生後所訂立的，表示同意把已經發生的爭議交付仲裁人解決的一種協議。這種協議稱之為提交仲裁的協議。

根據中國對外經濟貿易仲裁委員會《仲裁程序暫行規則》的規定，仲裁協議既包括合同中的仲裁條款，也包括諸如特別協議、來往函電等其他形式的仲裁協議。無論是合同的仲裁條款，還是其他形式訂立的仲裁協議，其作用與效力完全相同，在法律上沒有任何差別。如果雙方在合同中訂有仲裁條款，往後如果雙方就該

合同的有關問題發生了爭議，任何一方都可以根據仲裁條款提出仲裁，不必另行再簽訂任何同意提交仲裁的協議。

2. 仲裁協議的作用

按照大多數國家的仲裁法的規定，仲裁協議的作用主要表現在雙方當事人均須受仲裁協議的約束，如果發生爭議，應以仲裁方式解決，不得向法院提起訴訟；使仲裁員和仲裁庭取得對有關爭議案件的管轄權；排除法院對有關爭議案件的管轄權等三個方面。這三個方面的作用是相互聯繫、不可分割的，其中最重要的作用是排除法院的管轄權。這就是說，只要爭議雙方訂立了仲裁協議，他們就不能把有關爭議案件提交法院處理，如果任何一方違反仲裁協議，把他們之間的爭議向法院提起訴訟，對方可根據仲裁協議要求法院停止司法訴訟程序，把有關爭議案件發還仲裁庭或仲裁員審理。

在國內仲裁中，當一方違反仲裁協議向法院起訴時，法院有自由裁定權。它可以下令停止訴訟程序，將案件交還仲裁處理，也可以廢棄仲裁協議，由法院繼續對案件進行審理。但對於國際仲裁，只要雙方訂有仲裁協議，除非該項仲裁協議是無效的，法院就無權對有關爭議案件進行審理。即使一方當事人已向法院起訴，法院也必須停止訴訟程序，把爭議案件發還仲裁庭或仲裁員審理。

由於大多數國家在法律上都承認仲裁協議具有排除法院的司法管理權的作用，雙方當事人在簽訂海上保險合同時，如果願意把日後可能發生的爭議提交仲裁處理，而不願訴諸法院，那就應當在合同中事先訂立一項仲裁條款，以免在爭議發生後，一旦雙方不能達成仲裁協議就把爭議案件提到法院去解決。如果在合同中沒有訂立仲裁條款，則在爭議發生後，由於雙方處於對立地位，有時不一定能達成仲裁協議。在這種情況下，任何一方都無法強使對方進行仲裁，原告完全可以不管被告是否同意就向有管轄權的法院起訴，被告除了應訴以外，別無其他選擇。正是由於這個緣故，在海上保險中，一般都主張在合同中訂立仲裁條款，以便日後發生爭議時，能夠通過仲裁的方式解決糾紛。

（三）仲裁條款

如何擬訂海上保險合同的仲裁條款，是保險公司和被保險人雙方十分關心的共同問題。仲裁條款適當與否，關係到日後發生爭議時能否得到公正合理的處理，關係到保險關係雙方的切身利益。仲裁條款的內容繁簡不一，有的仲裁條款比較詳細具體，有的則比較簡單。中國的情況屬於後者。例如，中國的海上運輸貨物保險單關於仲裁的條文是：「雙方不能達成協議時可提交仲裁機構仲裁或法院處理。」一般地說，仲裁條款應當盡量具體明確，以便發生爭議時仲裁時都能遵循條款。內容具體的仲裁條款應當包括仲裁地點、仲裁機構、仲裁程序和裁決效力等內容。

1. 仲裁地點

仲裁地點是仲裁條款的主要內容。在海上保險中，保險合同雙方都希望在本國進行仲裁，這一方面是由於當事人對自己所在國的法律和仲裁做法比較瞭解和信任，對國外的仲裁制度不太瞭解而心存疑慮。另一方面，仲裁地點與仲裁所適用的

程序法以及按照各國的法律，凡屬程序方面的問題，原則上適用審判地法，也就是說，在哪個國家仲裁，就要適用哪個國家的仲裁法。因此，在商訂仲裁條款時，仲裁地點往往為雙方當事人爭議的焦點。為了避免雙方當事人在商訂仲裁地點時相持不下，影響業務的開展，有個別國際性的仲裁機構在制訂標準仲裁條款格式時，並不具體規定仲裁的地點，而把這個問題留待爭議發生之後由仲裁員根據具體情況予以確定。

2. 仲裁機構

海上保險的仲裁機構的形式有兩種：常設的仲裁機構和臨時仲裁組織。前者是指有固定的辦公地點、設備較健全、有專門的管理人員和專業人員、對外公布仲裁章程和工作程序、在仲裁過程中能為當事人提供各項服務的一種機構。後者是指不常設仲裁機構的主持，直接由雙方當事人指定的仲裁員自行組成仲裁庭進行仲裁的一種機構。這種仲裁庭是一種臨時仲裁庭，案件處理完畢即自動解散，指定的仲裁員一般是由社會知名人士和各方面的專家擔任。在仲裁中能取得常設仲裁機構的協助更好，因為常設仲裁機構的作用主要是從事有關仲裁的行政管理和組織工作，仲裁機構還為仲裁員提供工作上的各種方便，如遞送文件和證據，在開庭時安排記錄員和配備翻譯，負責收取保證金和仲裁費用等。因此，近年來在海上保險中，大約有95%的仲裁案件是在常設仲裁機構的主持下進行，只有少數案件是採用臨時仲裁的方式解決的。

常設的仲裁機構分為三類：國際性或地區性的仲裁機構，如國際商會仲裁院、亞洲及遠東經濟委員會商事仲裁中心等；全國性的仲裁機構，如中國國際貿易促進委員會對外經濟貿易仲裁委員會、英國倫敦仲裁院、美國仲裁協會等；附屬在特定行業內的專業性仲裁機構，如倫敦油籽協會、倫敦穀物商業協會等工商行業組織內設立的仲裁機構。

3. 仲裁程序

仲裁程序或仲裁規則主要規定進行仲裁的具體手續和做法，其中包括如何提出仲裁申請、如何進行答辯、如何指定仲裁員、怎樣進行仲裁審理、如何做出仲裁裁決、仲裁裁決的效力以及費用的負擔等項內容。仲裁程序規則的作用是為當事人和仲裁員提供一套進行仲裁的行為準則，以便仲裁時有所遵循。

仲裁程序是由各國的仲裁機構自行制定的。仲裁程序規則與仲裁機構有密切聯繫。一般地說，仲裁條款規定在哪個仲裁機構仲裁，就按那個機構制訂的仲裁規則處理。

4. 仲裁的效力

通過仲裁的裁決，一般是終局性的，對雙方當事人均有約束力。在通常情況下，除非當事人有確實的證據，證明仲裁的裁決違反了合同即規定的仲裁程序，或者超出了仲裁範圍的事項，或者依法不屬於仲裁受理的範圍，或者裁決的內容有不法行為從而導致裁決有不合理的結果，一般不得請求復議或向法院上訴。有些國家雖然允許當事人上訴，但法院一般只審查程序，不審查實體，即只審查仲裁裁決在

法律手續上是否完備，而不審查仲裁裁決在認定事實或適用法律方面是否正確。總的說來，對仲裁裁決提起上訴的情況是很少的。因為仲裁與司法訴訟不同，它本來就是為了避免複雜的司法上訴程序、及時解決爭議或糾紛而選用的一種形式。

為了明確仲裁裁決的效力，避免引起複雜的上訴程序，雙方當事人在訂立仲裁條款時，應明確規定仲裁裁決是終局的裁決，對雙方當事人都有約束力，任何一方都不得向法院提出上訴要求予以更改。

有關仲裁費用的負擔，在各個仲裁程序內都有明文規定，一般有三種負擔的方法：敗訴方負擔；雙方平均分擔或按規定的比例分擔；依據仲裁裁決的規定辦理。如果雙方當事人在仲裁條款內已明確規定，則應按仲裁條款或協議的規定辦理。

(四) 仲裁裁定的執行

海上保險中的仲裁裁決的執行同其他國際經濟關係中的仲裁裁決的執行一樣，較為複雜。因為這種仲裁的裁決涉及外國當事人，如果敗訴一方不執行裁決，就可能出現以下兩種情況：首先，本國仲裁機構做出了裁決，敗訴一方在本國，或敗訴一方有財產在本國，可以向本國法院申請強制執行。其次，本國仲裁機構做出了裁決，但由於敗訴一方在外國，而需要向外國法院申請強制執行；或者外國仲裁機構做出了裁決，但因敗訴一方在本國，而向本國法院提出強制執行的請求。前者是屬於對本國的仲裁裁決執行的問題，後者是屬於對外國仲裁裁決執行的問題，各國法律一般都區別上述兩種情況，有不同的規定和要求。

1. 仲裁裁決在國外執行

如果一項仲裁裁決在仲裁地同一國家內執行，這在適用程序法和實體法方面都不會存在大的障礙，由勝訴方向有關法院提出強制執行的申請，法院一般只作形式審查，不作實體審查。如法院經過審查認為裁決在形式上和程序上符合法律的要求，即發出執行命令，予以強制執行。但是，如果一項仲裁裁決要在仲裁地以外的國家執行，這就可能出現法律衝突問題，情況較為複雜。

執行外國的仲裁裁決，不僅涉及當事人的切身利益，而且涉及兩國間的利害關係。因此，許多國家在法律上對於執行外國的仲裁裁決都做了具體規定。以各國有關法律規定來看，解決仲裁裁決在國外執行，一般遵循三個原則：

(1) 依照雙方國家的條約或協定辦理。各國之間由於經濟貿易的往來，經常會發生經濟貿易糾紛案件，對仲裁的裁決如何處理，往往在雙方國家簽訂的經濟貿易條約或協定中做了若干原則規定。一旦發生對方國家的仲裁裁決要在本國執行，雙方都應依據條約或協定的精神處理。

(2) 依照多邊或國際公約處理。關於仲裁的條款，有雙邊的也有多邊的和國際性的條約。多邊的條約，如歐洲共同體簽訂的《關於管轄權與執行民事和商事判決的公約》，其中也涉及仲裁裁決的執行。1958 年 6 月 10 日在紐約聯合國大會上，通過了一項《關於承認與執行外國仲裁裁決公約》，簡稱《紐約公約》，目前已有五十多個國家參加了這個條約，屬於國際性的條約，凡是發生仲裁裁決在國外執行問題，只要屬於上述條約所管轄，有關當事人應依照有關的條約或公約辦理。

（3）向當地法院起訴。在不屬於上述兩種情況時，當事人只能依據當地的法律程序和有關法律，向當地法院起訴，請求依法強制執行該項裁決。毫無疑問，遇到這種情況，將可能涉及法律衝突問題，給仲裁裁決的執行帶來較大的困難。許多國家在法律中對於執行外國的仲裁裁決規定了一些限制，如果外國的仲裁裁決不符合執行國法律的要求，執行國的法院就可能拒絕予以執行。

2. 中國關於執行仲裁裁決的法律規定

中國關於執行仲裁裁決的法律主要是依據1991年4月9日第七屆全國人民代表大會第四次會議通過，並由中華人民共和國第十屆全國人民代表大會常務委員會第三十次會議於2007年10月28日通過修訂的《中華人民共和國民事訴訟法》。該法對涉外經濟貿易、運輸和海事中發生的糾紛分別作了如下規定：

（1）涉外經濟貿易、運輸和海事中發生的糾紛，當事人在合同中訂有仲裁條款或者事後達成書面仲裁協議，提交中華人民共和國涉外仲裁機構或者其他仲裁機構仲裁的，當事人不得向人民法院起訴。當事人在合同中沒有訂有仲裁條款或者事後沒有達成書面仲裁協議的，可以向人民法院起訴。

（2）當事人申請採取財產保全的，中華人民共和國的涉外仲裁機構應當將當事人的申請，提交被申請人住所地或者財產所在地的中級人民法院裁定。

（3）經中華人民共和國涉外仲裁機構裁決的，當事人不得向人民法院起訴。一方當事人不履行仲裁裁決的，對方當事人可以向被申請人住所地或者財產所在地的中級人民法院申請執行。

（4）對中華人民共和國涉外仲裁機構作出的裁決，被申請人提出證據證明仲裁裁決有下列情形之一的，經人民法院組成合議庭審查核實，裁定不予執行：

當事人在合同中沒有訂有仲裁條款或者事後沒有達成書面仲裁協議的；

被申請人沒有得到指定仲裁員或者進行仲裁程序的通知，或者由於其他不屬於被申請人負責的原因未能陳述意見的；

仲裁庭的組成或者仲裁的程序與仲裁規則不符的；

裁決的事項不屬於仲裁協議的範圍或者仲裁機構無權仲裁的；

人民法院認定執行該裁決違背社會公共利益的。

（5）仲裁裁決被人民法院裁定不予執行的，當事人可以根據雙方達成的書面仲裁協議重新申請仲裁，也可以向人民法院起訴。

三、訴訟（Lawsuit）

訴訟是解決海上保險糾紛的另外一種方式。採用訴訟方式解決海上保險的糾紛，對當事人來說，所花的時間和耗費的金錢要比仲裁大得多，所以，人們往往樂意選擇和解與仲裁兩種方式。但是，如果雙方不能通過和解與仲裁處理糾紛，只得採用法律訴訟。

（一）訴訟的時效

《海牙規則》規定：除非從貨物交付之日或應交付之日起一年以內提出訴訟，

承運人和船舶在任何情況下，都應被免除對於滅失或損害所負的一切責任。按照《海牙規則》規定，貨主向船主索賠時效為一年，只有在規定的時效內才能進行追償。如果不能在交貨後一年內解決的案件，一旦喪失了請求權，船方可以不賠。實際生活中，有的船東雖已同意賠款，也提出了辦法，但隨著時間的變化，也會利用喪失請求權推翻先前的承諾。所以，保住請求權成為能否進行追償的關鍵。

要保住請求權就得按《海牙規則》的規定，在貨物交付之日一年內提起訴訟，迫使船方認真解決問題。對於有些態度不好、對索賠採取不理會的船方，提起訴訟可以迫使他們認真考慮問題，利於案件的解決，是進行追償的一種最終手段。

（二）國外訴訟的手段

提出訴訟的法律解釋和手續各國並不一樣，因此，應根據船方所在國情況，按照當地的法律辦理。

民事訴訟的一般程序是原告先向法院遞交起訴書，說明被告是誰，要告什麼內容。法院出傳票連同原告的起訴書送交被告，被告人知道有人在告他，以及告他什麼，使他有機會應訴。法院再開庭傳詢雙方，審理案件，做出判決。

1. 起訴書與傳票

有的國家法律規定原告提出訴訟先要提交訴狀，然後法院通知被告應訴，並將訴狀轉告被告，在這些文書送達後才算訴訟正式開始。而英國等國家就不要先遞交起訴書，只要原告的律師按照法院的固定格式繕制傳票到法院備案，即使沒有送達被告亦算作訴訟正式開始。傳票上規定，傳票應自發出之日起12個月內送達，傳票上附有原告的要求。在義大利，法院沒有出具傳票的程序，即一年內到法院辦理手續，「控告」就成立。

2. 訴訟審理

在被告應訴答辯後，案件就正式進入審理階段。如果起訴的目的僅僅是為了保障時效，按照國際慣例，時效就自動延長，訴訟即在法院審理前停止。在民事訴訟中，原告是有權隨時撤回訴訟的。

3. 委請國外律師代辦訴訟授權書

（三）訴訟的注意事項

1. 證據

在辦理追償中，不論是協商還是訴訟，一定要有確鑿的證據。向船方索賠要有理、有據，要有確鑿的證據證明損失確實屬於船方責任，否則，追償不會取得好效果。所以，無論是協商還是法律解決，都需要事先準備好充足的確鑿證據。

（1）舉證責任。除法律有明確規定的以外，在訴訟中一般的原則是主張訴訟雙方負舉證責任，一方舉證後，舉證責任即轉移給對方。例如，貨主要求船方賠償貨損，貨主應首先提出證據，證明貨物確已受損、損失發生在船方保管期間、損失的數量、程度與損失金額。船主如果否定貨主的要求，就必須提出反證。如貨物遭海水損失，船方要拒絕責任就要找出貨損原因、船舶適航的證據。隨後舉證責任又轉給貨主，貨主要證明船東沒有盡責使船舶適航。舉證責任就是這樣轉來轉去的。

為了追償成功，應該事先準備好一切可能要提出的證據，包括反駁船方會提出抗辯的證據。

（2）船舶不適航的證明。在追償案中絕大多數的重大損失都是由於船東沒有盡到《海牙規則》規定的責任所致的。所以，這裡特別關注有關船舶不適航的舉證問題。根據《海牙規則》規定，船東雖應對「他已恪盡職責使船舶適航」負舉證責任，但是實際上，船東提出船舶的適航證書、檢驗證書及海事報告等文件後貨主還是可提出反證。同時，一般的大案子往往損失原因比較複雜，除船舶不適航外，還會有其他原因，所以要注重調查研究。對於在國外發生的損失應及時指導當地代理人如何進行搜集證據，以及指示代理人諮詢專家協助辦理。對於到達中國港口的船舶應由港口有關單位一起來進行。

（3）權益證明。在訴訟中，索賠人有義務提出證明他對索賠的標的有權益，也就是貨主應提出他的貨權證明。出口貨物有關這方面的證件應由律師和保險代理人去收集，進口貨物應由保險公司向外貿公司要求全部貨權證明文件，除提單、發票外，還要有貿易合同、來往成交函電、貨款收據或貨款付款證明、信用證等。權益證明一般只在審理時才用，而訴訟案的審理往往會拖延好幾年，如果不事先收集好，很可能到時候找不到。

如果用保險公司名義提起訴訟，還要準備保險單、保險收據、權益轉證書、賠款收據等文件來證明保險公司對標的有權益。為了方便，最好用收貨人名義起訴。

2. 訴訟的注意事項

決定起訴地點，要根據具體案情，結合法院有無管轄權及法律是否對公司有利等情況考慮。

（1）管轄權。一般情況下，法院只對案情涉及法院所在目的地，如當事人一方為該國公民或契約在該國訂立等的案件才有管轄權。大多數國家的法院，包括中國法院在內，對無法將文書送達被告的案件是不予受理的。

一國法院對起訴的案子有權決定是否行使管轄，如中國海洋運輸貨物提單規定受中國法律管轄，但加拿大、法國等法院也受理。

（2）各國的法律有差別。一個同樣的案件在不同的國家提起訴訟，有時很可能會有不同的結果。因為各個國家的法律不同，即使是那些採用《海牙規則》的國家，也會產生法官對具體條文各有自己不同解釋的情況。如法國是《海牙規則》締約國，但法國的法律沒有對「火災」做明確規定，因此，1962年巴黎上訴院裁決一個火災案由船方負責賠償，理由是火因不明，船方不能證明失火是不可抗力原因所致。又如美國也採用《海牙規則》，法律也規定船東對船長、船員的航行過失負責，但對提單的「船舶互撞條款」認為無效。

在西方國家，法官判案受到以往判例的約束，雖然法官對案件有自己的想法，但是也要受到判例的限制。所以，在起訴前，要諮詢律師，研究有關國家的法律後選擇對公司有利的地點起訴。

（3）被告。在以往的訴訟案件中，曾有錯誤選擇被告人而失敗的教訓。一個老板往往成立多家船舶公司，而這些姐妹公司名稱相似，地址相同，而名稱只有一字之差。例如，有一案件告的是香港的一個船東，這個老板開設兩個船公司，一個叫太平洋輪船公司，另一個叫太平洋航務公司，名稱僅兩字之差。原告本來應告太平洋航務公司，而告了太平洋輪船公司，這個船東明知弄錯，卻收下傳票，到一年時效屆滿才向律師提出，因而逃避了責任。因此，在起訴時，必須弄清楚到底告誰。西方國家承運人的關係複雜，必要時可以多幾個被告，將有牽連的與船舶有關的人都告進去。

（4）律師。在國外訴訟，需聘請當地的律師進行，但要對律師得進行監督，重大問題需事先徵得委託人的同意，對律師的意見要分析研究，並提出意見。

（四）保全措施

訴訟的最終目的是獲得賠償。如果官司勝了而無法執行，那就等於官司輸了，因為原告還得賠上法律費用，所以獲得船方履行賠款的擔保在追償中非常重要。獲得擔保的辦法是扣下船舶。對於較大的船東，如果他的船多，停靠港口多，在國外獲得擔保較簡單，一般情況不必扣船，船東就會給擔保。對於單船公司，如果不在交貨當時扣船作為擔保，以後有可能拿不到擔保，扣船作為擔保能促進協商解決糾紛。

在國內起訴，對公司來說最方便、最有利。但是，如果船東是外國人，在中國無住所，沒有獲得船東的擔保，不但文書無法送達，法院也不會受理，即使受理判決了，也無法執行。因此，在國內起訴，首先要解決的是保全問題。

本章自測題

一、是非判斷題

1. 保險人向被保險人支付保險賠償金後，取得向第三者責任方追償的權利。保險人向承運人等第三者索回已支付給被保險人的賠款，稱之為補償。（　　）

2. 海上貨物運輸保險的追償與理賠的順序不能顛倒，一般是先賠償後追償，也就是說，追償是在理賠工作結束之後進行。（　　）

3. 追償和理賠可以看做是兩個不同時期上的工作。保險公司追償是否成功與賠償沒有必然的聯繫。追償的對象是被保險人，理賠的對象是第三者。（　　）

4. 1992年《中華人民共和國海商法》第二百五十三條規定：「被保險人未經保險公司同意放棄向第三者要求賠償的權利，或者由於過失致使保險公司不能行使追償權利的，保險公司可以相應扣減保險賠償。」（　　）

5. 運輸貨物的收貨人或保險公司向承運人追償時，應以海上運輸的法規、提

單和保險單為依據。   (   )

6. 對船長、船員或裝卸人員的疏忽而引起的火災，由於貨物的自然特性而蔓延起來的火災以及因撲滅火災而造成的貨物損失，不能免除責任。   (   )

7. 如果證明有關的滅失或損害既不是由於承運人的實際過失或私謀，也不是承運人的代理人或雇傭人員的過失疏忽所造成，可免除責任。   (   )

8. 按照《海牙規則》的規定，承運人對所運貨物的責任期限從貨物裝到船上時起至貨物從船上卸下時止。這段時間包括裝貨過程和卸貨過程，但不包括裝貨前和卸貨後的時間。   (   )

9. 中國承運人對貨物的滅失和損害的賠償限額按每件或每個貨運單位為666.67特別提款權或者按貨物毛重每公斤為2.5特別提款權計算，以高者為準。   (   )

10. 仲裁是由海上保險關係雙方當事人在爭議發生之前或之後達成書面協議，自願把爭議提交給雙方同意的第三者裁決。   (   )

二、單項選擇題

1. 在海上貨物運輸險的理賠中，保險人向被保險人支付賠償後，按照提單、運單規定，向負有責任的第三者進行追償。在這裡，第三者指的是_____。

    A. 承運人   B. 船舶所有人
    C. 投保人   D. 被保險人

2. 如果追回款項扣除費用開支和利息後，還大於已支付給被保險人的賠償金額，除了被保險人辦理的委付外，一般說來，超出部分餘額應_____。

    A. 退給承運人   B. 退給船舶所有人
    C. 自留之用   D. 退給被保險人

3. 被保險人未經保險公司同意放棄向第三者要求賠償的權利，或者由於過失致使保險公司不能行使追償權利的，保險公司可以_____。

    A. 承擔一半損失   B. 解除保險合同
    C. 相應扣減保險賠償   D. 拒絕賠償

4. 海上運輸貨物的收貨人或保險公司向承運人追償時，以海上運輸的法規和_____為依據。

    A. 提單   B. 保險單
    C. 投保單   D. 發票

5. 對於船長、船員或裝卸人員的疏忽而引起的火災，由於貨物的自然特性而蔓延起來的火災，由於其他原因造成的火災所引起的貨物損失以及因撲滅火災而造成的貨物損失，可以免除_____。

    A. 發貨人的責任   B. 收貨人的責任
    C. 承運人的責任   D. 被保險人的責任

6. 如果承運人沒有履行相應的義務，使得貨物受損，應承擔貨物損失的賠償責任。《海牙規則》規定，承運人對每件貨物的損害賠償的最高責任限制為＿＿＿＿＿＿＿＿。

  A. 100 美元　　　　　　　B. 100 英鎊

  C. 150 美元　　　　　　　D. 150 英鎊

7. 《維斯比規則》規定，承運人對每件貨物的賠償限額為＿＿＿＿＿＿＿＿或者每公斤貨物賠償限額為 30 金法郎或 2 特別提款權，以高者為準。

  A. 1,500 金法郎　　　　　　B. 100 英鎊

  C. 150 美元　　　　　　　D. 1,000 金法郎

8. 《漢堡規則》對承運人的賠償責任限額比《維斯比規則》提高了約 25%，每件或每裝運單位為＿＿＿＿＿＿＿＿或每公斤 2.5 特別提款權，以高者為準。

  A. 1,500 金法郎　　　　　　B. 835 特別提款權

  C. 1,500 美元　　　　　　　D. 2,000 金法郎

9. 按照大多數國家仲裁法的規定，仲裁協議的作用主要表現在雙方當事人均須受仲裁協議的約束，如果發生爭議，＿＿＿＿＿＿＿＿。

  A. 應以仲裁方式解決　　　　B. 向法院提起訴訟

  C. 委託律師辦理　　　　　　D. 委託法官辦理

10. 《海牙規則》規定：除非從貨物交付之日或應交付之日起＿＿＿＿＿＿＿＿以內提出訴訟，承運人和船舶在任何情況下，都應被免除對於滅失或損害所負的一切責任。

  A. 半年　　　　　　　　　　B. 二年

  C. 一年　　　　　　　　　　D. 三年

三、思考題

1. 如何區分保險人的追償與理賠的關係？
2. 簡述《海牙規則》中承運人的責任。
3. 簡述《海牙規則》中承運人的責任免除。
4. 簡述保險人追償的程序。
5. 簡述仲裁的特點與意義。

四、名詞解釋

1. 追償
2. 租約
3. 提單
4. 和解
5. 仲裁

第10章 海上船舶保險

學習目標

通過對本章的學習，應達到以下目標：
1. 瞭解船舶保險標的；
2. 瞭解船舶的種類；
3. 熟悉中國船舶保險的內容；
4. 瞭解倫敦協會船舶條款。

本章內容

第一節 船舶保險概述
第二節 中國船舶保險條款
第三節 倫敦協會船舶保險條款
第四節 船舶保險理賠概述
第五節 船東保賠保險
本章自測題

第一節 船舶保險概述

船舶保險是指以各種船舶及其附屬設備以及相關責任為標的物的一種保險。船舶保險承保船舶在航行或停泊期間所發生的各種事故。船舶在航行中，由於自然災害和意外事故的發生，船舶遭受損失的可能性不能完全避免，因此，船舶需要通過保險的方式來補償經濟上的損失。

一、船舶保險的標的（Subject Matter of Hull Insurance）

船舶保險的承保標的分為有形標的和無形標的兩種。

（一）有形標的（Tangible）

有形標的就是各種船舶。船舶是保險的主要保險標的，它包括：

（1）船殼或船體。

（2）引擎、鍋爐、發電機以及其他機器設備、燃料和船員供養。

（3）附屬器具，如通信、導航裝置、船上的設備、錨鏈、海圖、航海日誌、家具、物品、救生用具和舢板等。

（4）船上的特殊設備。

（二）無形標的（Intangible）

無形標的是指與船舶有關的利益和責任。利益包括：

（1）運費，包括船舶所有人或承租人運送自己貨物所得的利益以及第三者給付的運費。

（2）為完成保險單指定的航程和從事海上運輸所支付的經營費用和保險費。

（3）船舶經營可獲得的預期利潤。

責任是指船東在發生船舶碰撞事故後，對對方船舶及船上所載貨物所遭受的損失依法應承擔的經濟賠償責任。至於船東由於船舶失事依法應承擔的打撈沉船、清除航道和油污的義務，根據運輸合同應對貨主損失進行賠償的責任以及造成第三者傷害的責任，一般由保賠保險負責承保，保險人不承擔賠償負責。

二、船舶的種類（Types of Hull）

船舶是為運輸人員或貨物而被用於水面或水中的航行工具，但並非所有的船舶都是船舶保險的對象。船舶保險承保的船舶除軍事艦艇和政府公國船舶以外的，以從事海上運輸生產為主要目的的海船。按載運標的可分為客船、貨船和客貨兩用船。

（一）客船（Passenger Vessel）

客船是用於載運旅客及其攜帶行李的船舶，船速較貨船快。根據《國際海上人命安全公約》的規定，凡載客超過 12 人的船舶均應視為客船，而不管其是否以載客為主。

（二）貨船（Cargo Vessel）

貨船主要用於運輸貨物的船舶。按構造的差別和裝載貨物的不同，大致可分為以下幾類：

（1）雜貨船（General Cargo Vessel）。雜貨船用於裝載日用百貨、食品等雜貨，也可裝載穀物、煤炭、木材等散雜貨，還能運送集裝箱。

（2）散裝貨船（Bulk Carrier）。散裝貨船用於裝載大宗散裝貨物，如煤、砂、礦石、穀物、糖、化肥等。

（3）液貨船（Fluid Carrier）。液貨船主要用於裝載液體石油、液化氣以及液體化學品等，這些物品大多易燃、易爆，有的還有劇毒。因此液貨船都經過專門設計，配備有特殊設備，以保證運輸安全。

（4）冷藏船（Refrigerated Vessel）。冷藏船主要用於裝載新鮮水果、肉類，上面設有制冷裝置和適合冷藏貨物的冷藏艙。

（5）集裝箱船（Container Vessel）。集裝箱船主要裝載集裝箱貨物的船舶，船艙的開口較大並有垂直導軌，以便於集裝箱放置。

（6）滾裝船（Roll On/Roll off Vessel）。滾裝船用於運載車輛和大型機械或運載集裝箱。這種船沒有貨艙，裝載貨物可從船尾與碼頭連接的大跳板裝卸。

（7）載駁船（Lighters Aboard Ship）。載駁船主要用於海河聯運。貨物裝載於子船內，子船載於母船上。到達目的港後，子船從母船上卸下，再裝載另一子船，可縮短停港時間。

（三）客貨船（Passenger and Cargo Vessel）

客貨船是指除主要載運旅客及其攜帶行李外，還兼運少量貨物的客船。

三、船舶適航與船舶入級（Seaworthiness & Classification）

（一）船舶適航

船舶適航是指船舶在各方面滿足預定航程的要求。船舶保險只承保適航的船舶，如果船舶在保險責任開始前已不適航，即使保險合同已經簽訂，保險合同也無效。船舶適航的具體條件如下：

（1）船舶的船體、船機、航行設備及一切附屬設備適合於航行的要求。

（2）船員配備齊全。

（3）燃料和供應品備足。

（4）貨艙、冷藏艙和其他載貨處所適宜並能安全收受保管貨物。

船舶只有具備了以上四個條件，才能投入正常營運活動，才能夠登記註冊，成為船舶保險標的。通過技術檢驗後，適航船舶將由船舶檢驗機構發給適航證書。

（二）船舶入級

船舶入級是對船舶進行技術監督和檢查的重要手段。船舶是否取得船級與海上運輸及船舶保險有著極為密切的關係。國際上根據船級來決定運費和保險費的高低。國際貿易中還規定，只有獲得船級的船舶才能承運貨物。租船人也可根據船級證書瞭解船舶的技術狀態，以決定是否租用。

船舶入級是由船東提出申請。船級社或船舶檢驗局進行入級檢驗。檢驗合格則取得船級，並被授予船級證書。根據中國船舶入級的規定，凡是船體強度、船舶設備、載重量與乘員定額、船舶性能等方面都符合規範的船舶，均可取得船級證書。船級證書是證明船舶具備安全航行技術條件的文件，有效期為 4 年，期滿時需再申請檢驗。有下列情況之一的，即被認為失去船級：

（1）船舶未按時交驗而使證件過期或證件缺少。

（2）在發生海損事故後，未判明損壞性質，未說明修復前船舶的原有結構，未取得船舶檢驗局同意。

（3）船舶的技術狀態、附屬品及裝備惡化以至於不適航。

船舶失去船級後，如要恢復船級，必須經過額外檢驗。船級證書除記載船舶的主要技術營運性能外，還應給出相應的船級符號。各國船級符號都不相同。中國的船舶入級符號為「ZC」。

中國船級社（China Classification Society，簡稱 CCS）成立於 1956 年，是中國唯一從事船舶入級檢驗業務的專業機構。中國船級社通過對船舶和海上設施提供合理和安全可靠的入級標準，通過提供獨立、公正和誠實的入級及法定服務，為航運、造船、海上開發及相關的製造業和保險業服務，為促進和保障人命和財產的安全、防止水域環境污染服務。

中國船級社是國際船級社協會（IACS）10 家正式會員之一，並先後於 1996—1997 年、2006—2007 年擔任 IACS 理事會主席。中國船級社最高船級符號被倫敦保險商協會納入其船級條款，享受保費優惠待遇。截至 2008 年 6 月底，中國船級社接受 28 個國家或地區的政府授權，為懸掛這些國家或地區旗幟的船舶代行法定檢驗。中國船級社還是國際獨立油輪船東協會（INTERTANKO）和國際干散貨船東協會（INTERCARGO）的聯繫會員。中國船級社在國內外設有逾 60 家檢驗網點，形成了覆蓋全球的服務網絡。截至 2008 年 7 月 24 日，中國船級社船隊總艘數 2029 艘，2728 萬總噸。

中國船級社視風險管理為其業務的基本屬性，圍繞入級船舶檢驗、國內船舶檢驗和工業服務三條業務主線開展業務，大力發展規範科研和信息技術兩個支持保障系統，堅持「技術立社、誠信為本、與眾不同、國際一流」的建社方針，打造中國船級社質量品牌，取得了令人矚目的成績。

中國船級社以認證、監理、檢測為主要業務，保持傳統業務穩健發展，在特大型橋樑工程監理、大型港口碼頭設備系統製造與安裝監理、特大型起重設備製造與安裝監理三大領域，繼續保持在國內同行業的領先優勢。

世界上許多國家都有辦理船舶入級的機構，有的是政府組織，有的是政府授權的民間組織，每個船級社都有自己的船級符號（見表 10.1）。最著名的船級社是英國的勞合船級社和法國的威里塔斯船級社。

表 10.1　　　　　　　　國外主要船級社及入級符號

國　名	船　級　社	入級字母
美國	美國船舶局（American Bureau of Shipping）	AB
保加利亞	保加利亞船級社（Bulgarian Register of Shipping）	BR
法國	威里塔斯船級社（Bureau Veritas）	BV
中國	中國船級社（Chinese Register）	ZC
德國	德國船級社（Deutsche－Schiffs－Revision Und－Klassifikation）	DSRK

表 10.1（續）

國名	船級社	入級字母
德國	德國勞合社船級社（Germanischer Lloyd）	GL
希臘	希臘船級社（Hellenic Register）	HR
印度	印度船級社（Indian Register of Shipping）	IRS
印度尼西亞	印度尼西亞船級社（Klasifikasi Indonesia）	KI
朝鮮	朝鮮船級社（Korean Register）	KR
英國	勞合船級社（Lloyd's Register）	LR
日本	日本海事協會（Nippon Kaiji Kyokai）	NK
挪威	挪威威里塔斯船級社（Norske Veritas）	NV
波蘭	波蘭船級社（Polski Register）	PR
俄羅斯	俄羅斯船級社（Register of Shipping of the U. S. S. R）	RS
義大利	義大利船級社（Register Italiano Navale）	RI
義大利	羅馬船級社（Register Naval Roman）	RNR
南斯拉夫	南斯拉夫船級社（Yugoslav Register）	JR

四、船舶保險的特點（Characteristics of Hull Insurance）

船舶保險承保船舶在航行或停泊期間所發生的各種事故。但是，不論在航行還是在停泊期間，船舶保險只限於水上責任事故。而一般財產保險承保的是陸地風險，也有一些擴展到海上，如進出口海上運輸貨物保險責任自發貨人倉庫開始，經海上運輸，至收貨人倉庫止。

（1）船舶保險是財產保險的一種。一般財產保險僅負責被保險財產本身的損失賠償，而對由於被保險財產造成第三者傷害的責任不予負責，但船舶保險除了對自然災害和意外事故造成的被保險船舶本身損失給予補償外，還負責對被保險船舶與他船碰撞的責任。

（2）船舶保險是定期保險或航次保險。一般的陸地財產保險以年為單位，出口貨物運輸保險按某一航程來劃分，即從發貨人倉庫起到收貨人倉庫止。但船舶保險可分為以年為單位的定期險和以航程為單位的航次保險。

（3）船舶保險單不能隨便轉移。在出口貨物運輸險中，貨物保險單僅作為對外貿易結算的單證之一，可以轉移。但船舶保險單不能隨船舶所有權的轉移而轉移，這是因為船東經營管理水準會直接影響船舶發生事故的頻率。除非事先徵得保險人的同意，船舶在保險期內出售或轉讓，船舶保險人的責任即告終止。

（4）船舶保險是高風險業務。船舶保險風險集中，牽涉面廣，技術要求高，加上被保險船舶在世界各地航行，風險難於控制，而且船舶價格昂貴，發生事故後損失較大，因此，船舶保險風險特別大。

第二節　中國船舶保險條款

一、中國船舶保險條款（Hull Insurance Clauses）

中國船舶保險條款分為全損險和一切險兩種。

（一）船舶保險全損險責任範圍

船舶全損險是指被保險船舶發生保險項下全部損失時保險人才予賠付的保險。全損險分為實際全損和推定全損兩種。實際全損指作為保險際的的船舶全部滅失，如船舶碰撞或觸礁沉沒或遭受嚴重損壞後無法修復等。船舶被敵對國捕獲、沒收（一般為兩個月以後）或失蹤亦作為實際全損處理。推定全損指船舶發生事故後，船舶的實際全損已不可避免，或者恢復、修理、救助的費用或這些費用的總和將超過船舶的保險價值。當船舶構成推定全損時，被保險人應立即向保險人發出委付通知。如果不辦理委付，保險人對海上損失只能按部分損失賠償的辦法處理，但最高不能超過船舶保險金額。保險人可以接受也可以拒絕或接受委付通知。若接受委付，保險人按全損賠付的同時，還須承擔被保險人對第三者的責任和義務。若不接受委付，保險人仍按全損賠付，但不承擔財產所有權以及由此引起的各種義務和責任。

船舶全損險的保險責任範圍如下：

（1）地震、火山爆發、閃電或其他自然災害；
（2）擱淺、碰撞、觸碰任何固定或浮動物體或其他物體或其他海上災害；
（3）火災或爆炸；
（4）來自船外的暴力盜竊或海盜行為；
（5）拋棄貨物；
（6）核裝置或核反應堆發生的故障或意外事故。
（7）本保險還承保由於下列原因所造成的被保險船舶的全損：

①裝卸或移動貨物或燃料時發生的意外事故；
②船舶機件或船殼的潛在缺陷；
③船長、船員有意損害被保險人利益的行為；
④船長、船員和引水員、修船人員及租船人的疏忽行為；
⑤任何政府當局，為防止或減輕因承保風險造成被保險船舶損壞引起的污染，所採取的行動。

（二）船舶保險一切險責任範圍

船舶保險一切險是指被保險船舶發生保險項下全都損失或部分損失時保險人均給予賠償。船舶一切險除負責全損險責任範圍內被保險船舶全損外，還包括部分損失以及碰撞責任、共同海損分攤、救助費用和施救費用。一切險承保上述原因造成

的被保險船舶的全損和部分損失以及下列責任和費用：

1. 碰撞責任

碰撞責任是船舶保險承保的對造成第三者損害之後應負的賠償責任。碰撞責任還包括被碰撞對方的物質損失或修理費用、救助費用，被碰撞對方因延遲或喪失使用而受到的經濟損失以及被碰撞對方因污染或玷污而產生的費用等。

中國的船舶保險條款規定的碰撞責任不僅包括船舶與船舶之間的碰撞，還包括船舶與固定的、浮動的物體或其他物體的觸碰，引起被保險人應負的法律賠償責任，即保險術語稱之為 4/4 碰撞責任，而國際上一般承擔賠償金額 3/4 的碰撞責任，並且不把碰撞固定、浮動物體等列在碰撞之中。中國船舶險條款對固定、浮動物體的延遲或喪失使用的間接費用以及浪損對第三方造成的損失不承擔責任。當被保險船舶與其他船舶碰撞雙方均有過失時，除一方或雙方船東責任受法律限制外，賠償應按交叉責任的原則計算。

例：甲船與乙船發生碰撞，雙方互有過失，甲船損失 200,000 元，乙船損失 400,000 元。甲船的過失比例為 60%，乙船的過失比例為 40%。根據比例責任原則，計算出甲船和乙船各自承擔的比例：

甲船應承擔乙船的碰撞責任額 = 400,000 元 × 60% = 240,000 元

乙船應承擔甲船的碰撞責任額 = 200,000 元 × 40% = 80,000 元

甲船保險人賠甲船的賠款 = 240,000 元 − 80,000 元 = 160,000 元

乙船保險人賠乙船的賠款 = 80,000 元

如果 A、B 兩船分別投保了船舶保險，A 船保險人應承擔 A 船 80,000 元的碰撞責任損失，而 B 船保險人因 B 船未支付碰撞責任損失賠償也就不用賠償 B 船。這種計算方法顯然對被保險人不公平，因為保險人在單一責任原則下實際享受了對被保險船舶的船期損失的代位求償權。

2. 交叉責任原則（Cross Liability）

該原則是碰撞各方均按各自的過失比例相互賠償對方的損失。用上例來看，那麼：

A 船應承擔 B 船碰撞責任為：240,000（元）

B 船保險人賠 A 船：240,000 − 80,000 = 160,000（元）

B 船保險人賠 B 船：80,000（元）

按交叉責任原則計算保險人應承擔的碰撞責任比較公平合理。

3. 共同海損和救助

（1）如果被保險船舶發生共同海損，保險人負責賠償被保險船舶由於共同海損應分攤的部分。若被保險船舶本身發生共同海損犧牲，被保險人可直接獲得對這種損失的全部賠償，而無須先行使向其他各方索取分攤額的權利。保險人賠償犧牲後取得代位求償權。

當所有分攤方均為被保險人或當被保險船舶空載航行並無其他分攤利益方時，

如同各分攤方不屬同一人一樣進行共同海損理算。事實上,當船舶空載航行時,只有一方利益,沒有共同利益,也沒有共同海損。這一條款的規定旨在鼓勵空載航行的被保險船舶在遇險時,盡一切可能進行搶救,因此保險人願意對由此產生的損失和費用作為共同海損來處理,以避免全損。

保險人對共同海損分攤的核定,是以船舶共同海損分攤價值為準的。如果船舶保險金額高於船舶分攤價值,保險公司對船舶應分攤的部分實足賠付。如果保險金額低於分攤價值,保險公司按保險金額對分攤價值的比例賠付。

(2)救助是指被保險船舶發生保險事故後,單憑本身力量無法擺脫其面臨的危險,只好由第三者提供幫助並取得成效,為此被保險人支付給救助人的報酬。保險人對救助費用的賠償和船舶損失賠償加在一起,以保險金額為限。

共同海損分攤是指發生危及船舶、貨物共同安全的事故,經過搶救脫險,保險公司負責賠償船舶應攤付的各項共同海損損失和費用。但船舶對共同海損的分攤是以船舶共同海損分攤價值為標準的。

保險人對下列責任不負賠償責任:
① 人身傷亡或疾病;
② 被保險船舶所載貨物或財物或其所承擔的責任;
③ 清除障礙物、殘骸、貨物或任何其他物品;
④ 任何財產、浮動的物體或玷污(包括預防措施或清除的費用),但與被保險的船舶發生碰撞的他船或其他所載財產污染或不在此限;
⑤ 任何固定的、浮動的物體以及其他物體的延遲或喪失使用的間接費用。

保險人對每一次碰撞責任負責賠償金額的全部,即「4/4 碰撞責任」,但以被保險船舶的保險金額為限。

當被保險船舶與其他船舶或物體碰撞,雙方均有過失時,除一方或雙方船東責任受法律限制外,碰撞責任的賠償應按照交叉責任的原則處理。

當被保險船舶與同一船東所有的其他船舶(即姐妹船)碰撞時,應視為第三方船舶,由保險人同樣予以賠償。

4. 施救費用

由於承保風險造成船舶損失或船舶處於危險之中,被保險人為了防止或減少其在船舶保險中可以獲得賠償的損失,而採取各種措施所支出的合理費用,保險人予以賠償。保險人對施救費用的賠償在船舶保險其他條款規定的賠償責任之外,不受船舶損失、碰撞責任、共同海損分攤和救助費用的賠償金額限制,但不得超過船舶的保險金額。

(三)船舶戰爭險、罷工險(Risks of War & Strike)

在中國,船舶戰爭、罷工險是船舶保險的一個特殊附加險,也就是說被保險人不能向保險人單獨投保,只有在投保船舶全損險、一切險後,才能向保險人申請投保。這種附加險所承保的風險和普通的海上風險不同,它不是以自然災害、意外事故和人為的疏忽或過失來劃定風險範圍,而是以各種帶有政治因素、背景或目的而

採取的武力或暴力行為來劃定的。它的特殊性還表現在保險人有權根據情況在任何時候向被保險人發出註銷戰爭險、罷工險的通知。

船舶戰爭險和罷工險承保因戰爭和罷工行為造成被保險船舶的損失，責任範圍包括：

（1）戰爭、內戰、革命、叛亂或由此引起的內亂或敵對行為；

（2）捕獲、扣押、扣留、羈押、沒收或封鎖；

（3）各種戰爭武器，包括水雷、魚雷、炸彈；

（4）罷工、被迫停工、民變、暴動或其他類似事件所造成的船舶損失，均屬船舶戰爭、罷工險責任範圍。

原子彈、氫彈等核武器，被保險船舶的船籍國或登記國政府或地方當局採取或命令的捕獲、扣押、扣留、羈押或沒收，被保險船舶被徵收或徵購，聯合安理會常任理事國之間爆發的戰爭（無論是否宣戰）等風險不在船舶戰爭、罷工險承保範圍之內。

按照保險原理，保險人承保的是可能發生的風險。既然如此，保險人在明知會發生戰爭罷工險項下風險時，取消本保險人承保的責任就應視為合理。保險人一般是在知道某地區發生戰爭、罷工險項下風險時，才通知被保險人該地區為戰爭、罷工險除外地區，停止履行有關責任的。如果被保險船舶一定要駛入，必須事先通知保險人，保險人將視該地區的風險程度做出拒絕承保或酌情加收保費後同意駛入的決定。

此外，船舶險條款還規定，被保險船舶無論是否在停泊修理或轉卸貨物，在保險人同意的港口或區域內停泊超過 30 天時，停泊期間的保險費按淨保費日比例的 50% 退還。做出這樣的決定是因為船舶不處於航行狀態，許多風險就不會發生。而戰爭、罷工險不一樣，不管船舶是否處於航行狀態，產生該風險的可能性一般不會增減，所以戰爭險、罷工險沒有辦理停泊退費的規定。

二、船舶保險除外責任（Exclusions of Hull Insurance）

中國海洋運輸船舶保險的除外責任有以下六種：

1. 不適航

不適航包括人員配備不當、裝備或裝載不妥，但以被保險人在船舶開航時知道或者應該知道此種不適航為限。

不適航有兩種含義。一種是船舶本身的不適航，包括船舶的機械性能、結構、設備等技術狀態不符合船級的規範要求，以及船舶航運時應具備的技術要求。另一種保險意義上的不適航有如下三個方面：

（1）船上人員配備不當。這主要是指船上未配備合格的船長、船員以及沒有特殊情況而未按規定數量配置人員。

（2）不具備航行所需要的要求以及船舶開航前未能準備充足的燃料等物品。

（3）裝載不妥，這主要指沒有按船舶的類型進行合理配載貨物。

2. 被保險人及其代表的疏忽或故意行為

被保險人及其代表是指船舶所有人——船東或實際行使船東權利的人（包括航運、商務、調度、海監等部門）及其派出登船代替船東指揮的人員。海上保險契約與同其他契約一樣，都要求契約雙方恪守契約中的各項規定，保險人對被保險人及其代表疏忽或故意行為造成的損失不承擔責任。

3. 被保險人恪盡職責應予發現的正常磨損、銹蝕、腐爛或保養不周或材料缺陷包括不良狀態部件的更換或修理

保險人承保的風險是指偶然發生的意外事故，不包括必然發生的損失。船舶的正常磨損、銹蝕、腐爛是機械運動和物質本身受自然界的影響而逐漸形成的，在這種情況下，出險是必然的，是可預料的。保養不周加劇了磨損程度和造成風險發生的必然性，是因為被保險人未恪盡職責。有缺陷的材料、不良狀態部件也應該及時更換或修理。所以，對正常磨損、銹蝕、保養不周所致的損失以及有缺陷的材料和不良狀態部件的更換，保險人不負責任。

4. 船舶戰爭險、罷工險的承保責任和除外責任

對於戰爭或罷工所致的損失，保險人是不予賠償的。如果被保險人需要這方面的保障，可以在投保船舶全損險、一切險的基礎上加保船舶戰爭、罷工險。即便如此，罷工險中的責任免除保險人也是不予承擔的。

三、船舶保險免賠額

承保風險所致的部分損失賠償，每次事故要扣除保險單規定的免賠額，但不包括碰撞責任、救助、共損、施救的索賠。

惡劣氣候造成兩個連續港口之間單獨航程的損失索賠應視為一次意外事故。本條不適用於船舶的全損索賠以及船舶擱淺後專為檢驗船底引起的合理費用。

四、船舶保險海運條款

除非事先徵得保險人的同意並接受修改後的承保條件和所需加付的保費，否則本保險對下列情況所造成的損失和責任均不負責：

（1）被保險船舶從事拖帶或救助服務；

（2）被保險船舶與他船（非港口或沿海使用的小船）在海上直接裝卸貨物，包括駛近、靠攏和離開；

（3）被保險船舶作為拆船或為拆船目的出售的意圖航行。

五、船舶保險責任期限（Duration of Hull Insurance）

船舶保險一般分定期和航次保險兩種。定期保險起止時間以保險單上註明的日期為準。保險到期時，如果被保險船舶尚處於危險之中或在避難港或中途港停靠，經被保險人事先通知保險人並按日比例加付保險費後，保險繼續負責到船舶抵達目的港為止。保險船舶在延長時間內發生全損，需追加繳納6個月保險費。

航次保險按保險單訂明的航次為準。關於起止時間有下列規定：

（1）未載貨船舶，自起運港解纜或起錨時開始直到目的港拋錨或系纜完畢時終止。

（2）載貨船舶，自起運港裝貨時開始直到目的港卸貨完畢時終止。但自船舶抵達目的港當日午夜零點起最多不超過 30 天。

（3）定期險期限最長為 1 年，以保單註明日期為準。如果保險到期時被保險船舶還處在航行途中或危險當中，必須事先通知保險人，並按日比例繳付保費。在這種情況下，保險人可以延長保險時間到船舶抵達目的港為止。如果在延長期內發生全損，保險人負責賠償。延長期間按日比例附加保險費的計算公式如下：

$$延長附加保險費 = （保險金額 \times 費率） \times \frac{延長天數}{365}$$

同樣，如果保險未到期時被保險人要求退保，保險費可按淨保費的日比例退還被保險人。另外，被保險船舶在船廠修理或裝卸貨物或在保險人同意的水域停泊超過 30 天時，停泊期間的保費按淨保費日比例的 50% 退還被保險人，但這一條不適用船舶全損。停泊退費的計算公式如下：

$$停泊退費 = （保險金額 \times 費率） \times \frac{停泊天數}{365} \times 50\%$$

（4）航次保險按保單訂明的航次為準。不載貨船舶自起運港解纜或起錨時開始直到目的港拋錨或系纜完畢時終止；載貨船舶自起運港裝貨時開始直到目的港卸貨完畢時終止，但自船舶抵達目的港當日午夜零點起最多不超過 30 天。自保險責任開始，航次保險一律不辦理退保和退費。

中國船舶保險單規定在償付保險責任項下賠款時每起事故要扣除保單上訂明的免賠額，但碰撞責任、共同海損、救助費用、施救費用以及船舶發生實際或推定全損不扣除免賠額。《倫敦保險協會船舶保險條款》規定僅在船舶實際或推定全損或在實際或推定全損的前提下，有關施救費用的索賠不扣除免賠額。

六、船舶保險責任終止（Expiration）

不論定期保險或航次保險，保險條款規定：當被保險船舶按全損賠付後，保險責任自動終止，保險合同雙方的責任和義務也隨之消失。

當船舶的船級社變更，或船舶等級變動、註銷或撤回，或船舶所有權或船旗改變，或轉讓給新的管理部門，或光船出租或被徵購或被徵用，除非事先書面徵得保險人的同意，否則保險將自動終止；發生以上情況但船舶正在海上時，經被保險人要求，可延遲到船舶抵達下一個港口或最後卸貨港或目的港。做出這樣的規定是因為每個船級社對船舶質量要求有嚴有寬，有的船級社為招徠生意會降低入級船舶的規範要求。

第三節　倫敦協會船舶保險條款

一、新條款的特點

1983 年英國制訂了新《倫敦保險協會定期船舶保險條款》（Institute Time Clauses [Hulls]），簡稱為 I. T. C. 新條款，並於同年 10 月 1 日正式啟用，其主要內容和規定已被世界上許多國家所接受和採用。中國現行船舶保險條款也借鑑了該條款。為方便起見，以下用「新條款」指代此條款。

1. 增加了有關法律適用的規定

新條款是根據英國 1906 年《海上保險法》制訂的，從而明確表明新條款接受英國法律和慣例的管轄，如發生海事爭議應遵循英國 1906 年《海上保險法》及有關慣例的規定。儘管這項聲明未列入條款本文，但它為使用這套條款的當事人對條款內容的理解和解釋提供了法律依據。事實上，新條款的某些內容是完全引用了 1906 年英國《海上保險法》的條文規定，這樣就使其在法律適用和解釋上更加規範化。

2. 採用列明風險的做法，更加明確了保險人的承保責任

新條款採用列明風險，把 S. G. 保險單中列明的承保風險和舊條款中「疏忽條款」的內容歸納在一起，作為承保的全部風險，自成一體。同時新條款消除了原來的「其他一切類似風險」等含糊不清的概念，使保險人所承保的風險一目了然，清楚而明確。

3. 擴大了承保責任範圍

新條款在 S. G. 保險單的基礎上擴大了承保責任範圍，有利於保護被保險人的利益。新條款把海盜風險從戰爭險的承保範圍提取出來，作為船舶保險的承保範圍予以賠償。新條款還增加了「污染危險條款」，承保有關當局為了避免或減輕油污而損壞和毀滅船舶的風險。對原有的「船底處置條款」也做了補充和修改，明確規定合理的修理費用可以賠償。同時，新條款還刪除了原有條款中的「運河擱淺條款」和「機器損失共保條款」，從而擴大了承保責任，有利於被保險人。

4. 調整了排列順序，結構上更加合理

新條款在原有基礎上重新調整了各條的先後順序，使得整體安排更加合理，符合海上保險業發展和變革的趨勢。

二、I. T. C. 新條款的內容

1. 航行條款（Navigation Clause）

這是一個保證條款。

該條款第一條規定，不應被他船拖帶，除非是習慣性的或在需要救助時被拖至

第一個安全港口或地方。

該條款第二條規定，不應根據預先安排的合同從事拖帶或救助服務，但與裝卸貨相關的習慣性拖帶除外。習慣性的拖帶是指船舶按港口慣例進出港口靠離碼頭過程中和在運河中航行時對船舶安全有幫助的拖帶。

該條款第三條規定，被保險船舶不得作以拆船或拆船出售為目的的航行。這是針對航運市場不景氣的情況，當出現船多貨少運力過剩時，船東為了擺脫困境，通常採取將船舶提前折舊報廢的辦法。這樣保險人如果承保了以拆船為目的航行的船舶，勢必將承擔較大的風險。因此，保險人對於被保險船舶作以拆船或拆船出售為意圖的航行，在一般情況下不予負責。

2. 繼續條款（Continuation Clause）

該條款規定，保險人對被保險船舶承擔的保險責任應於規定的保險期滿日終止。定期保險的保險期限明確載於保險單上，如果在保險期限屆滿時，被保險船舶尚未抵達其目的港，經被保險人要求並提前通知保險人，並按原定保險費率加付延展期間的保險費，該保險單可繼續有效，直至其抵達目的港。

3. 違反保證條款（Breach of Warranty Clause）

該條款規定，不得改變所裝運貨物，不得變更航行區域或航線，不得拖帶，不得進行救助服務，不得變更開航日期等。如果被保險人違反上述這些保證時，只要他們得悉消息後立即通知保險人，並同意修改承保條件並加付保險費，保險人就可以繼續承擔保險責任。

4. 終止條款（Termination Clause）

該條款規定保險自動終止的幾種情況包括船級社的變更、船級的變更、船級的撤銷、船級的中斷、船級的停止、船級的屆滿、船舶所有權的變更、船旗的變更、船舶轉給新的經理人管理、光船出租、船舶被徵用或徵購。但是，如果造成保險自動終止的事由發生時，被保險船舶正在航行途中，那麼在該船舶抵達下一港口之前，保險責任繼續有效。如果被保險船舶被徵用或徵購，在被保險人事先未得到通知的情況下，保險責任自該船舶被徵用日起計算滿15天自動終止。

5. 轉讓條款（Assignment Clause）

該條款規定，被保險船舶發生轉讓，如將船舶抵押給銀行時，被保險人應及時通知保險人。如果在受讓人要求仍由原保險人承保，保險人也同意的情況下，由保險人出具批單並註明轉讓日期，簽字認可，保險單繼續有效。如果保險單未經保險人批註，即告失效。

6. 風險條款（Perils Clause）

該條款規定了由哪些風險造成的滅失與損害保險人應負責賠償。保險人所承保的風險可分為海上風險和人為風險，並強調了保險人的賠償責任以保險標的損失非起因於被保險人、船東或經理人未恪盡職責為條件。

7. 污染危險條款（Pollution Hazard Clause）

該條款規定，保險人對由於下述條件造成船舶本身的損失承擔賠償責任：

（1）船舶損失必須是政府當局採取行動防止或減少污染或其威脅造成的；

（2）污染危險必須直接起因於該條款列明承保風險所導致的船舶損失；

（3）政府當局採取行動不是因被保險人防止或減輕油污風險與未恪盡職責所引起的。

8. 3/4 碰撞責任條款（3/4th Collision Liability Clause）

該條款規定，承保被保險船舶因過失與疏忽與他船發生碰撞，致使他船及他船所載貨物受到損害時應負賠償責任，保險人只承擔 3/4 的碰撞責任；而且當被保險人進行抗辯或為限制責任進行訴訟時，只要經過保險人的書面同意，由此而產生的法律訴訟費用保險人也負責 3/4。

該條款對碰撞責任共規定了五項除外責任：

（1）清理碰撞船舶殘骸或由於碰撞其他障礙物造成的費用；

（2）他船或他船上本身財物之外的財產；

（3）被保險船舶所載的貨物或其他財產；

（4）人身傷亡或疾病；

（5）污染責任，但與被保險船舶發生碰撞的他船或其所載的財產的污染或玷污例外。

9. 姐妹船條款（Sistership Clause）

該條款規定，被保險船舶和與其相撞船舶屬於同一船東時，可以視為分屬兩個不同船東所有的船舶，保險人仍應按照碰撞責任條款處理它們各自所負的碰撞責任，對它們之間產生的救助費用也按一般救助慣例支付。

10. 索賠通知和招標條款（Notice of Claim and Tenders Clause）

該條款第一條規定，被保險人在得知被保險船舶遭受事故後，應立即向保險人發出事故通知。

該條款第二條和第三條規定，保險人有權指定受損船舶在何港口修理，對被保險人選擇的修理港口和修船廠也可行使否決權，同時保險人有權對被保險船舶進行修理招標，並在行使這一權利時有義務按保險價值年利率的 30% 補償被保險人遭受的延遲損失。該條款還規定，被保險人未按要求及時通知保險人，或不在保險人指定的港口或修船廠修理受損船舶，保險人可從賠款中扣除 15%。

11. 共同海損和救助條款（General Average and Salvage Clause）

該條款規定，保險人負責對救助、救助費用和共同海損的賠償，被保險船舶若發生共同海損犧牲，保險人可以先行給予全部賠償，不能向其他利益方要求分攤；救助或救助費用即使不能作為共同海損，保險人也要予以負責。共同海損理算應依據航程終止地的法律慣例，但如果貨物運輸合同規定按《約克—安特衛普規則》理算，即依從運輸合同的規定；在船舶空載航行又未出租的情況下，船舶保險人仍按共同海損賠付船東一部分損失；在任何情況下，保險人僅對為避免保險風險所發生的救助、救助費用和共同海損負責賠償。

12. 免賠額條款（Deductible Clause）

該條款對免賠額做了規定，具體包括：

（1）免賠額適用於所有部分損失，包括單獨海損、救助、共同海損、施救費用和碰撞責任等。如果同一事故引起上述各項索賠，保險人也只扣除一個免賠額。

（2）不適用免賠額的索賠有包括全部損失以及與同一事故造成全部損失相關的施救費用、船舶擱淺後專為檢查船底而發生的合理費用。

（3）兩個連續港口之間的海上運輸中所有因惡劣氣候造成的損失，只扣一個免賠額。

13. 被保險人的義務（施救費用）條款（Duty of Assured Sue and Labor Clause）

該條款規定，當被保險船舶因遭遇保險風險而受損或處於危險之中時，被保險人及其雇員或代理人為防止或減少應由保險人負責賠償的損失而採取合理措施，保險人對因此而產生的合理費用負責賠償，但以保險金額為限；該項施救費用不適用於共同海損、救助費用和與碰撞有關的法律訴訟費用。如果船舶的保險金額低於實際價值，保險人對施救費用的賠償要按比例扣減。不管是被保險人還是保險人採取施救措施都不能被認為是對委付的放棄或接受。

14. 新換舊條款（New for Old Clause）

該條款規定，當被保險船舶遭受部分損失而產生修理費用時，保險人對此損失賠償不做新換舊的扣除。該條款規定也不影響船東與貨主之間共同海損的理算。

15. 船底處理條款（Bottom Treatment Clause）

該條款規定，保險人對修理船底受損部位的新鋼板工程的表面處理和第一道底漆和第一道防腐漆負責賠償，其他除銹或噴漆費用不予負責。

16. 工資和給養條款（Wages and Maintenance Clause）

該條款規定，船員的工資和給養可以作為共同海損，可以根據共同海損條款的規定向保險人索賠。在單獨海損的情況下，被保險船舶受損進行修理，保險人對船員在修理期間的工資和給養不負責賠償。但是有兩種例外：

（1）受損船舶從一個港口轉移到另一個港口進行修理，在船舶轉移過程期間發生的船員工資或給養，保險人予以賠償；

（2）船舶修理後的試航期間發生的船員工資和給養，保險人予以賠償。

17. 代理佣金條款（Agency Commission Clause）

該條款規定，被保險人為索取和提供資料和文件所花費的時間和勞務，以及被保險人委派或以其名義行事的管理人、代理人、管理或代理公司或諸如此類的公司進行此種服務而收取的佣金或費用，保險人均不負責賠償。

18. 未修理損害條款（Unrepaired Damage Clause）

該條款規定，如果被保險船舶遭受部分損失但未進行修理，對這種未經修理的損失應在保險合同終止時提出索賠，其賠償金額應按保險合同終止時船舶市場價值的合理貶值計算，但不得超過合理的修理費用；如果被保險船舶在保險合同有效期內發生全部損失，保險人對全損發生之前未修理的損害不再負責；保險人對船舶未

修理損壞的賠償，以保險合同終止時的船舶保險價值為限。

19. 推定全損條款（Constructive Total Clause）

該條款規定，在確定是否構成推定全損時，船舶的保險價值應作為船舶修理後的價值，不應考慮被保險船舶殘骸的受損或解體價值。另外，船舶推定全損僅按一次事故引起的恢復或修理費用考慮。如果一次事故引起的這類費用超過船舶保險價值，保險人可按推定全損賠付；如果同一航程中發生幾次事故，造成的損失費用超過保險價值，保險人則不按推定全損負責。

20. 運費棄權條款（Freight Waiver Clause）

該條款規定，發生實際全損或推定全損時，保險人不論是否得到委付通知，都不得要求享受運費收入。

21. 船舶費用保證條款（Disbursements Warranty Clause）

該條款規定，允許被保險人對船舶營運費用、佣金、利潤或船殼、船機的增值在船舶保險外額外投保，其保險金額不能超過被保險船舶價值的 25%。同時還允許被保險人對運費、租金或預期運費投保運費保險，其保險金額與營運費用等保險金額之和不能超過被保險船舶價值的 25%。若被保險人違反保證，以超過其准許投保的金額投保，保險人可以不予承擔責任。但是船舶抵押人在不知情的情況下違反了該保證，保險人仍要負責。

22. 停泊和解約的退費條款（Returns for Lay up and Cancellation Clause）

該條款規定，保險合同雙方當事人協議註銷保險合同時，保險人應從保險終止的月份起每月按比例退還保險費。被保險船舶因裝卸貨物或修理，在保險人認可的港口連續停泊達到 30 天，保險人可按停泊的不同原因分別確定退費比例，辦理退費手續；如果 30 天內既有修理停泊的日子，又有非修理停泊的日子，按各自所占天數比例計算退費，一般修理停泊退費比例要小一些。停泊退費須符合下列條件：

（1）被保險船舶在保險合同期內發生全部損失；

（2）停泊天數以連續停航 30 天為一期；

（3）停泊地必須處於保險人認可的港口或停航區內；

（4）被保險船舶在停泊期間不得用作儲存或駁運貨物。

23. 戰爭除外條款（War Exclusion Clause）

該條款規定，保險人對下列原因造成的船舶損失不承擔責任：

（1）戰爭、內戰、革命、叛亂；

（2）捕獲、扣押、扣留、羈押或禁制引起的後果或企圖進行這些行為引起的後果；

（3）無主的水雷、魚雷、炸彈或其他無主的戰爭武器。

24. 罷工除外條款（Strikes Exclusion Clause）

該條款規定，保險人對下列原因造成的被保險船舶的損失、責任和費用不予賠償：

（1）罷工、被關在廠外、民變、暴動或工潮；

（2）恐怖分子或任何懷有政治動機的人。

25. 惡意行為責任免除條款（Malicious Exclusion Clause）

該條款規定，保險人對下列原因造成的費用或責任不予賠償：

（1）炸彈爆炸；

（2）戰爭武器；

（3）任何懷有政治動機的惡意行為。

26. 核武器責任免除條款（Nuclear Exclusion Clause）

該條款規定，應用原子或核裂變、核聚變或其他類似反應或放射能、放射物質所製造的任何戰爭武器造成的被保險船舶的損失、責任和費用，保險人不予賠償。

第四節　船舶保險理賠概述

鑒於船舶保險損失原因比較複雜，承保的險種也各不一樣，保險人在獲得被保險人索賠請求後，必須首先掌握船舶受損原因、受損範圍和受損程度等第一手資料，從而確定損失是否在保險責任範圍之內。要掌握這些材料，必須對受損船舶進行認真檢驗。檢驗是保險人進行理賠的必要程序，是理賠的重要依據。此外，被保險人應提供船長海事報告、航行日誌、機艙日誌以及有關第三者責任的交涉文件，在船舶修理完畢以後，還應提供費用帳單。

一、船舶保險理賠事項（Procedure of Claims Handling）

（1）對船長海事報告或其他海員證明材料所列出的出險原因和檢驗報告所說明的損失原因要詳細分析、認真研究。

（2）當確定保險責任後，對損失修理費應逐項詳細審核，如哪些是潛在缺陷本身導致的損失，哪些是由於潛在缺陷招致其他機件的損失，是否有不屬於保險損失部分的修理項目和費用混同在整個修理費用內，修理方所開列的費用是否合理。

（3）對於損失所引起的其他費用，包括拖帶費用，駛入、駛出避難港費用，以及船上人員額外費用等，確定哪些應由保險人負責賠付，哪些應由被保險人負擔。

（4）損失如果是由碰撞引起的，應瞭解船舶碰撞過失責任比例以及船貨損失詳細情況，並確定船舶是否能依法享有責任限制。

（5）如船舶發生共同海損，發生共同海損的經過以及能否構成共同海損事實都應審核清楚。

（6）核賠時還應審核保險單是否有效，被保險人是否履行了保險單規定的繳付保險費及其他應盡義務，船舶出事時間是否在保險單有效期限內。

以上各項審核清楚後，便可進行理賠。

二、船舶保險的檢驗（Survey of Hull Insurance）

被保險船舶一旦發生了保險單項下的海損事故，被保險人將依照保險條款的規定，因此而產生的損失和有關費用就向保險人索賠。受損人總是希望盡快從保險人處獲得賠償，保險人則要求被保險人的索賠金額既公平又合理。這種情況下，必須聘請經驗豐富的驗船師進行檢驗，以保護各方的利益。驗船師的主要職責是運用自己的豐富經驗和專業知識，站在公正的立場上，從技術上分析事故發生的原因，確定損失的性質、程度和範圍，提出修復的要求，有時還可以根據保險合同雙方的要求估計修理價格。驗船師完成上述工作後，向申請方提交檢驗報告。在海損檢驗中，由於各類事故的情況不一樣，檢驗要求也不盡相同。

在單獨海損中，驗船師應對船舶損壞的原因做出鑒定，明確其性質是屬意外事故還是屬自然磨損或耗損。如果損壞是船殼的自然耗損銹蝕或機器設備的自然磨損所致，保險人根據條款規定是不予賠償的。此外，驗船師還應確定與海損修理直接相關的費用。比如按照保險條款的規定，保險人對船底的除銹或油漆的費用不予負責，除非這些費用與海損修理直接有關。也就是說，如果船舶擱淺後船底板破損，進塢後調換更新船底板及油漆產生的費用應由保險人賠償，因該油漆費用是與海損修理直接相關的費用。

在共同海損的檢驗中，驗船師的主要職責是分清船舶的哪些損壞屬於單獨海損，哪些屬於共同海損，並在日後匯報給理算師，以便其進行合理理算。對於機械事故引起的共同海損，應同時查明機損事故的原因，為共同海損能否成立提供依據。

在船舶碰撞的海報檢驗中，驗船師的主要職責是確定碰撞的範圍和程度，估算修理的時間和費用，查勘碰撞船舶的速度和碰撞時的角度。這些都是非常重要的，因為就船舶保險人而言，在發生碰撞事故後需要及時獲取上述資料，作為向對方提供或向對方索取擔保的依據。一個精明的保險人或被保險人在發生船舶碰撞事故後，應及時與對方船東聯繫，盡快安排信得過的驗船師對對方船舶進行海損檢驗並取得檢驗報告，以確定對方船舶的受損部位、範圍及程度，防止日後有意擴大損失修理範圍，並為分析事故原因、劃分事故責任取得證據。

此外，被保險船舶碰撞或觸碰任何固定的或浮動的物體而引起被保險人應負的法律賠償責任，也屬中國人民保險公司的船舶保險條款的責任範圍（但任何財產或物件所造成的污染除外）。在國際上這類碰撞其他物體的風險通常由船東互保協會承保。在碰撞浮動或固定物體的海損檢驗中，驗船師應當檢驗碰損部位的範圍和程度，對碰損的部位及碰損物體的全貌進行拍照，調查碰損物體的建造時間及設施情況，瞭解修理計劃、修理方案、修理期間的臨時設施、修理時間、承包修理的廠商名稱和估計修理費等，並將上述內容列入檢驗報告，供保險人或被保險人日後與對方交涉之用。

除了海損事故檢驗之外，海上船舶保險的檢驗通常還包括：

（1）拖航檢驗。這是指以保險為目的，對拖船、拖曳設備以及被拖船舶或浮動物體進行的檢驗和批准。保險人為了防止在拖航中發生事故，往往要求被保險人在拖航前安排驗船師對被拖船或物體進行檢驗，根據季節和拖航路線來審定被拖船或物體本身的技術設備狀況，以確定是否適拖。只有取得了驗船師的適拖證書後才準予拖航。對於不適拖造成的損壞，保險人是不承擔責任的。

（2）船舶狀況檢驗。這包括船舶在投保前船舶保險人（或經紀人）在考慮是否承保時委託驗船師進行檢驗並提供有關船舶技術狀況的詳細報告和船舶價值的評估以及船東互保協會對具有一定船齡的船舶為確定其狀況而要求進行的檢驗，其主要目的在於發現船舶及設備存在的缺陷和可能導致人身傷亡、貨物損失危險的潛在缺陷，以敦促船東採取相應的改進措施。

（3）船級檢驗。在大多數情況下，保險公司要求船舶持有由其承認的船級社，例如中國船級社、美國船級社、法國船級社、挪威船級社、英國船級社、日本船級社、義大利船級社等簽發的船級證書。船舶入級完全自願。符合船級社規範要求的船可隨時入級，但新造船舶通常「在檢驗下建造」，也就是說所有有關圖紙要先提交有關船級社審查，船體結構要在製造時經受檢驗，而且船舶建造要在船級社驗船師監督下進行。船舶入級後，船級社將發給船級證書。船級社也可以在船舶不符合標準時隨時取消其船級，收回證書。船級社驗船師對入級船舶進行年度檢驗和特別檢驗（每四年一次）來確保船級標準，對發生的任何損壞進行檢驗，提出修理要求以保持船級。除船體要入級外，輪機、鍋爐和冷藏裝置也要入級，入級後由船級社發給各種入級證書。船級社的規範中包括了國際公約規則中對客貨船的要求。

三、船舶保險的賠償（Indemnity of Hull Insurance）

在船舶保險中，賠償是最基本的原則之一。船舶保險的賠償原則是損失多少賠償多少，但以保險責任範圍和保險金額為限，保險契約雙方均不能在賠償過程中謀利。在定值保險單情況下，按約定的保險價值進行賠償，比如保險單上的船舶價值為100萬美元，發生賠償時則以此價值為依據。在不定值保險單情況下，按各國法律規定的可保價值進行賠償。可保價值一般是投保時船舶價值加上船上索具和完成保單指定航程所支付的費用以及船員的給養和工資等。如果是蒸汽動力船舶，則再加船方添置的機器、鍋爐、燃料等。如果船舶從事特殊貿易的，還應加上所添置的設備。在超額保險的情況下，按保險價值或可保價值進行賠償。在重複或共同保險情況下，按保險價值或可保價值由重複或共同保險人進行分攤。在不足額保險的情況下按比例賠償。以上幾種情況主要是針對船舶的實際或推定全損的賠償。

如果發生共同海損或救助需要船方分攤費用的情況，保險人以船舶市價按比例賠償。在部分損失賠償情況下，均扣除保險單上規定的免賠額，但碰撞責任、共同海損分攤、救助費用不扣除免賠額。

在代位追償情況下，保險人只能索取已賠的款項。如果追償回來的款項高於已賠的款項，保險人應將高出部分退還被保險人。

四、賠款金額的計算 （Calculations of Claims）

保險人經過核賠確定船舶損失原因和程度後，應按照保險條款規定，依據不同損失情況分項計算保險賠償金額。在一般情況下，損失不同時計算標準也不同，保險人可以按照船舶全損、部分損失、費用損失、碰撞責任和共同海損分攤等損失項目分別進行賠款計算。

（一）船舶全部損失賠款計算

被保險船舶遭受全部損失，保險人的賠償金額就是全部保險金額。根據實際全損和推定全損的情況，保險人在賠償處理時分別對待。

（1）船舶實際全損賠償。當被保險船舶遭受實際全損，保險人應按保險單所載明的保險金額進行賠償，並且不扣除免賠額。但是被保險人獲得實際全損的賠償金額後，應將與被保險船舶的有關權益轉移給保險人。不過，按照國際慣例，保險人不得要求享受被保險人在發生事故航程中應收的運費。如果被保險人在未提出實際損失索賠之前已將船舶殘骸出售，保險人應從賠償金額中扣除殘值；如果沒有出售，其殘值歸保險人所有。計算公式為：

實際全損賠償金額＝保險金額－殘值

（2）船舶推定全損賠償。船舶發生推定全損，被保險人可以選擇兩種方式索賠，即推定全損索賠和部分損失索賠。如果被保險人選擇按推定全損索賠，必須向保險人發出書面形式的委付通知，保險人根據情況考慮是否接受委付。如果保險人接受委付，就按全損賠償，同時取得對船舶的一切權利和義務。如果保險人拒絕接受委付，只按部分損失賠償，保險人在賠償時要從賠償金額中扣除免賠額，同時在賠償後也不能取得船舶的所有權。在實際操作中，保險人往往拒絕接受委付，而按全損賠付。如果被保險人要求按照部分損失索賠，無需向保險人提出委付，保險人直接按部分損失賠償。

在船舶保險中，推定全損時要求按部分損失賠償的情況很少。然而，如果被保險人投保時把船殼和機器價值分項列出，即使以單獨海損不賠的條件承保，保險人對於其中任何一項因保險風險所致的全損仍要承擔賠償責任。

（二）船舶部分損失賠款計算

如果船舶遭受部分損失需要修理，保險人按實際支付的修理費用在保險金額限度內賠付，其賠償金額應扣除保險單所規定的免賠額。計算公式如下：

賠償金額＝實際支付的修理費用－免賠額

按照英國1906年《海上保險法》的規定，對船舶部分損失所支付的修理費用的賠償有以下幾種情況：

（1）如果船舶全部修復，其賠償金額等於船舶合理的修理費用減去免賠額，但每次事故引起的修理費用賠償不得超過保險金額。

（2）如果船舶部分修復，其賠償金額按兩部分處理。對於已經修復部分的費

用，按上述第一條辦法處理。對於未修復部分的合理折舊費用，保險人予以賠償。但二者之和不得超過全部修復時的金額。

（3）如果船舶全未修復，其賠償金額為未修復損害在保險終止時所引起的該船舶市場價值的合理折舊金額，但不得超過對此損害修復時的合理費用。

按照船舶保險條款的規定，保險人承保的船舶修理費用包括下列項目：

（1）臨時修理費用。受損船舶停靠的港口因缺乏修理船舶的條件時，被保險人為了使船舶恢復適航而駛往具備修理條件的港口進行臨時修理，其臨時修理費用可視作合理的修理費用由保險人賠償。若被保險人是為了自己的便利而進行臨時修理，則臨時修理費用不由保險人賠償。要注意的是，如果臨時修理是在避難港進行的，則按共同海損予以賠償。

（2）修理中的加班費用。為了加快船舶的修理進程，常常會出現加班的情況。如果加班是為了減少船舶在船塢停留的時間並節省了船塢費用的支出，或是為了使受損的客、貨輪保持原定船期，那麼由這些原因而支付加班費用都被認為是合理的，保險人可以負責賠償，其賠償金額可等於其節省的費用數額。因共同海損行為造成船舶損失、在避難港對受損船舶進行修理而加班並節省了修理費用時，可以作為共同海損中的替代費用參加共同海損分攤。但是，如果被保險人只是為了自己的利益而加班修理，這種加班費不屬於合理修理費用範圍，由被保險人自行負擔。

（3）因推遲修理而增加的修理費用。通常當船舶的受損程度沒有達到影響船舶繼續營運時，被保險人會推遲修理船舶的時間，即拖延一段時間乃至幾年後才對船舶進行修理。顯然，推遲修理可能擴大船舶的損失程度而使修理費用大大增加，因此對於這種因推遲修理而增加的費用保險人是不予負責的。但在實務中推遲修理有時也會有利於保險人，例如船舶受損一段時間後就是船東按原檢修計劃進入船塢修理的時間，船舶的損失修理拖延到與正常維修同時進行時，保險人對於進出船塢的費用和共同使用船塢的費用按比例賠償。

（4）使用船塢費用。船舶因意外事故造成損壞需要使用船塢進行修理時，進出船塢費用和使用船塢費用都可視為合理的修理費用的一部分由保險人負責。實際上，有時船舶進入船塢修理既是為了對意外事故造成的損壞進行修理，又是船舶的正常維修。只因後者所產生的費用由被保險人（船東）自己承擔。如果進塢修理的原因是兩者兼而有之，則進出船塢的費用與使用船塢的費用可由保險人和被保險人按50%的比例分攤。假若船舶進塢是為了損壞修理，被保險人也趁此機會對於不屬於保險責任的損壞一起進行修理，只要後一種修理不延長船舶使用船塢的時間，也沒有增加修理費用，保險人就不能要求船東參加進出船塢和使用船塢費用的分攤。在對被保險船舶的修理時，如果同時對共同海損和單獨海損造成的損壞都進行了修理，那麼船塢費用也要按共同海損損失與單獨海損損失平均分攤。

（5）清除易燃氣體費用。在對船舶進行修理之前，為了安全起見，有的國家或港口要求對船艙和油槽進行清理，清除易燃氣體。這種清除易燃氣體的費用也可視為合理的修理費用由保險人負責。

(6) 船舶擱淺後的船底檢驗費和船底除銹、噴漆費用。保險人對於船舶擱淺後專門檢驗船底而產生的合理費用可以負責，並且不扣減免賠額。也就是說，保險人對於承保風險造成的船殼鋼板損失進行修理時產生的船底除銹、噴漆合理費用予以負責，但不是承保風險所產生的費用由被保險人自己承擔。

(7) 受損船舶移港修理費用。受損船舶停泊在無法進行修理或無把握進行修理的港口時，為移往能夠修理的港口而產生的合理適當的費用，保險人可予以負責。值得注意的是，這部分費用還包括返回原港口的費用。如果該船在修理後馬上返回港口，其返回費用可由保險人負責；如果該船駛向另一裝貨港口，保險人要賠償一筆相當於該船返回原港口所需費用的數額。

(8) 船員的工資和給養。保險人對受損船舶在修理期間的船員工資和給養是不予賠償的。然而，當雇傭船員作為修理工進行修船時，這種費用通常由保險人賠償。此外受損船舶需要移港修理時，移船過程中船員的工資和給養被看做移船費用的一部分，由保險人予以賠償。同樣，船舶修理完畢後的試航中所發生的船員工資和供養也由保險人承擔。

(9) 燃料和物料費用。船舶在修理期間，為修理而耗費的燃料和物料費用以及移船修理中使用的燃料和物料費用都可以視為合理的修理費而由保險人負責賠償。

(10) 代理手續費。當發生單獨海損時，被保險人或其代理人或管理人為提供損失證據所花費的時間和勞務，保險人不予負責賠償。不過共同海損理算人的費用或船方代理為取得共同海損擔保所支付的費用不在此列。

(11) 船東的監管人費用。在船舶修理時，船東常委請海運監督人全面負責其船舶的管理、維修和修理工作；當船舶發生意外事故時，該監督人一般要參與對損失的檢驗，並同保險人和船級檢驗人商定修理損失的方法。保險人對於船東付給監督人的勞務費和檢驗費均予以賠償。

(12) 船舶修理招標期間所支付的費用。被保險人在等候保險人要求招標時所花費的時間損失，也就是從發出招標邀請到接受投標為止這段時間內被保險人額外支付的燃料、物料、船員工資和給養等，保險人給予賠償，其賠償金額以船舶當年保險價值的30%為限。等待中標而損失的時間，按一年365天比例計算。賠償計算公式為：

$$賠償金額 = 保險價值 \times 30\% \times \frac{等待天數}{365}$$

例：某船舶保險價值為7,300,000元，被保險人等待招標的時間為40天，保險人應賠償金額為：

$$賠償金額 = 7,300,000 \times 30\% \times \frac{20}{365}$$

$$= 12,000（元）$$

第五節　船東保賠保險

一、船東保賠保險的產生

船東保賠保險（Protection and Indemnity Insurance）的產生是倫敦海上保險市場發展的必然結果。由於普通商業保險無法完全滿足船東的需要，如 1/4 碰撞責任、超出船舶價值的碰撞責任（Excess Collision Liability）、船東對第三人人身傷亡的賠償責任以及船舶不適航所造成的貨損責任等都不屬於普通商業保險的承保範圍，但這些責任對於船東而言非常重要，為了分散風險，船東互保協會應運而生。船東互保協會的前身是 18 世紀末的船殼互保協會（Hull Club）。自 1885 年世界上第一家船東互保協會——Britannia 船東互保協會成立以來，保賠協會（Protection and Indemnity Clubs, 簡稱 P&I Clubs）以其豐富的理賠經驗、遍布全球各大港口的通信代理網絡和被廣泛接受的資信擔保，既為船東提供一般商業保險，又為船東提供解決跨國界糾紛的服務，成為航運業中不可或缺的船東責任保險機構。

保賠協會是倫敦海上保險市場運作最重要的相互保險合作集團，也是船東之間的相互保險組織。世界第一家保賠協會是在 18 世紀末成立的，其目的是為船東提供海上保險包括船東責任險。而第一個現代式的海上保賠協會於 19 世紀中葉在英國成立。現在這些協會在海上保險中仍然發揮重要的作用，特別是在責任保險方面，倫敦仍然是世界上重要的海上保賠協會中心，保賠協會全球業務量的 70% 來自倫敦。而且，19 個協會的保護組織、非常有影響力的「海上保賠協會國際集團」的總部設在倫敦，該集團占保賠業務的累計市場份額超過 90%。除了作為對外活動集團的代表功能外，國際集團還特別著重組織成員協會之間的共保安排。

該協會承保的主要業務是承保海上保險人不願承保的各種風險如船舶所有人的各項責任賠償和費用損失等。該協會根據入會船東所屬船舶的總噸位計算出應該收取的會費。在入會船舶發生保賠責任範圍和損失時，如船長和船員的人身傷害及疾病、油污損害、貨損貨差、清理航道、沉船、遣返船員等等，都可由保賠協會負責賠償。協會的賠償金額和管理費用由每一會員比例分攤。

目前國際上有 41 家保賠協會，大部分都集中在英國倫敦，這些組織都是跨國性的組織，中國的遠洋運輸船舶和中外聯營公司的船舶加入了保賠協會。自從 1993 年底以來，有 41 家海上保賠協會在英國開辦了保險業務，其中有 5 家在百慕大開辦業務，還有兩家在盧森堡開辦業務，其餘 34 家在倫敦開辦業務。目前，保賠協會除承保勞合社和海上保險人保單條款中不承保的責任保險外，自 20 世紀 70 年代以來，還承保其他風險，如罷工、貿易糾紛以及船舶經紀人和租船人的辯護費用和法律訴訟費用。

目前，世界上 13 家保賠協會承保了占世界商船總噸位 95% 以上的船舶責任保

險，而保賠保險也早在19世紀60年代就與勞氏船舶保險和貨物運輸保險並列成為傳統海上保險的三大內容之一。

二、船舶保賠協會的特點[①]

保賠保險是海上保險的內容之一，但與普通商業保險有明顯的差別。

1. 船東保賠保險是一種互保性質的保險

船東保賠保險是由各個船東聯合起來，以保障和賠償為目的，對普通商業保險中船舶險所承保的責任風險以外的由海上風險引起的船東對他人的責任風險的互相保險（Mutual Insurance）。會員在船東保賠協會中扮演兩種角色，即保險人和被保險人。當其中一方遭受協會所承保的風險時，他便是被保險人，其他船東作為承保人對其負有賠償的責任。如果其他船東遭受了協會所承保的風險，他便成為保險人，對其他船東負賠償責任。

保賠協會的互保性質即每個會員都既是投保人又是承保人，這決定了保賠協會的利益與船東的利益是一致的。因此，在保賠保險中，遭受損失的船東更容易得到賠償。

2. 保賠保險是非營利性保險

普通的商業保險公司是營利性的法人，而船東保賠協會是非營利性的組織。《中國船東互保協會保險條款》（China Ship-owners Mutual Assurance Association）(1999) 第一條中規定：中國船東互保協會是船東互相保險的組織，其宗旨是維護與保障其會員的信譽與利益，並為其提供各項專業性服務。可見，保賠協會並不以謀取利潤為其宗旨，這是由它作為船東互保組織的性質所決定的。從保賠協會收取的保費來看，保賠協會收取保費的總的原則是維持資金平衡。

保賠協會收取保費的方式與普通商業保險不同。普通商業保險的保費是一次約定，而保賠協會收取的保費由預付保費和追加保費構成。預付保費是由協會經理部與投保人在船舶申請入會時，根據船舶登記總噸、船齡、船型、船舶技術狀況、營運特點、保險險別以及歷年保險賠付狀況等因素商定的保費。追加保費是保賠協會在保險年度結束後根據協會的整體賠付情況決定徵收的保費。有時，保賠協會還會加收巨災保費以彌補保賠協會留存的巨災事故儲備金不足支付賠償金的部分。

3. 保賠保險承保的是一種責任險

海上保險以船舶和貨物為中心，為船東和貨主提供風險保障，以船東和貨主的財產滅失或損壞以及對第三人的責任為主要承保範圍，包括三種保險，即海上貨物運輸保險、船舶保險和船舶責任保險。其中海上貨物運輸保險和船舶保險屬於商業保險公司都能承保的普通財產險，承保因自然災害和意外事故造成的船舶滅失或損壞。對於責任險，商業保險公司只是在船舶險中承保3/4的碰撞責任。但船東所面

[①] 參見2005年3月14日中國保險網李文德的博客文章《船東保賠保險性質淺析》。http://www.rmic.cn/action/blog/viewArticleContentAction.

臨的責任卻遠遠不止這些，還包括運輸合同的責任以及其他對第三人的侵權責任等。保賠協會承保了普通商業保險不承保的風險，範圍很大，主要包括對人、物、費用、油污、清理沉船沉物的責任和根據拖帶合同產生的責任等。

保賠保險承保的責任風險可分為保障和賠償兩種。保障指的是保障船東的利益，使其不受損害，如對船舶保險不承保的碰撞責任、人身傷亡的責任、清理沉船沉物的責任、油污責任等承保。賠償指的是指承保船東的貨物賠償責任，比如對貨物丟失、短少的責任，殘損貨物的處理費用，因無人提貨而產生的責任和費用承保。

無論是保障類保險還是賠償類保險，都是針對船東所面臨的責任風險所設立的。因此，保賠保險實質上是一種責任保險。

4. 船東保賠保險沒有最高賠償限額的規定

普通商業保險是有最高賠償限額的保險，保單中通常會約定保險金額，規定保險人對於保險標的發生全損時賠償的最高限額。保險價值等於保險金額為足額保險。保險金額小於保險價值，為不足額保險。船東保賠保險是無限責任保險，沒有最高賠償限額的限制。但有一個例外，即對油污責任的賠償是有最高賠償限額的。如《中國船東互保協會保險條款》（1999）規定：本協會對油污損害責任的賠償不超過每件5億美元。這和世界上其他船東保賠協會條款規定一致。

三、中國船東互保協會

中國船東互保協會（China Shipowners Mutual Assurance Association），是經中國政府批准的船東互相保險的組織，於1984年1月1日在北京成立。依照中華人民共和國國務院頒布的《社會團體登記管理條例》規定，中國船東互保協會作為全國性社會團體在中華人民共和國民政部註冊登記，依法享有社團法人資格，接受交通部的業務指導和民政部的監督管理。

自成立以來，協會業務規模不斷擴大。截至2007年2月20日，協會會員和入會船舶已由1984年成立之始的3家會員、47萬總噸發展到120餘家會員、1450萬總噸。此外，協會的船舶互保業務近年來發展迅速，已成為中國大陸三家最大的船險承保人之一。較著名的會員有中遠集團（COSCO）、中海集團（CHINA SHIPPING）、河北遠洋（HEBEI OCEAN）、中外運集團（SINOTRANS）、香港明華（MING WAH）、香港華光（WAH KWONG）、新加坡萬邦（IMC）等。

協會目前能同時向會員提供保賠保險（P&I Cover）、船舶保險（Mutual Hull Cover）、戰爭險（War P&I）、租船人責任保險（TCL）和抗辯責任險（FD&D）。

協會的費率是依據會員所提供的其公司船舶的詳盡資料、賠付記錄、投保風險來厘定費率的，多年來預計追加會費比例為20%。但在已關帳的保險年度中，預計追加會費比例最終宣布為0的有7年。

協會保賠保險的承保條款與國際保賠協會集團各成員協會基本一致。值得一提的是，中國船東互保協會的經營成本為國際同業之最佳，為船東會員節省大量管理

成本。

　　經過二十多年的發展，協會目前財務實力雄厚且持續穩定增長，其財務實力和風險承擔能力在國際同類協會中位居榜首。

　　通過與國際互保協會集團合作及商業再保險途徑，中船保所獲取的最高賠償責任限額與國際保賠協會一樣，即均為每事故42.5億美元（非油污）及每事故10億美元（油污）。

　　協會立足於服務中國船東，同時積極開拓國際領域，借鑑國外同行的成熟經驗，從管理體制到市場化服務均力求與國際接軌，為會員提供簡便快捷、高效優質的服務。

　　在中國，中船保與船級社、海事法院、海事仲裁委員會、海事局、商檢局、律師行、專業獨立檢驗師行等涉及海事海商案件處理的單位均有多年的工作關係，其放船擔保更是經中國最高人民法院確認的法定擔保。

本章自測題

一、是非判斷題

1. 船舶保險是以各種船舶及其附屬設備和相關責任為標的物的一種保險。自然災害和意外事故不能完全避免，因此，船舶需要通過保險的方式來補償損失。
　　　　　　　　　　　　　　　　　　　　　　　　　　　　　　　　（　　）

2. 船舶保險標的包括無形標的和有形標的。船舶所有人或承租人運送自己貨物所得的利益以及第三者給付的運費屬於有形標的。（　　）

3. 貨物裝載於子船內，子船載於母船上，到達目的港後，子船從母船上卸下，再裝載另一子船，這種船稱之為載駁船。（　　）

4. 船舶保險只承保適航的船舶，如果船舶在保險責任開始前已不適航，即使保險合同已經簽訂，保險合同也無效。（　　）

5. 世界上許多國家都有辦理船舶入級的機構，其中最著名的是美國船級社和法國的威里塔斯船級社。（　　）

6. 在出口貨物運輸險中，由於保險單作為對外貿易結算的單證之一，貨物保險單可以轉移，當然船舶保險單也能隨船舶所有權的轉移而轉移。（　　）

7. 載貨船舶的保險責任自起運港裝貨時開始，直到目的港卸貨完畢時終止。自保險責任開始，航次保險一律不辦理退保和退費。（　　）

8. 保險人可以接受也可以拒絕委付通知。若不接受委付，保險人仍全損賠付，但不承擔財產所有權以及由此引起的各種義務和責任。（　　）

9. 船舶保險一切險除負責全損險責任範圍內保險責任外，還包括部分損失以及碰撞責任、共同海損分攤，但不包括救助費用和施救費用。（　　）

10. 共同海損分攤是指發生危及船舶、貨物共同安全的事故，經過搶救脫險，

保險公司負責賠償船舶應攤付的各項共同海損損失和費用。船舶對共同海損的分攤以船舶共同海損分攤價值為標準。   （ ）

二、單項選擇題

1. 船舶保險的承保標的分為有形標的和無形標的兩種。屬於無形標的物的是_____。

  A. 引擎   B. 鍋爐
  C. 通信裝置   D. 預期利潤

2. 用於裝載日用百貨、食品等雜貨，也可裝載穀物、煤炭、木材等散雜貨，還能運送集裝箱的船舶被稱之為_____。

  A. 冷藏船   B. 雜貨船
  C. 液貨船   D. 散裝貨船

3. 船級證書是證明船舶具備安全航行技術條件的文件，有效期為_____，期滿時需再申請檢驗，以決定是否保持船級。

  A. 4 年   B. 2 年
  C. 3 年   D. 5 年

4. 出口貨物運輸保險按某一航程來劃分，即從發貨人倉庫起到收貨人倉庫止。船舶保險可分為_____的定期險和以航程為單位的航次保險。

  A. 以年為單位   B. 以月為單位
  C. 以季為單位   D. 以半年為單位

5. 定期險期限最長為 1 年，以保單註明日期為準。如果保險到期時被保險船舶還處在航行途中或危險當中，須事先通知保險人，並_____繳付保費。在這種情況下，保險人可繼續負責船舶抵達目的港。

  A. 按年比例   B. 按月比例
  C. 按日比例   D. 按季比例

6. 被保險船舶在船廠修理或裝卸貨物或在保險人同意的水域停泊超過 30 天時，停泊期間的保費按淨保費_____退還被保險人，但這一條不適用船舶全損。

  A. 月比例的 25%   B. 月比例的 50%
  C. 日比例的 25%   D. 日比例的 50%

7. 載貨船舶自起運港裝貨時開始直到目的港卸貨完畢時終止。但自船舶抵達目的港當日午夜零點起最多不超過_____。自保險責任開始，航次保險一律不辦理退保和退費。

  A. 60 天   B. 30 天
  C. 20 天   D. 15 天

8. 船舶全損險分為實際全損和推定全損兩種。_____是指船舶發生事故後，船舶的實際全損已不可避免，或者為避免實際全損所需支付的費用總和將超過船舶的保險價值。

A. 部分全損　　　　　　B. 實際全損
C. 委付　　　　　　　　D. 推定全損

9. 保險人對共同海損分攤的核定，是以船舶共同海損分攤價值為準的。如果船舶保險金額高於船舶分攤價值，保險公司對船舶應分攤的部分_____賠付。

A. 按比例　　　　　　　B. 不足額
C. 足額　　　　　　　　D. 分擔

10. 救助是指被保險船舶發生保險事故後，由第三者提供幫助並取得成效，保險人對救助費用的賠償和船舶損失賠償加在一起，以_____為限。

A. 保險金額　　　　　　B. 保險價值
C. 實際費用　　　　　　D. 實際損失

三、思考題

1. 簡述船舶保險的無形標的。
2. 簡述船舶保險的有形標的。
3. 簡述船舶入級的意義。
4. 簡述船舶保險的特點。
5. 簡述中國船舶保險的除外責任。

四、名詞解釋

1. 有形標的
2. 無形標的
3. 船舶適航
4. 船舶入級
5. 中國船級社

第三篇

全真海上保險實訓

實訓 1　客戶的投保

一、背景知識

1. 什麼是客戶？

在保險行業裡，客戶指的是投保人或要保人，是指經申請與保險人訂立海洋貨物保險，負有交納保險費義務的一方當事人。海洋運輸貨物保險的投保人可以是自然人或法人。投保人可以是為自己的利益，也可以是為他人的利益或兼顧二者利益而訂立海洋貨物保險。海洋運輸貨物保險的投保人應當具備兩個條件：

（1）應當具有民事行為能力。眾所周知，訂立海洋貨物運輸保險合同是一種民事法律行為，所以要求投保人或被保險人具有民事行為能力。根據《中華人民共和國民法通則》的規定，投保人必須是年滿18週歲或者年滿16週歲、以自己的勞動收入為主要生活來源、精神正常的自然人，而投保海洋運輸貨物保險的社會組織則應當依法取得法人資格或法律認可的獨立地位。

（2）應當具有保險利益。海洋貨物運輸保險的投保人應當與保險標的之間存在著某種經濟與利害關係。沒有這種利害關係的人不能向保險公司投保。對保險標的具有保險利益的人包括貨物所有人對其享有所有權的貨物具有保險利益，船舶所有人、運費所有人對相應的運費具有保險利益，以及租船合同中的出租人對其應行的租金具有保險利益等。

此外，有時候投保人或要保人與被保險人是同一個人。被保險人是指承受保險事故所造成保險標的損失的後果，並有權請求賠償的當事人。被保險人是海洋貨物保險中獲取保險保障的直接承受者。根據大多數國家的海上保險慣例，若投保人為自己利益投保海洋貨物運輸保險時，那麼，投保人與被保險人就是同一人；假如投保人為他人利益投保時，被保險人就是另一個人，而不是同一個人。

2. 客戶投保準備

在我們知道什麼是客戶之後，客戶在海洋運輸貨物投保時應該做哪些準備呢？

決定選擇什麼樣的保險公司作為保險標的承保人這一點非常重要。選擇保險公司將是客戶一個重要的考慮因素。比如說，保險公司的財務狀況、業務分佈、保單條款和保費高低亦是客戶要考慮的因素，並不是每一家公司的保費都是相同的，必須比較一下不同公司收費的不同之處。因此，謹慎選擇保險公司相當重要。

二、海洋貨物運輸投保單

1. 什麼是海洋貨物運輸投保單？

海洋運輸貨物投保單是投保人向保險人提出投保申請和要求保險人同意承保的一個書面文件，是海洋運輸貨物保險合同組成部分之一。投保人就自己的貨物向保險公司投保時，必須事先填寫投保單以及其他形式的投保文件，並且按照要求正確填好每一項內容。如有不實，就會影響被保險人的索賠權益。

2. 海洋貨物運輸投保單式樣

海洋貨物運輸投保單的式樣比較規範。文字採用中英文對照的形式，以適應不同的客戶。如果客戶是中國人，可以用漢語填寫；如果客戶是外國人，就要用英文填寫相關內容。不過，我們在進行練習時，要用英文填寫。下表是中國人民財產保險公司投保單式樣。

表1

PICC 中國人民財產保險股份有限公司
PICC Property & Casualty Company Limited

貨物運輸保險投保單
APPLICATION FORM FOR CARGO TRANSPORTATION INSURANCE

1. 被保險人名稱： Name of the Insured：**GUANGDONG FOREIGN TRADE IMPORT & EXPORT COMPANY**	
2. 發票號碼： Invoice No：**2011JCNY－101－2** 提單號碼： B／L No：**TO－And－01**	合同號碼： Contract No：**2011JCNY－101** 信用證號碼： L／C No：**958／1266**
3. 投保險別： Coverage： **COVERING ALL RISKS.**	
4. 裝載運輸工具： Per Conveyance：**BLUE BIRD V50**	
5. 啓運日期：年 月 日 Date of Commencement：**July 21ST, 2011**	
6. 自： 經： 至： From **SHANGHAI** Via **SINGAPORE** to **NEW YORK**	

表 1（續）

7. 請如實告知下列情況，如情況相符請在括號內打 ［ √ ］
Please inform the following conditions, if yes, please put a check mark in the brackets. ①貨物種類：袋裝 ［ ］ 散裝 ［ ］ 冷裝 ［ ］ 液體 ［ ］ 活動物 ［ ］ 機器 / 汽車 ［ ］ 危險品等級 ［ ］ 　Goods：Bag /Jumbo Bulk Refer Liquid Live Animal Machine / Auto Dangerous Class ②集裝箱種類：普通 ［√］ 開頂 ［ ］ 框架 ［ ］ 平板 ［ ］ 冷藏 ［ ］ 　Container：Ordinary Open Frame Flat Refrigerator ③運輸工具：海輪 ［√］ 飛機 ［ ］ 駁船 ［ ］ 火車 ［ ］ 汽車 ［ ］ 　By Transit：Ship Plane Barge Train Truck

8. 如為船舶運輸，則提供船舶狀況：
If transported by ship, please provide the conditions of the ship. 船舶登記號碼　　船名　　　　船籍　　船級　船齡　　國際安全認證 Ship Reg. No **Name**　　　Reg. Classification Age ISM Certified? **1985CH2356**　　**BLUE BIRD V50 CHINA 1**　　　10　　　　**Yes** / No

9. 發票金額： Invoice Value：**USD 260, 000**	投保加成（%）： Plus（%）：**10%**

10. 被保險項目及保險金額：
Insured Items and Sums Insured：

標　記 Marks & Numbers	包裝及數量 Packing & Quantity	保險貨物項目 Descriptions of Goods	保險金額 Sums Insured
N / M	**1, 000 PIECES**	**HUA LING AIR CONDITIONER** **KF－23GW/E0101**	**USD 286, 000**

11. 總保險金額： Total Sum Insured：**USD 286, 000**

12. 賠款償付地點： Claims Payable at / in **NEW YORK**

投保人茲聲明所填上述內容屬實，同意以本投保單作為訂立保險合同的依據；對貴公司就貨物運輸保險條款及附加條款（包括責任免除部分）的內容及說明已經瞭解，同意簽署正式保險單；發生保險事故時，投保人未按規定交付保險費，保險人不負賠償責任。

　　I (the Applicant) do hereby declare that the above contents are truly filled in, and agree the conclusion of insurance contract based on this application form. I have understood the Company's explanation on the clauses (including exclusions) of Cargo Transportation Insurance and its additional clauses, and I agree to conclude formal insurance contract. In case of damage, if the Insured have not paid the premium in accordance with the agreed method, the Insurer should not liable for any loss.

投保人（簽章） Applicant's Signature / Seal 　　張自立	日期： Date：**JULY 10th, 2011**
地址： Address：**22 White Road, Guangzhou, Guangdong, PRC**	電話： Telephone：**020－36874125**

實訓 1　客戶的投保

表 1（續 2）

以下內容由保險公司填寫：
For Office Use Only：

經辦人（簽名）：**李小鵬**　　　　　　　核保人（簽名）：**袁小男**

費率及保險費：
Rate and Premium：**0.9% × 286,000 = USD 25,740**

免賠率：
Deductible：**5%**

特別約定：
Special Agreements：**雙方約定，自簽單之日起即繳納約定保費，如不履行繳納保費義務，本公司將不承擔賠償責任**

三、海洋貨物運輸投保單的填寫

1. 填寫要求

（1）被保險人名稱。被保險人是在發生保險事故損失時有向保險人請示賠償權的人。被保險人對保險標的所具有的保險利益是保險合同是否有效的重要內容。如果買方為被保險人，保險責任從貨物裝上運輸工具開始；如果賣方為被保險人，保險責任則從保險單載明的起運地運出時開始。

（2）貨物名稱、數量、包裝及標誌。貨物的名稱要寫得具體些，要將貨物包裝的性質如箱、包、件、捆以及數量都寫清楚。貨物在裝船前必須具備完好的、適合海上運輸的包裝和標誌，如果由於標誌不清、包裝不合適引起貨物損失及產生費用，概由貨主負責。貨物的標誌要求與提單上所載的標記符號一致，特別要同刷在貨物外包裝上的實際標誌一致，以免發生損失要求賠償時因標誌有誤造成麻煩。

（3）投保金額。這是指投保人擬投保的金額。如以 CIP 價格成交的貨物，投保金額可適當加減，除貨款外，使費用和預期利潤也能得到保障。如以 FOB 或 CFR 價格成交，必須先換算成 CIF 價格，然後加上一定加成確定保險金額。

（4）裝運工具。如果是用船舶運輸，就應寫明船名、噸位、建造年份、船籍、是否需要轉運；如果是聯運，則要寫明聯運方式，如陸空聯運、海空聯運等。

（5）開航日期。開航日期是指載運被保險貨物的船舶或其他運輸工具的開航及抵達日期。如果知道確切開航日期，則填上確切的日期；如果不知道確切開航日期，則可填開航日期待定。

（6）航程或路程。寫明_____到_____。如果到達目的地的路線有兩條或兩條以上，則要寫上自_____經_____至_____。如果收貨人的目的地在內陸，最好在投保時寫上內陸目的地。

（7）提單或運單號碼。提單是指在班輪運輸中，承運人和托運人之間訂立的規定雙方在貨物運輸過程中的權利、義務、責任和免責的合同。承運人在港口船廠邊或承運人自己的碼頭倉庫收受和交付貨物，負責裝卸貨物及其費用，並按規定向貨主收取運費等項責任與義務。因此，提單是一種重要的海上貨物運輸合同的證明，它證明海上貨物運輸合同的成立，並表明貨物已由承運人收受或裝上船並據以把貨物交付給收貨人。

（8）保險條件。投保人在投保時對需要投保的險別要寫明確，不要含糊。按國際慣例，投保的險別必須和信用證的要求一致，必須與貿易合同上所列的保險條件相符。

（9）賠款支付地點。按照國際慣例，以進口貨物的貨物運輸保險索賠在國內，出口貨物的貨物運輸保險索賠在國外進口商所在地為原則；如果要求在保險目的地以外的地方支付賠款，應予以申明。

（10）投保日期。投保日期應在船舶開航或運輸工具出發之前。目前中國大部分進口貨物在國內投保，特別是以 FOB 和 CFR 價格條件成交的進口貨物都由國內的進口商投保。從 FOB 價格或 CFR 價格換算成 CIF 價格時[①]，分別可利用下列公式：

$$CIF = \frac{CFR}{1-（1+加成率）\times 保險費率}$$

$$CIF = \frac{FOB + 運費}{1-（1+加成率）\times 保險費率}$$

2. 注意事項

（1）投保單是保險人出具保險單的依據，一定要認真填寫好。投保人填寫完投保單後，核保人要仔細核對，以避免出現差錯。如果投保人對相關事項有疑問或問題，比如，計算保險費等，保險人有義務幫助解決。

（2）必要時，保險人可以指導投保人完成投保單的填寫工作。但是，不能代替投保人填寫，只能在保險人的指導下由投保人自己完成。

（3）在投保人完成投保單的填寫後，一定要檢查投保人是否在投保單的右下角簽名，以避免往後發生索賠時產生不必要的糾紛。

四、投保單填寫模擬練習

1. 模擬內容

（1）投保人：上海機器進出口公司（SHANGHAI MACHINERY IMPORT & EXPORT CORPORATION）

（2）地址：上海淮海路 18 號

郵政編碼：210023

電話：021－36987456

[①] 有關保險金額的計算和 FOB 價格和 CFR 價格轉換成 CIF 價格的計算，請參閱本篇「實訓二保險公司的承保」。

（3）保險人：中國人民保險公司上海分公司（PEOPLE'S INSURANCE COMPANY OF CHINA, SHANGHAI BRANCH）

（4）保險標的：29″上海牌彩電（29″ SHANGHAI BRAND COLOR TV SET）

（5）數量：5,000臺

（6）起運港：上海 SHANGHAI

（7）目的港：洛杉磯 LOS ANGELES

（8）途經港：新加坡 SINGAPORE

（9）開航日期：2011.5.22

（10）商標號：SH－M 512347

（11）CIF 價格成交，USD 300.00/臺

（12）CIF 價格加成10%投保一切險，費率：0.8%

（13）提單號：B/L SH－T 569874

（14）船名：海鷗號148（SEAGULL V. 148）

（15）保單號碼：SH－M 564892132568

（16）信用證號碼：957/9865

2. 動手操作

根據以上內容，幫助客戶填寫一份投保單。投保單如表2：

表2

PICC 中國人民財產保險股份有限公司
PICC Property & Casualty Company Limited
貨物運輸保險投保單
APPLICATION FORM FOR CARGO TRANSPORTATION INSURANCE

1. 被保險人名稱： Name of the Insured：			
2. 發票號碼： Invoice No： 提單號碼： B／L No：		合同號碼： Contract No： 信用證號碼： L/C No：	
3. 投保險別： Coverage：			
4. 裝載運輸工具： Per Conveyance：			
5. 啓運日期： Date of Commencement：	年 Month	月 Day	日 Year
6. 自 From	經 Via		至 To

表 2（續）

7. 請如實告知下列情況，如情況相符請在括號內打 [√]
   Please inform the following conditions, if yes, please put a check mark in the brackets.
   ① 貨物種類：袋裝 [ ] 散裝 [ ] 冷裝 [ ] 液體 [ ] 活動物 [ ] 機器／汽車 [ ] 危險品等級 [ ]
   　　Goods：Bag ∕Jumbo Bulk Refer Liquid Live Animal Machine ∕ Auto Dangerous Class
   ② 集裝箱種類：普通 [ ] 開頂 [ ] 框架 [ ] 平板 [ ] 冷藏 [ ]
   　　Container：Ordinary Open Frame Flat Refrigerator
   ③ 運輸工具：海輪 [ ] 飛機 [ ] 駁船 [ ] 火車 [ ] 汽車 [ ]
   　　By Transit：Ship Plane Barge Train Truck

8. 如為船舶運輸，則提供船舶狀況：
   If transported by ship, please provide the conditions of the ship.

船舶登記號碼	船名	船籍	船級	船齡	國際安全認證
Ship Reg. No	Name	Reg.	Classification	Age	ISM Certified? Yes ∕ No

9. 發票金額：　　　　　　　　　投保加成（％）：
   Invoice Value：　　　　　　　Plus（％）：

10. 被保險項目及保險金額：
    Insured Items and Sums Insured：

標 記 Marks & Numbers	包裝及數量 Packing & Quantity	保險貨物項目 Descriptions of Goods	保險金額 Sums Insured

11. 總保險金額：
    Total Sum Insured：

12. 賠款償付地點：
    Claims Payable at ∕ in

　　投保人茲聲明所填上述內容屬實，同意以本投保單作為訂立保險合同的依據；對貴公司就貨物運輸保險條款及附加條款（包括責任免除部分）的內容及說明已經瞭解，同意簽署正式保險單；發生保險事故時，投保人未按規定交付保險費，保險人不負責賠償責任。
　　I（the Applicant）do hereby declare that the above contents are truly filled in, and agree the conclusion of insurance contract based on this application form. I have understood the Company's explanation on the clauses（including exclusions）of Cargo Transportation Insurance and its additional clauses, and I agree to conclude formal insurance contract. In case of damage, if the Insured have not paid the premium in accordance with the agreed method, the Insurer should not liable for any loss.

投保人（簽章）　　　　　　　　　日期：
Applicant's Signature ∕ Seal　　　Date：

地址：　　　　　　　　　　　　　電話：
Address：　　　　　　　　　　　 Telephone：

實訓 1　客戶的投保

表 2（續）

以下內容由保險公司填寫：
For Office Use Only：

經辦人（簽名）：_____   核保人（簽名）：_____

費率及保險費：
Rate and Premium：_____

免賠率：
Deductible：_____

特別約定：
Special Agreements：_____

實訓 2　保險公司的承保

一、背景知識

1. 什麼叫承保？

海上運輸貨物保險承保是指保險人收到投保人填寫的貨物運輸保險投保單後，對投保單進行審核的過程。保險人審核客戶填寫的投保單，可能會做出兩種選擇：一種是接受投保人的投保要求，根據投保單內容，簽訂保險合同，並出具保險單，完成承保全過程；另一種選擇是拒絕投保人的投保要求，並向投保人說明不能承保的理由。

2. 承保注意事項

保險人接受承保時，應從 11 個方面加以考慮：

（1）當保險標的為糧谷類，比如糧食、籽仁、豆類、花生仁、飼料等商品時，因其含有一定的水分，經過長途運輸水分會蒸發，或者因為氣溫的變化，會造成發潮、發熱的損失。此類商品運輸包裝通常有兩種情況：一種是袋裝，另一種是散裝。按照運輸習慣都有一定數量的運輸損耗。在承保一切險或綜合險時，應設定免賠率，同時，發霉、蟲損、結塊、黃曲霉素責任除外。通常此類商品保平安險、水漬險、基本險為宜。

（2）當保險標的為油脂類，比如食用動物油和植物油時，因其在運輸途中因為容器破裂會造成滲漏，也會因玷污雜質而產生玷污損失。此類貨物包裝的方式有兩種：一種是散裝，另一種是桶裝。由於油脂本身沾在艙壁和在裝卸過程中消耗都可能發生短量，在承保一切險、綜合險時，應設定免賠率。

（3）當保險標的為食品類，比如袋裝、罐裝、壇裝等食品時：罐類食品有鐵罐裝和玻璃罐裝兩種。罐頭食品經常發生的損失有鐵罐因沾水、受潮導致外皮發生鏽損，商標標籤紙受污漬影響裝潢美觀，擠壓造成罐頭凹癟。承保一切險及綜合險時，應將鏽蝕、凹癟、變形、滲漏等列為除外責任。

（4）當保險標的是玻璃製品、陶瓷類，比如玻璃、熱水瓶、燈泡、日用陶、瓷器、瓷磚等時，商品的包裝好壞對損失率高低影響很大。此類商品損失主要是破碎。在承保一切險、綜合險時，應設定免賠率。

（5）當保險標的為五金類，比如鋼筋、鐵皮、鐵塊、卷鋼等時，貨品主要是散裝，並時常放在艙面上。承保一切險時，保單上註明銹損險責任除外，並且以捆、箍、匝等為標準計算是否短量，不以貨物的重量為計算標準。如果貨物放在艙面上，應向保險公司申報，並在承保平安險、水漬險的基礎上擴展艙面險，負責貨物被拋棄或風浪衝擊落海的損失。承保貨物艙面險時，費率應在基礎費率上增加費率，大概為 0.1％。

（6）當保險標的為化工類，比如原油、成品油等，包括石油、汽油、柴油及化工原料等時，商品大部分是用散艙運輸的，容易發生短量和玷污的損失。此外，用鐵桶、鐵聽、塑料桶和玻璃瓶裝的液體化工品容易發生滲透損失，所以，承保時，散裝貨物一般保平安險或水漬險及基本險為宜，桶裝的保一切險及綜合險時必須設定免賠率，免賠率為保額的百分比。

（7）當保險標的為成套設備時，這類設備都是系列的生產線，情況比較複雜，可以承保一切險及綜合險，加貼重置條款。但是舊設備一般都是二手貨，承保一切險很難確定是原有的損壞還是運輸途中遭受的損失，因此，承保水漬險及基本險為宜。

（8）當保險標的是藤、柳、竹、生蒜、皮革製品（如皮手套）等貨物，承保一切險時，上述物品發霉屬於除外責任。

（9）在卸貨港口倉庫或場地終止保險責任的，如客戶要求投保中國內一段的運輸保險時，經申請保險公司同意後，根據不同商品承保一切險另外增加費率 0.1％～0.25％。

（10）大宗進口貨物只承保港至港責任。

（11）進口貨物國外一程由外國保險公司承保，但內陸段由國內保險公司承保，貨物必須在港口進行拆箱檢驗後再決定承保與否。

二、海洋貨物運輸保險單

1. 什麼是海洋貨物運輸保險單？

海洋貨物運輸保險單是保險人向投保人或被保險人簽發的正式的書面文件，是保險人向投保人或被保險人證明保險公司對保險標的承保的一種證明。一般是一式三份，一份是正本，交給投保人或被保險人保存，在保險標的發生保險責任事故時作為向保險人提出索賠的依據之一。其他兩份是副本，其中一份副本由保險公司歸檔，另一份由保險公司的承保中心保存，當保險標的發生保險事故時，用於核對之用。保險單使用漢語和英文兩種語言標註，保險單的背面印有保險條款。

海洋貨物運輸按航程方式投保，所採用的保險單有四種形式：

（1）指定船名保險單。指定船名保險單是海上運輸貨物保險中經常採用的一

種保險單。這種保險單適用於載貨船舶已定，投保人將其船名和開航的大致日期等情況告知了保險人的情況。大多數保險公司採用指定船名保險單的形式。因此，我們進行上機操作實驗時，也採用指定船名的保險單。

（2）待報保險單。待報保險單是指進出口貨物的買方經常採用的一種保險單，其特點是保險單內船舶名稱及開航日期兩欄填寫「船名與航期有待貨主日後通知」的字樣。貨主接到國外賣方通知船名和航期後，立即通知保險公司簽發批單，確定承運船名、起航的地點和日期，以此核算保險費的差額。

（3）預約保險單。預約保險單是指承保約定期間內若干批運輸貨物的保險單。通常採用臨時保險單，不限制總保險金額。在每一次運輸情況如貨物名稱、數量、金額、船名、航程等確定以後，被保險人應向保險人通報，保險人據此計算保險費並出具保險單，從而使保險雙方事先達成的協議取得法律效力。

（4）流動保險單。流動保險單是指承保一個總保險金額內若干批貨物運輸的保險單。每次運輸事項確定後，被保險人應將船名、航期、貨物數量和運輸貨物金額通知保險公司，該次運輸的貨物金額即從總保險金額中扣減，直到扣減完畢，保單隨即終止。

2. 海洋貨物運輸投保單式樣

海洋貨物運輸保險單的式樣十分規範，是一種格式保險單。文字採用中英文對照的形式，以適應不同的客戶。不管保險公司承保的保險標的是進口貨物還是出口貨物，都必須用英文填寫相關內容，不能用漢語填寫。以下是中國人民保險公司改制以前的保險單式樣。

表1

PICC The People's Insurance Company of China
總公司設於北京　　　一九四九年創立
Head Office: BEIJING　　Established In 1949

海 洋 貨 物 運 輸 保 險 單
MARINE CARGO INSURANCE POLICY

發票號碼（INVOICE No）**2011CHFG－201/2**
合同號（CONTRACT No）**2011CHFG－201**　　保險單號次
信用證號（L/C No）　　　　　　　　POLICY No **PYYE201140039312585698**
被 保 險 人（INSURED）：**JIANGHANG INTERNATIONAL FORWARDING CARRIED OUT. LTD.**

中國人民保險公司（以下简稱本公司）根據被保險人的要求，及其所繳付約定的保險費，按照本保險單承保險別和背面所載條款與下列特別條款承保下述貨物運輸保險，特簽發本保險單。

THIS POLICY OF INSURANCE WITNESSES THAT THE PEOPLE'S INSURANCE COMPANY OF CHINA (HEREINAFTER CALLED「THE COMPANY」), AT THE REQUEST OF THE INSURED AND IN CONSIDERATION OF THE AGREED PREMIUM PAID BY THE INSURED, UNDERTAKES TO INSURE THE UNDERMENTIONED GOODS IN TRANSPORTATION SUBJECT TO THE CONDITIONS OF POLICY AS PER THE CLAUSES PRINTED OVERLEAF AND OTHER SPECIAL CLAUSES ATTACHED HEREON.

表1（續）

標記 MARKS & NUMBERS	數量及包裝 QUANTITY	保險貨物項目 DESCRIPTION OF GOODS	保險金額 AMOUNT INSURED
N/M	200 PIECES	ROSEWOOD FUNITURE	USD 1,100,000

總保險金額
TOTAL AMOUNT INSURED: **US DOLLARS ONE MILLION ONE HUNDRED THOUSAND ONLY.**

保費　　　　　　　　　　　　　　　　裝載運輸工具
PREMIUM: **USD2000**　　　　　　　　PER CONVEYANCE: **YUEJIN V30**

開航日期　　　　　　　自　　　　　　經　　　　　　至
DATE OF COMMENCEMENT FROM **GUANGZHOU, CHINA** VIA **SINGAPORE** TO **SIDNEY**

承保條件（CONDITIONS）：
COVERING ALL RISKS AS PERCENT OCEAN MARINE CARGO CLAUSES OF THE PEOPLE'S INSURANCE COMPANY OF CHINA DATED 1/1/1981.

所保貨物，如發生本保險單項下可能引起索賠的損失或損壞，應立即通知本公司下述代理人查勘。如有索賠，應向本公司提交保險單正本（本保險單共有　份正本）及有關文件。如一份正本已用於索賠，其餘正本則自動消失。（In the event of loss damage which may result in a claim under this Police, immediate notice must be given to the Company's Agent as mentioned hereunder. Claims, if any, one of the Original Policy which has been issued in Original（s）together with the relevant documents shall be surrendered to the Company, If one of the Original Policy has been accomplished, the others to be void.）

中國人民保險公司 **廣州** 分公司
PICC GUANGZHOU BRANCH

賠款償付地點（CLAIM PAYABLE）NEW YORK　　Authorized Signature：**常民**

出單日期（ISSUING DATE）：**05/08/2012**

3. 船舶保險單式樣

表 2

中國人民保險公司
THE PEOPLE'S INSURANCE COMPANY OF CHINA

副本 COPY

總公司設於北京　　一九四九年創立
Head Office: BEIJING　Established In 1949

船舶保險單
HULL INSURANCE POLICY

保險單號次
Policy No. **GDH2011/OP－006**

中國人民保險公司（以下簡稱本公司）根據 CHINA SHIPPING DEVELOPMENT COMPANY LIMITED AS OWNER, CHINA SHIPPING DEVELOPMENT COMPANY LIM-ITED GUANGZHOU TANKER BRANCH AS MANAGEMENT.（以下稱被保險人）的要求，由被保險人向本公司繳付的約定的保險費，按照本保險單所附條款和下列特款與條件承保船舶保險特立本保險單。

This Policy of Hull Insurance Witnesses The People's Insurance Company of China (hereafter called the Company), at request of CHINA SHIPPING DEVELOPMENT COMPANY LIMITED AS OWNER, CHINA SHIPPING DEVELOPMENT COMPANY LIMITED GUANGZHOU TANKER BRANCH AS MANAGEMENT. (hereafter called the Insured) and in consideration of the insured paying to the Company the agreed premium undertakes to insure the unmentioned ship subject to the clauses attached and conditions specified hereunder.

NAME OF SHIP:	**DAQING 240**	GROSS TONS	**15486 T**
PLACE OF REGISTRY:	**SHANGHAI**	YEAR OF BUILD:	**1975**
INSURED VALUE:	**AS ARRANGED**	INSURED AMOUNT:	**AS ARRANGED**

CONDITIONS: **COVERING OIL POLLUTION SUBJECT TO PICC'S OIL POL-LUTION AS ATTACHED.**
THE MAXIMUM LIABILITY FOR OIL POLLUTION CLAIM UNDER THIS POLICY SHALL BE LIMITED TO USD5,000,000－FOR ANY ONE ACCIDENT OR OCCUR-RENCE.
SUBJECT TO WOE'S YEAR 2000 AND DATE COMPLIANCE & EXCLUSION CLAUSES AS ATTACHED.

DEDUCTABLE: **USD1000 FOR ANY ONE ACCIDENT OR OCCURRENCE.**
TRADING LIMIT: **WORLD－WIDE**
PERIOD OF INSURANCE: **TWELVE MONTHS FROM/AT 20:00 HOURS OF 20TH FEBRARY, 2011 TO 20:00 HOURS OF 20TH FEBRARY, 2012（BEIJING TIME）.**
PREMIUM: **AS ARRANGED**
PAYMENT OF PREMIUM: **TO BE PAID OFF BY TWO INSTALLMENTS.**

THE PEOPLE'S INSURANCE COMPANY OF CHINA, LTD.
GUANGDONG BRANCH INTERNATIONAL DEPT
AUTHORIZED SIGNATORY（102）

日期
Date **18th FEBRARY, 2011**

中國人民保險公司
THE PEOPLE'S COMPANY OF CHINA

4. 海洋貨物運輸保險條款的英文表達

為了避免產生對條款內容的誤解，保險公司已經制定了承保範圍的英文措辭。比如中國人民保險公司 1981 年制定的保險條款，其英文措辭如下：

（1）平安險加保艙面險。COVERING FREE FROM PARTICULAR AVERAGE (F. P. A) AS PER OCEAN MARINE CARGO CLAUSES OF THE PEOPLE'S INSURANCE COMPANY OF CHINA DATED (1/1/1981), INCLUDING RISKS ON DECK.

（2）水漬險加保戰爭險。COVERING WITH AVERAGE (W. A) AND WAR RISKS AS PER OCEAN MARINE CARGO CLAUSES AND OCEAN MARINE CARGO WAR RISKS CLAUSES OF THE PEOPLE'S INSURANCE COMPANY OF CHINA DATED (1/1/1981).

（3）一切險加保戰爭險。COVERING ALL RISKS AND WAR RISKS AS PER OCEAN MARINE CARGO CLAUSES AND OCEAN MARINE CARGO WAR RISKS CLAUSES OF THE PEOPLE'S INSURANCE COMPANY OF CHINA DATED (1/1/1981).

（4）散裝桐油險加保戰爭險。COVERING LOSS OR DAMAGE ARISING FROM SHORTAGE, LEAKAGE, CONTAMINATION AND ISOMERIZATION AS PER CLAUSES FOR WOOD OIL IN BULK ATTACHED, INCLUDING WAR RISKS AS PER OCEAN MARINE CARGO WAR RISKS CLAUSES OF THE PEOPLE'S INSURANCE COMPANY OF CHINA DATED (1/1/1981).

（5）冷藏貨物水漬險。COVERING WITH AVERAGE (W. A) INCLUDING DAMAGE ARISING FROM BREAKDOWN OF REFRIGERATING MACHINERY AS PER CLAUSES FOR FROZEN PRODUCTS (W. A) OF THE PEOPLE'S INSURANCE COMPANY OF CHINA DATED (1/1/1981).

5. 船舶保險條款英文表達

為了避免產生對條款內容的誤解，保險公司已經制定了英文格式表達方式。但是對於投保人的一些特殊承保要求項目，需要重新商定。以下是中國人民保險公司 1986 年 1 月 1 日制定的保險條款，保單英文措辭如下：

（1）船舶全損險。COVERING TOTAL LOSS SUBJECT TO HULL INSURANCE CLAUSES OF THE PEOPLE'S INSURANCE COMPANY OF CHINA 1/1/1986.

（2）船舶全損加保罷工險，對於小額共同海損，每次事故最高賠償限額為 50,000 美元。COVERING TOTAL LOSS SUBJECT TO PICC'S HULL INSURANCE CLAUSES 1/1/1986, INCLUDING STRIKES RISKS AS PER PICC'S STRIKES CLAUSES DATED 1/1/1986, SUBJECT TO SMALL GENERAL AVERAGE UP TO USD50,000 FOR ANY ACCIDENT OR OCCURRENCE ARISING.

（3）船舶一切險。COVERING ALL RISKS SUBJECT TO PICC'S HULL INSURANCE CLAUSES 1/1/1986.

（4）船舶一切險加保戰爭險和罷工險，對於小額共同海損，每次事故最高賠償

限額為 30,000 美元。COVERING ALL RISKS SUBJECT TO PICC'S HULL INSURANCE CLAUSES 1/1/1986, INCLUDING ALL RISKS AND STRIKES RISKS AS PER PICC'S WAR AND STRIKES CLAUSES DATED 1/1/1986, SUBJECT TO SMALL GENERAL AVERAGE UP TO USD30,000 FOR ANY ACCIDENT OR OCCURRENCE ARISING.

三、保險單的填寫

1. 貨物運輸保險單的填寫

（1）被保險人名稱。

（2）貨物名稱、數量。

（3）包裝及標誌。

（4）保險金額。這是指保險核定的金額。如果以 CIP 價格成交的貨物，投保金額可加成 10%。如以 FOB 或 CFR 價格成交，必須先換算成 CIF 價格，然後加上 10% 確定保險金額。FOB 價格或 CFR 價格換算成 CIF 價格的公式如下：

$$CIF = \frac{FOB 價格 + 運費}{1 - (1 + 加成率) \times 保險費率}$$

CFR 價格換算成 CIF 價格的公式如下：

$$CIF = \frac{CFR 價格}{1 - (1 + 加成率) \times 保險費率}$$

（5）裝運工具。

（6）開航日期。

（7）航程或路程。

（8）提單或運單號碼。

（9）保險險別及條件。

（10）賠款支付地點。

（11）承保日期。承保日期應該在船舶開航或運輸工具出發之前，比如說兩天之前。一般說來，保險公司與投保人或被保險人應確定一個起保日期，以避免產生糾紛。

（12）簽名蓋章。

2. 船舶保險單的填寫

（1）船舶被保險人名稱（Name of the Shipowner）。

（2）船舶名稱（Name of the ship or Vessel）。

（3）船舶註冊地（Place of Registry）。

（4）保險金額（Sum Insured）。

（5）保險險別及條件（Insurance Conditions）。

（6）絕對免賠額（Deductible）。

（7）航行範圍（Trading Limit）。

（8）保險期限或航程（Period of Insurance）。

（9）保險費（Premium）。

（10）付費辦法（Payment of Premium）。

（11）簽訂日期（Date）。

（12）簽名蓋章（Underwriting Signatory）。

四、保險單填寫模擬練習

（一）貨物運輸保險單

1. 模擬內容

（1）投保人：廣州對外貿易進出口公司（GUANGZHOU FOREIGN TRADE IMPORT & EXPORT CORPORATION）

（2）投保人地址：廣州市中山路28號

郵政編碼：510023

電話：020－87987458

（3）保險人：中國人民保險公司廣州分公司（PEOPLE'S INSURANCE COMPANY OF CHINA, GUANGZHOU BRANCH）

（4）保險標的：KF23GW/E0101 HUALING AIR CONDITIONER

（5）數量：2,000 PIECES

（6）起運港：GUANGZHOU

（7）目的港：NEW YORK

（8）途經港：新加坡 SINGAPORE

（9）開航日期：2011.9.22

（10）商標號：GZ－FDM 5123569

（11）FOB 價格成交，USD200.00/臺

（12）CIF 價格加成10%投保一切險，費率：0.8%

（13）提單號：B/L GZ－T 45697

（14）船名：BLUE SKEY V. 148

（15）保單號碼：GZ－M 123698745632

（16）信用證號碼：2011/9869

2. 動手操作

根據以上內容，填寫一份保險單，保險單如表3：

表3

PICC The People's Insurance Company of China

總公司設於北京　　一九四九年創立
Head Office: BEIJING　　Established In 1949

海 洋 貨 物 運 輸 保 險 單
MARINE CARGO INSURANCE POLICY

發票號碼（INVOICE No）
合同號（CONTRACT No）　　　　　　保險單號次
信用證號（L/C No）　　　　　　　　POLICY No
被保險人（INSURED）：

中國人民保險公司（以下簡稱本公司）根據被保險人的要求，及其所繳付約定的保險費，按照本保險單承保險別和背面所載條款與下列特別條款承保下述貨物運輸保險，特簽發本保險單。
THIS POLICY OF INSURANCE WITNESSES THAT THE PEOPLE'S INSURANCE COMPANY OF CHINA (HEREINAFTER CALLED「THE COMPANY」), AT THE REQUEST OF THE INSURED AND IN CONSIDERATION OF THE AGREED PREMIUM PAID BY THE INSURED, UNDERTAKES TO INSURE THE UNDERMENTIONED GOODS IN TRANSPORTATION SUBJECT TO THE CONDI-TIONS OF POLICY AS PER THE CLAU-SES PRINTED OVERLEAF AND OTHER SPECIAL CLAUS-ES ATTACHED HEREON.

標　　記 MARKS & NUMBERS	數量及包裝 QUANTITY	保險貨物項目 DESCRIPTION OF GOODS	保險金額 AMOUNT INSURED

總保險金額
TOTAL AMOUNT INSURED: **US DOLLARS ONE MILLION ONE HUNDRED THOUSAND ONLY.**

保費　　　　　　　　　　　　裝載運輸工具
PREMIUM：　　　　　　　　　PER CONVEYANCE：
開航日期　　　　　　自　　　　　　經　　　　　　至
DATE OF COMMENCEMENT　　FROM　　　　VIA　　　　　TO
承保條件（CONDITIONS）：

　　所保貨物，如發生本保險單項下可能引起索賠的損失或損壞，應立即通知本公司下述代理人查勘。如有索賠，應向本公司提交保險單正本（本保險單共有　份正本）及有關文件。如一份正本已用於索賠，其餘正本則自動消失。(In the event of loss damage which may result in a claim under this Police, immediate notice must be given to the Company's Agent as mentioned hereunder. Claims, if any, one of the Original Policy which has been issued in Original (s) together with the relevant documents shall be surrendered to the Company, If one of the Original Policy has been accomplished, the others to be void.)

中國人民保險公司　　分公司
PICC　　BRANCH
Authorized Signature：
賠款償付地點（CLAIM PAYABLE）　　出單日期（ISSUING DATE）：

實訓 2　保險公司的承保

（二）船舶保險單

1. 模擬內容

（1）船舶被保險人名稱：FAIRWHETHER STEAMSHIP CO.，LTD

（2）船舶名稱：NAUTICAL APPLLO

（3）船舶註冊地：PANAMA

（4）總噸位：18,668 噸

（5）建造年份：1988 年

（6）保險金額：5 200,000 美元，保險單號碼：GDH2012/OP－002

（7）保險險別及條件：一切險加保戰爭險和罷工險，對於小額共同海損事故最高賠償限額為 30,000 美元

（8）絕對免賠額：按保險單規定，對於部分損失的每次事故免賠 10,000 美元

（9）航行範圍：世界範圍內

（10）保險期限或航程：12 個月（北京時間：2012 年 1 月 1 日零點至 2012 年 12 月 31 日零點）

（11）保險費：依約定

（12）付費辦法：分兩次付清

（13）簽訂日期：2011 年 12 月 31 日

（14）單位簽名蓋章、簽名：中國人民保險公司廣東省分公司吳小明

2. 動手操作

根據以上內容，填寫一份船舶保險單。船舶保險單如表 4：

表 4

中國人民保險公司
THE PEOPLE'S INSURANCE COMPANY OF CHINA

副本 COPY

總公司設於北京　　一九四九年創立
Head Office：BEIJING　Established In 1949

船舶保險單
HULL INSURANCE POLICY

保險單號次
Policy No.

中國人民保險公司（以下簡稱本公司）根據

（以下稱被保險人）的要求，由被保險人向本公司繳付的約定的保險費，按照本保險單所附條款和下列特款與條件承保船舶保險特立本保險單。

This Policy of Hull Insurance Witnesses The People's Insurance Company of China (here-after called the Company), at request of (hereafter called the Insured) and in consideration of the insured paying to the Company the agreed premium undertakes to insure the unmentioned ship subject to the clauses attached and conditions specified hereunder.

表 4（續）

NAME OF SHIP： GROSS TONS：
PLACE OF REGISTRY： YEAR OF BUILD：
INSURED VALUE： INSURED AMOUNT：
CONDITIONS：

DEDUCTABLE：
TRADING LIMIT：
PERIOD OF INSURANCE：
PREMIUM：
PAYMENT OF PREMIUM：

                      THE PEOPLE'S INSURANCE COMPANY OF CHINA, LTD.
                                    BRANCH INTERNATIONAL DEPT
                                          AUTHORIZED SIGNATORY

日期
Date
                                                中國人民保險公司
                                    THE PEOPLE'S COMPANY OF CHINA

實訓 2 保險公司的承保

實訓 3 保險單的批改

一、背景知識

1. 為什麼要對保險單進行批改？

保險單出具之後，如果保險金額有增減或貨物運送的目的地有更改，就會出現保險單所載項目同實際不符的情況，影響保險雙方的權益。在這種情況下，就需要對保險單進行批改，使其符合投保人的實際情況。保險批單一經簽發，保險合同雙方即應按照批改後的保險單來確定雙方的權利義務關係。批改後的保險單效力優先於原始保單。

保險單的批改由投保人或被保險人首先提出申請。保險人審核無誤給予確認後，方可辦理批改手續。如果保險人認為投保人的批改申請有可能擴大了風險程度或風險範圍，可以拒絕投保人提出的批改申請。保險人在進行批改時，應注意以下幾個方面的問題：

（1）凡是承保規定允許的條件和內容，可按申請批改，在必要情況下可加收保險費。

（2）申請批改的內容如涉及保險人所承擔的保險責任，如保險金額增加、保險期限延長，則批改必須在保險標的無任何損失或被保險人不知標的有損失時才可辦理批改手續，否則保險人可不接受批改申請。

（3）批改的內容應與原保險單相聯繫，即批單應記載原保險單的內容和對此所做的批改，並附貼在原保險單上，加蓋騎縫章，防止漏洞。

（4）保險公司簽發的批單與代理人簽發的批單具有同等法律效力。

2. 批改意事項

保險公司簽發批單時，首先應將批單上的項目，如批單日期、批單號碼、保單號碼、被保險人名稱、保險金額、船名、開航日期等一一列明，然後寫上批單內容。

二、保險批單

1. 什麼是海洋貨物運輸保險批單？

批單（Endorsement）是批改保險單內容的憑證，具有補充、變更保險單內容的作用。保險單一經批改，保險公司就按照批改後的內容來承擔保險責任，投保人或被保險人也按此批單承擔相應的義務。

2. 海洋貨物運輸保險批單中的英文表達

中國海洋運輸貨物保險的批單用中英文對照的形式加以確定，以方便本國的出口企業使用。由於有英文，同時也適用於國外企業使用。

保險單批改常用的英語表達有不少，這裡舉幾個例子，供學生學習。

（1）更改包裝。IT IS HEREBY NOTED THAT THE GOODS COVERED UNDER THIS POLICY ARE PACKED IN CASES AND NOT IN BALES AS ORIGINALLY STATED. OTHER TERMS AND CONDITIONS REMAIN UNCHANGED.

（2）更改船舶名稱。IT IS HEREBY NOTED THAT THE NAME OF THE SHIP CARRYING THE GOODS INSURED UNDER THIS POLICY SHOULD BE S/S「YUAN WANG」INSTEAD OF「YUAN HANG」AS ORIGINALLY STATED. OTHER TERMS AND CONDITIONS REMAIN UNCHANGED.

（3）更改目的地。IT IS HEREBY NOTED AND DECLARED THAT THE FINAL DESTINATION UNDER THIS POLICY SHOULD BE「NEW YORK」INSTEAD OF「LOS ANGELES」AS ORIGINALLY STATED. OTHER TERMS AND CONDITIONS REMAIN UNCHANGED.

（4）更改保險條件及險別。IT IS HEREBY NOTED THAT THIS INSURANCE IS AMENDED TO COVER ALL RISKS AS PER OCEAN MARINE CARGO CLAUSES OF PEOPLE'S INSURANCE COMPANY OF CHINA DATED 01/01/1981 INSTEAD OF LONDON INSTITUTE CLAUSE (B) AS ORIGINALLY STATED.

IN CONDISIDERATION OF The ABOVE MODIFICATION, AN ADDITIONAL PREMIUM AS ARRANGED IS CHARGEABLE TO The INSURED. OTHER TERMS AND CONDITIONS REMAIN UNCHANGED

（5）延長碼頭存倉期限。IT IS HEREBY NOTED THAT THIS INSURANCE IS NOW EXTENDED TO COVER FOR A FURTHER PERIOD OF 10 DAYS. I. E. THIS INSURANCE IS TO BE VALID FOR 10 DAYS AFTER COMPLETION OF DISCHARGE OF The GOODS FROM The OVERSEA VESSEL AT PORT OF DESTINATION UNLESS PREVIOUSLY WAREHOUSED BY CONSIGNEES OR PARTY AT INTEREST.

IN CONSIDERATION OF THE ABOVE CHANGE, AN ADDITIONAL PREMIUM AS ARRANGED IS PAYABLE BY The INSURED.

OTHER TERMS AND CONDITIONS REMAIN UNCHANGED.

3. 海洋運輸貨物保險的批單樣式

表 1

<table>
<tr><td colspan="2" align="center">中國人民保險公司廣州分公司
People's Insurance Company of China, Guangzhou Branch
批　單　　　　　　　日期：
ENDORSEMENT　　　　Date: March 8, 2012</td></tr>
<tr><td>批單號次：
End. No **En20110028**
保險金額：
Amount Insured: **USD550 000**
船名：
Conveyance（s）**Black Dolphin V. 30**
被保險人：
Name of Insured：
PANYUAN FOREIGN TRADE COMPANY, LTD</td><td>保險單或保險憑證：
Policy/Certificate No **SA 48826598741**

開航日期：
Sailing Date: **February 28, 2012**
保險費率：
Rate as Arranged：</td></tr>
<tr><td colspan="2"> MODIFICATION OF THE INSURED
　　IT IS HEREBY NOTED THAT THE NAME OF THE INSURED UNDER THIS POLICY SHOULD BE PANYU FOREIGN TRAD IMPORT & EXPORT COMPANY LIMITED INSTAED OF PANYUAN FOREIGN TRADE COMPANY, LTD. OTHER TERMS AND CONDITIONS REMAIN UNCHANGED.

 承保經理
Underwriting manager
袁曉霞 </td></tr>
</table>

三、保險批單的英文寫作

1. 寫作要求

在撰寫批單之前，應將批單上相關內容一一列出，如批單日期、批單號碼、保單號碼、被保險人名稱、保險金額、船名、開航日期等。然後開始撰寫批單正文內容。

2. 注意事項

用英語撰寫批單時，不要寫錯英語單詞，以免產生誤解。如果對一些單詞沒有把握，可查閱英漢—漢英辭典，確保正確。

四、保險批單寫作模擬練習

1. 模擬內容

（1）批單號次：ED－SM－08

（2）保險單或保險憑證：SA 582659874123

（3）保險金額：USD 800 000

（4）船名：BAILANG

（5）開航日期：2012. 5. 25

（6）被保險人：SHENZHEN FOREIGN TRADE COMPANY，LTD.

（7）保險人：中國人民保險公司深圳市分公司

（8）保險費率：依約定

（9）更改目的地：由原來的「CANBERRA」改為「MELBOURNE」

2. 動手寫作

根據以上內容，用英文撰寫一份保險批單。批單格式如表2：

表2

中國人民保險公司廣州分公司 People's Insurance Company of China, Guangzhou Branch		
	批　　單 ENDORSEMENT	日期： Date：
批單號次： End. No		保險單或保險憑證： Policy/Certificate No
保險金額： Amount Insured： 船名： Conveyance（s）		開航日期： Sailing Date：
被保險人： Name of Insured：		保險費率： Rate：
		承保經理 Underwriting manager

實訓 4　客戶的索賠

一、背景知識

1. 什麼叫索賠？

索賠是指被保險人在保險合同承保的保險責任事故發生、要求保險人支付保險賠償金的行為。當被保險人的貨物遭受損失後，被保險人向保險公司提出索賠要求。只有被保險人提出索賠要求，保險人才能進行理賠。被保險人應辦妥索賠的相關手續，保險人才可以進行有效理賠。

2. 索賠準備

被保險人發現貨物受損後，應在第一時間撥打保險單上的報案電話，向保險公司報案，應與保險單上指定的檢驗人取得聯繫，並申請檢驗。檢驗人通過檢驗後，初步收集單證，並將檢驗報告寄給承保該批貨物的保險公司。

二、索賠程序

1. 損失通知

被保險人一旦得知保險標的遭受損失，除立即打電話通知保險人之外，還要發出書面損失通知。書面通知要記述保險單所載明的主要事項，如船名、航線、起運日期、到達目的地日期、貨物種類、數量、標記、保險金額、保險條款等內容。被保險人或其代理人採取就近原則通知理賠代理人，並申請對損失進行檢驗。與此同時，被保險人應會同保險人或其代理人對受損的保險標的採取施救措施，以避免損失進一步加大。

2. 申請檢驗

被保險人發出損失通知後，應及時向保險人提出貨物損失的檢驗申請。因為貨損檢驗對保險人查明損失原因、審定責任極為重要，因此申請檢驗不能拖延。對於被保險人申請檢驗的時間有明確規定，如中國海洋運輸貨物保險條款規定，申請檢

驗應自保險責任終止日 10 天之內進行。如果貨物損失明顯屬於保險責任終止後發生的或擴大的，保險人對此部分貨物損失將不承擔賠償責任。

3. 向責任方提出索賠

當貨物運抵保險單載明的目的港後，被保險人或其代理人在提貨時發現貨物的包裝有明顯受損痕跡，除按上述要求向保險人提出申請檢驗外，還應向承運人、海關、港務當局等索取貨損貨差證明。特別是當被保險貨物的貨損貨差涉及承運人或其他有關方面責任時，應立即向它們提出索賠。按照運輸合同的有關規定，被保險人應在檢驗貨物損失時，向承運人提出索賠。被保險人及其代理人應採取一切措施，以保全保險人對承運人等責任方進行追償的權利。

4. 提供索賠單據

根據中國《海上運輸貨物保險條款》規定，被保險人在向保險人索賠時，必須提供下列單證：

（1）保險單正本、批單正本或保險協議、共保協議複印件。

（2）提單或其他運輸單據正本。

（3）發票。

（4）裝箱單或磅碼單。

（5）貨損貨差證明/責任事故證明正本（或運輸環節交接記錄證明）。

（6）貨損查勘、鑒定報告/檢驗報告。

（7）重大海事案應提供海事單證及船舶資料。

（8）索賠人向第三方責任者追償的書面證明。

（9）其他必要的索賠單證。

5. 相關內容的樣本

（1）保險單正本、批單正本或保險協議、共保協議複印件。保險單正本等是向保險人索賠的基本證明文件，它們可以證明保險人承擔的保險責任及其範圍（見本篇「實訓 2、保險公司的承保」）。

（2）提單或其他運輸單據正本。提單是證明被保險貨物在交給承運人時狀況的依據，是承運人在接受貨物並裝船後開立的收據，提單上所填寫的各項內容在保險人理賠時具有十分重要的作用。提單樣本見表 1。

表1

EASTERN CAR LINER, LTD	B/L №TO－And－01
BILL OF LADING	

Shipper：
HENAN HUANGHE ALUMINIUM AND POWER GROUP MIANCHI SMELTER HENAN, CHINA

Consignee：
SAMSUNG HONG KONG LIMITED

Notify Party：
SUMITOMO CORPORATION

（Local Vessel）　　　　　　　　　　（From）

Name of Vessel：　　　　　　　　　　Port of Loading：
FORTUNE WIND　　　　　　　　　　**TIANJIN, CHINA**

Port of Discharge：
NAGOYA, JAPAN

Marks & Numbers № of packages Kind of packages；description of goods Gross Weight

N/M 484 BUNDLES PRIMARY UNALLOYED ALUMINIUM GROSS WEIGHT
　　　　　SPECIFICATIONS：　　　　　510.77M T
　　　　　AL 99.7PCT MIN,　　　　　　NET WEIGHT
　　　　　FE 0.20PCT MAX,　　　　　　509.323MT
　　　　　SI 0.13PCT MAX,
　　　　　ORIGIN：CHINA
　　　　　CLEAN ON BOARD
　　　　　FREIGHT PREPAID

Total Number of
Packages or units (in words) **TOTAL：FOUR HUNDRED AND EIGHT FOUR BUNDLES ONLY.**

　　（3）發票。發票是承運人收到運送貨物及其價值的憑證，同時也是計算保險賠款數額的依據。發票樣本見表2。

表 2

COMMERCIAL INVOICE

ORIGINAL   1/1

1. Shipper / Exporter **SAMSUNG HONGKONG LIMITED** UNIT 2021, 35 TH FLOWER, THE CENTER, 88 QUEEN'S ROAD CENTRAL, HONGKONG	8. No & Date of Invoice **SEBO 2121998V01** 12/12/2011
	9. No & Date of L/C
2. For Account & Risk of Messers **SUMITOMO CORPORATION** 1-18-11, HARRUMI, CHUO-KU	10. L/C Issuing Bank
3. Notify Party **SUMITOMO CORPORATION**	11. Remarks **PLEASE QUOTE OUR INVOICE № AND REMIT TO CITIBANK, NEW YORK** **FOR A/C OF CITIBANK HONGKONG A/C №1090845** **A/C № 08081158**

4. Port of Loading **TIANJIN, CHINA**	5. Final Destination **NAGOYA, JAPAN**	
6. Vessel Name **MV FORTUNE WIND**	7. Sailing on or about **12/12/2011**	

12. Description of Goods
13. Quantity/Unit
14. Unit Price (USD)
15. Amount (USD)

CIF FO NAOYA, JAPAN

PRIMARY UNALLOYED ALUMINIUM 509. 323000 MT 1427. 000000   726803. 92
ORIGIN: CHINA
TOTAL NETWORK WEIGHT: 509. 323 MT
TOTAL GROSS WEIGHT: 510. 775 MT
TOTAL № OF BUNDLES: 484 BUNDLES

16. Marks & Numbers
N/M

Total   509. 323000   USD   726803. 92

(TOTAL: USD DOLLARS SEVEN HUNDRED TWENTY SIX THOUSAND THREE AND CENTS NINETY TWO ONLY)

For and on behalf of
SANGSUNG HONGKONG LIMITED
Signed by   *David Jefferson*
Authorized Signature

實訓 4 客户的索賠

（4）裝箱單或磅碼單。裝箱單或磅碼單是由港務或車站、機場管理部門簽發的一種文件，證明保險貨物裝運時的件數、重量、標誌及日期，是核對損失數量的依據。裝箱單樣本見表 3。

表 3

PACKING LIST

ORIGINAL　　1/1

1. Shipper / Exporter **SAMSUNG HONGKONG LIMITED** UNIT 2021, 35TH FLOWER, THE CENTER, 88 QUEEN'S ROAD CENTRAL, HONGKONG	8. No & Date of Invoice **SEBO 2121998V01**　　12/12/2011
	9. No & Date of L/C
2. For Account & Risk of Messers **SUMITOMO CORPORATION** 1 – 18 – 11, HARRUMI, CHUO – KU	10. L/C Issuing Bank
3. Notify Party **SUMITOMO CORPORATION**	11. Remarks **PLEASE QUOTE OUR INVOICE № AND REMIT TO CITIBANK, NEW YORK** **FOR A/C OF CITIBANK HONGKONG A/C №10990845** A/C № 08081158

4. Port of Loading **TIANJIN, CHINA**	5. Final Destination **NAGOYA, JAPAN**	
6. Vessel Name **MV FORTUNE WIND**	7. Sailing on or about **12/12/2011**	

12. Description of Goods	13. Quantity	14. Measurement	15. Net Weight/16. Gross Weight

UNALLOYED ALUMINIUM　509.323000 MT　　　509.323000 MT（NW）
ORIGIN: CHINA　　　　 0.000000 CBM　　　　510.775000 MT（GW）
TOTAL NETWORK WEIGHT: 509.323 MT
TOTAL GROSS WEIGHT: 510.775 MT
TOTAL № OF BUNDLES: 484 BUNDLES

17. Marks & Numbers
　　N/M

　　　　　　　　　Total　509.323000　　　　509.323000MT（NW）
　　　　　　　　　　　　 0.000000CBM　　　510.775000MT　（GW）

　　　　　　　　　　　　　　　　　For and on behalf of
　　　　　　　　　　　　　　　SANGSUNG HONGKONG LIMITED
　　　　　　　　　　　　　Signed by　　*David Jefferson*
　　　　　　　　　　　　　　　　　　Authorized Signature

　　（5）货损货差证明/责任事故证明正本（或运输环节交接记录证明）。被保险货物交付给承运人运输，承运人在装船后如果签发的是清洁提单，即表明货物是完好的。当货物运抵目的地发现残损或短少时，由承运人或其代理人签发货损、货差证明，既作为向保险人索赔的有力证明，又是日后向承运人追偿的根据。

　　（6）货损查勘、鉴定报告或检验报告。检验报告是证明损失原因、损失程度、损失金额、残余物资价值以及受损货物处理经过的证明，是确定保险责任和应赔金额的主要证件。表 4 和表 5 分别是货损鉴定报告和货物检验报告。

表4   貨損鑒定報告

All NIPPON CHECKERS CORPORATION
A. N. C. C
NAGOYA BRANCH
CARGO BOAT NOTE

VESSEL **FORTUNE WIND**   VOY № **1198**
PORT **NAGOYA**   ARRIVED ON **12 ᵀᴴ DEC 2011** BERTH **PIER №89**

B/L №	MARKS & №	No OF P'KGS	STYLE	DESCRIPTION	REMARKS
S0 – And – 01	NO MARK	484	BDLS	ALUMINIUM INGOT	EX – XINGANG
		UNPROTECTED	CARGO		
		(35)	BDLS	PARTLY BANDS	OFF
		(28)	BDLS	SLIGHTLY DIRTY	
		③	BDLS	BURST	

TOTAL [**484**]
FOUR HUNDRED AND EIGHTY – FOUR BUNDLES ONLY

LANDING PLACE：

CONSIGNEE / FORWARDER：**SUMITOMO CORPORATION.**
SUMITOMO WAREHOUSE CO. , LTD

RECEIVER：**DK EYED**   CHIEF OFFICER：**David**
RECEIVED DATE：**13TH DEC 2011**   CHIEF CHECKER：**Thomas**

實訓 4 客户的索賠

表 5　　　　　　　　　　貨物檢驗報告

STANDARD FORM OF
SURVEY REPORT（GOODS）
For use by LLOYD'S AGENT And SUB – AGENTS only

This report is issued for use in connection with the claim against the parties responsible, but does not imply that the loss is recoverable from underwriters. The must depend upon the terms of the Policy of insurance.

1. (a) Name of consignee of goods as specified in annexed Schedule.	(a) **DOLDER LTD**　　　　　　　　P. 1 **IMMENGASSE 9 CH – 4004 BASEL SWITERLAND**
(b) Name of applicant for survey (if not Consignee, please specify relationship).	(b) **AS ABOVE**
(c) Name/Registration Number of vessel / Aircraft /Conveyance from which goods discharged.	(c) **ROAD TRANSPORT**
(d) Port / airport / place of discharge and date of arrival …	(d) **BASEL 26 / 03 / 2011**
(e) Date goods landed at port/airport/place of discharge …	(e) **26 / 03 / 2011**
(f) If transshipped, name/registration number of original carrying vessel / aircraft/conveyance and port/airport/place of transshipment.	(f) ⌈ **ROTTERDAM　　EXPRESS** ⌋ **TO ROTTERDAN**
2. (a) In whose custody were the goods held between time of discharge and delivery to place where survey held?	(a) **NOT APPLICABLE**
(b) Where and what storage was afforded to the goods during this period.	(b) **NOT APPLICABLE**
3. (a) Were goods transported by road or rail or by other means from port/airport/place of discharge to place where survey held?	(a) **NOT APPLICABLE**
(b) If so, give date of commencement of transit and date of arrival at place of survey.	(b) **26 / 03 / 2011**
(c) Give name of carrier for each transit …	(c) **FPS FAMOUS PACIFIC LINES** **STRECK TRANSPORT AGAINST, BASEL**

表5（续）

Signature of Lloyd's Agent
KELLER SHIPPING LTS
LLOYD'S AGENCY BASEL

4. (a) What records/receipts were issued at time of discharge and up to delivery to consignee and what exceptions if any were noted at each stage? (b) Condition of goods when finally delivered … (c) If there was any delay in taking delivery of goods, state consignee's reasons.	(a) **CLEAN RECEIPTS** **P. 2** (b) **SEVERAL DRUMS DENTED AND 4 DRUMS TORN** (c) **NO DELAY**
5. (a) If goods transported in container, please state type, number, marks and type of transit, e.g. LCL, FCL or house to house. (b) Was container seen by surveyor before or after being de-stuffed? (c) Was seal inspected by surveyor? … (d) If not seen, state by whom it was removed … (e) Where and by whom was container de-stuffed? … (f) Condition of container and cargo at that time … Note – If not seen by surveyor, sate condition as reported by any other party, e.g. de-stuffing depot or consignee and name the party concerned.	(a) **NOT APPLICABLE** (b) **NOT APPLICABLE** (c) **NOT APPLICABLE** (d) **NOT APPLICABLE** (e) **NOT APPLICABLE** (f) **NOT APPLICABLE**
6. (a) Date of application for survey … (b) Date and place of survey … (c) If there was any delay in applying for survey, state consignee's reasons.	(a) **14 / 04 / 2011** (b) **NO SURVEY** (c) **FIRST NOTOFIED SUPPLIER AND REQUESTED INSURANCE POLICY**
7. (a) Description and condition of interior and exterior packing (b) Was packing new or second–hand? … (c) Was packing customary? … Note – If in the surveyor's option, the packing was not adequate for this transit, give full explanation under Further remarks.	(a) **ARDBOARD DRUMS WITH METAL TIMS AND INNER PLASTIC BAGES** (b) **NEW** (c) **YES**

实训 4
客户的索赔

8. (a) Description of loss / damage …	(a) **SEVERAL DRUMS** **P. 3** **DENTED AND 4 DRUMS TORN BUT CONTENTS NOT LEAKING**
(b) After examination, cause attributed by surveyor to …	(b) **CARDBOARD DRUMS MAY HAVE FALLEN OVER DURING TRANSIT. NO DETAILES MADE AVAILABLE**
(c) In case of water damage, state whether salt water, freshwater or sweat, and whether salt water contamination test was carried out.	(c) **NOT APPLICABLE**
9. (a) Is Lloyd's agent aware of any casualty/accident (b) If so, give details … (c) Was the Master's Protest lodged or any other form of notification given to the appropriate Authorities?	(a) **NO** (b) **NOT APPLICABLE** (c) **NO**
10. (a) Have Bill of Lading/CMR/Air Waybill or other documents of carriage been inspected? (If so, give date and number of bill and whether original or copy.) (b) What is the reference therein to the conditions of goods?	(a) **COPY OF B/L № FM13BBL1003 DATED 26.01.2011** (b) **NO REFERENCES TO CONDITION OF GOODS**
11. Has the commercial invoice been inspected? (If so, give Invoice №, date and amount.)	**COPY OF INVOICE №03/02CF0352 DD. 23 / 01/ 2011 USD 80,000.00**
12. On the date of compromise of damage agreed with consignee or of disposal sale, the arrived sound market value amounted to (State whether duty paid or in Bond.)	**USD 80,000.00 CIF SEA BASEL**
13. In the interest of all parties concerned, the damage has been assessed by way of compromise and a fair and reasonable allowance on arrived sound market value has been agreed amounting to	**SEE SCHEDULE PAGE**
14. No compromise being agreed with consignee, the damaged goods were, with our approval, and the consent of the consignee, sold by public sale or private tender for account of the consignee. The proceeds, as percent attached sales account, amounted to	**NOT APPLICABLE** **P. 4**

表 5（續）

Signature of Lloyd's Agent
KELLER SHIPPING LTS
LLOYD'S AGENCY BASEL

15. (a) Duties payable on goods in a sound state are... (b) In view of the loss/damage, has the consignee applied for a rebate of duty and with what result?	(a) **NOT ASCERTAINED** (b) **NO**
16. (a) Has consignee given notice of loss/damage to or made a claim against ship/airline/railway, other carriers or bailees? (If not, what reason does consignee give?) (b) Date on which consignee states goods delivered into his custody. (c) Date on which consignee gave notice of loss/damage or made a claim and to whom addressed. (d) Summary of reply if received ... (e) Was a joint survey by carriers/bailees and consignee held? If so, on what date and where? (f) Name of other surveyor (s) and by whom appointed	(a) **SENT FAX TO STRECK RANSPORT AGAINST BASEL ON 02 / 04 /2011** (b) **26 / 03 /2011** (c) **SEE 16 (a)** (d) **NO REPLY SUBMITTED** (e) **NOT APPLICABLE** (f) **NOT APPLICABLE**
17. Rate of exchange on date of sale or agreement as to loss was (Local currency to currency of invoice.)	**ALL AMOUNTS IN USD**
18. Name of surveyor appointed by the Lloyd's Agent. (Please state if surveyor is member of the Lloyd's Agent's staff.)	
FURTHER REMARKS. Note: If there has been any delay in holding survey or in issuing this report, the reasons must be stated below. **DOCUMENTS ATTACHED** - **PHOTOCOPY OF INSURANCE CERTIFICATE**	

表 5（續）

P. 5

- COPY OF SUPPLIER'S INVOICE
- COPY OF BILL OF LADING
- COPY OF DELIVERY RECEIPT SIGNED CONSIGNEE
- COPY OF FAX TO STRECK TRANSPORT AGAINST REPORTING DAMAGE
- 2 PHOTOGRAPHS

Signature of surveyor.

Certified correct and approved and issued without prejudice and subject to the terms, conditions and amount of the Policy of Insurance.

PLACE　　　BASEL　　　　　　　　　　　　　　　　DATE **22 / 04 / 2012**

The following fees have/have not been paid by the applicant for survey：－－－
　　（Delete whichever does not apply）
Agency fee
Surveyor's fee
Expenses
Administrative Charge　　　　　　　　Signature of **LLOYD'S AGENT（S）**.
　　　　　　　　　　　　　　　　　　KELLER SHIPPING LTD
　　　　　　　　　　　　　　　　　　LLOYD'S AGENCY BASEL

Total　**USD　368.00**

（7）索賠人向第三方責任者追償的相關證明材料。也就是說，被保險人要求責任方進行賠償的函電、其他單證和文件。被保險人向第三方辦理的追償手續是維護保險公司的追償權利的依據。表 6 是相關證明材料樣本。

表 6

FROM：	U. Name International Corporation #3, 1715 27 Ave NE Calgory, AB T2E 7JE1
TO：	**Zhen Bond Shipping**
DATE：	**April** 2**nd**, 2011

表 6（續）

**NOTICE OF INTENT TO FILE CLAIM
ON CARRIER/BAILEE**

RE: **Missing products from container #GVCS, B7L, #SBE0701291**

Dear Sirs:

This is to advise that loss and/or damage has been sustained by the above shipment for which we hold you, as one of the Carriers/Bailees, responsible.

Please advise as soon as possible.

Yours truly,
  Michael

c. c. CROWFORD ADJUSTERS CANADA
   Marine Division c/o Dave Burnes
   300 - 3115 - 12th Street N. E.
   Calgary, AB T2E 7J2

（8）其他必要的索賠單證。比如索賠清單，它是被保險人提交給保險人要求賠償的詳細清單。清單上要列明索賠的金額和計算依據以及有關費用的項目等。表7是索賠清單樣本。

表7

BATTERMANN & TILLERY GMBH
SURVEYORS - ADJUSTER - SETTING & RECOVERY AGENTS

Underwriters:	**PICC Property and Casualty**	
	Beijing	Reference: **Claims Dept**
Policy/Cert. No:	**PYIE2011440393070099977**	dated: **27 August 2011**
Sum Insured:	**USD15.125,00**	
Interest:	**500 Cartoons Working Gloves**	
Ship:	**EVER UNISON**	
Voyage:	**Yantian, Shenzhen, China**	
Conditions of Insurance:	**ICC「A」**	

Description of Claim:
As per Survey Report 242 cartoons were affected by wetness and the contents of externally sound cartoons were musty smelling. In order to restore the merchantability of goods the contents of 258 cartoons were unpacked and aired, however, without full success. The wet damaged quantity had to be sold.

All of goods the contents of 258 cartoons were unpacked and aired, however, without full success. The wet damaged quantity had to be sold.

實訓 4　客户的索賠

表7（續）

500 cartoons	60,000 pairs	insured for USD15.125.00

30.972 pairs － Allowance of Depreciation 20％ ＝ 6.194, 40 prs
pro－rata insured for   USD1.561, 50
29.028 Pairs SMV   EUR 0, 24/pr
less sales proceeds   EUR 0, 10/pr ＝ 0, 14/pr ＝ 58, 33％
58, 33％ on 29.028 pairs ＝ 16.932, 03 pairs － pro－rata insured for USD4.268, 28
Extra costs as per Survey Report, Page 3
Excl. Consignee's attendance   EUR 500, 00
Fee for Survey Report excl. VAT   EUR 987, 75
（exch. At GBP0, 58/USD1, 00/EUR0, 84） EUR1.487, 75 ＝ USD 1.771.97
Battermann & Tillery GmbH, Marlowring 21, D－22525 Hamburg
Phone: 98745632   24－hrs－Service: 0421－3898456
Fax: 26547895   E－mail: Office@hamburg.com

三、英文索賠函的寫作

發生保險責任事故後，被保險人必須按照索賠程序進行，索賠程序的最後一個環節是向保險公司提交索賠金額申報表或委託保險經紀人出具索賠申報表。申報表的內容包括承保人名稱、保單號碼、保險金額、保險利益、船舶名稱、航程路線、保險條件，還要在表中說明索賠的原因、索賠計算及索賠金額等。表8是被保險人向保險人索賠時的英文函電樣本。

表8

We refer to a shipment of 500 Cartoon shirts transported to Australia, which is shipped on board the vessel「Blue Sky」.

From the enclosed documents, you'll note that the goods is suffered the damage and / or shortage. According to the condition of insurance, you, as the underwriter, should be held responsible for the damage to and / or loss of the goods.

Here we enclose the supporting documents for your reference as follows:
（1）Our statement of claims
（2）Bill of lading
（3）Invoice
（4）Survey Report
（5）Tally sheet

We are waiting for your early reply. Thanks a lot.

四、索賠函寫作模擬練習

1. 模擬內容

（1）承保人：中國人民保險公司廣州分公司

（2）保險號碼：PIYT 20115647259855889745

（3）日期：2011年8月25日

（4）保險金額：USD 110,000

（5）保險利益：500 Cartoon shirts

（6）船舶名稱：BLUE SKY

（7）航程：Guangzhou, Guangdong, China.

（8）保險條件：協會（A）條款

（9）索賠理由：根據檢驗報告，50箱被水浸泡，為了恢復其商品價值，50箱被打開，進行曬乾處理，並削價處理

（10）賠款計算：免賠率為5%

2. 動手寫作

根據以上內容用英文向保險公司寫一份索賠函。

實訓 5 保險人的理賠

一、背景知識

1. 什麼叫理賠？

海洋運輸貨物保險的理賠是指保險人根據保險合同條款，對受損失的被保險人進行賠償的一種合同行為。保險人對海洋貨物損失進行賠償是海上運輸貨物保險的基本職能。海上保險所進行的賠償是一種履約賠償。海上運輸貨物保險的理賠是建立在海上保險合同基礎上的一種理賠，只有發生了屬於海上貨物保險單承保責任範圍內的損失，享有保險利益的人才可憑保單及有關證件向保險公司要求賠償。

2. 理賠注意事項

首先，保險人從尊重和維護被保險人的利益出發，重合同、守信用，按照合同的規定對被保險人的經濟損失予以賠償。其次，保險人在賠償被保險人的損失時，應合乎情理，恰到好處。如果賠償低於被保險人的損失，保險的職能難以發揮。相反，如果賠償超過被保險人的損失，就會誘發道德風險的產生。此外，在重複保險的情況下，保險公司與其他保險公司應共同承擔保險責任。

二、理賠程序

1. 立案登記

當保險人或其代理人接到被保險人的損失通知後，應立即核查保險單底（包括批單單底），根據損失情況批示被保險人或代理人採取相應措施，並按手頭材料建立該保險的理賠檔案，順次登記在賠案簿裡。登記的內容包括賠案的編號、保單號碼、保險標的、保險金額、運輸工具名稱、損失情況、處理經過和處理結果，形成完整的賠償檔案。

2. 對賠案進行審核

（1）審核單證包括以下幾項：①保險單正本、批單正本或保險協議、共保協

議複印件；②提單或其他運輸單據正本；③發票；④裝箱單或磅碼單；⑤貨損貨差證明/責任事故證明正本（或運輸環節交接記錄證明）；⑥貨損查勘、鑒定報告/檢驗報告；⑦重大海事案，應提供海事單證及船舶資料；⑧索賠人向第三方責任者追償的書面證明；⑨要求賠償的清單；⑩其他有關證件，視需要索取。

（2）審核保險權益。核對保險單、提單、發票，確認三者是否一致，是不是保險公司承保的標的。

（3）審核保險的合法性。注意投保時貨物是否已經受損，被保險人是否隱瞞真實情況，如將貨物裝在艙面說成是裝在艙內等。

（4）審定檢驗期限。審查被保險人是否及時申請檢驗，是否因延遲申請檢驗造成貨物損失擴大，是否向保險單指明的理賠檢驗代理人申請檢驗等。

（5）審核損失原因的損失性質。分析損失原因和造成損失的後果是否屬於保險單承保的責任範圍。如果屬於保險責任範圍內的損失，保險人應及時地、合理地給予賠付；如果不屬於保險責任範圍內的損失，保險人不承擔賠償責任。例如，承保水漬險，對偷竊、提貨不著損失不承擔責任，又如擱淺造成運輸延遲造成的物價下跌的損失不屬於保險責任的範圍，淡水雨淋造成的貨物損失不屬於水漬險的保險責任。

（6）審核發生的時間。雖然損失原因後果是屬於承保責任，比如玻璃破損屬於一切險的範圍，但如果玻璃破損是在貨物抵達目的地最後倉庫後搬運工人翻垛時跌落所致，屬於保險期限之後發生的，保險公司不負責賠償。

（7）審核被保險是否履行了義務。根據保險合同的規定，被保險人應履行相應的義務，保險人才能承擔賠償責任。如被保險人在貨物發生損失後應及時採取必要的措施進行施救，以避免或減少損失。如果被保險人沒有履行這一義務致使損失擴大，保險人可將擴大的損失部分在賠款中予以扣除。

（8）審核是否向第三者追償。審核被保險人是否及時向承運人或其他第三者履行追償的必要手續。在審核中，如果由於被保險人的原因而喪失追償的權利，保險公司可以只賠損失金額和第三者應負責金額之間的差額。

3. 查勘檢驗

保險人在得知被保險人發出的損失通知書後，應立即派專業人員赴現場進行查勘檢驗。如果是出口貨物的損失，通常由保險人在目的地檢驗或理賠代理人就近進行檢驗。但是遇到案情重大或損失巨大的賠案時，保險人還要會同有關專家趕赴現場與代理人一起查驗貨物，以確保其檢驗的準確性。

4. 核賠定損與賠款計算

經審核，如果沒有問題，應盡快計算賠款。賠款計算的方法因賠案情況不同而有所區別，一般分為全部損失、部分損失、費用損失和殘值計算等。

（1）全部損失賠償金額的計算。在貨物發生全部損失的情況下，不論是實際全損還是推定全損，其賠償金額都是該被保險貨物的全部保險金額扣除免賠率之後，全部予以賠償。

（2）部分損失賠償金額的計算。貨物遭受部分損失時，根據貨物種類、損失

性質不同應採用不同的計算方法。

貨物數量損失的計算方法：貨物數量損失的賠償，應根據貨物運抵目的地的損失數量或短少進行計算，其賠償金額就是損失部分或短少部分的保險金額。計算公式如下：

$$賠償金額 = 保險金額 \times \frac{已損貨物件數（重量）}{承保貨物總件數（或總重量）}$$

貨物質量損失的計算方法：在貨物呈現損壞狀態運抵目的地的情況下，可通過檢驗人與保險人聯合審定受損貨物的原因與程度，並與被保險人商定貨物的損害率，然後用損害率與損壞部分貨物的保險金額相乘。

$$貨物質量損害率 = \frac{受損貨物件數量 \times（受損貨物單價 - 受損後處理價）}{受損貨物數量 \times 受損貨款單價} \times 100\%$$

扣除免賠率的計算方法：免賠率是指保險人對某些易耗、易損和易碎的貨物，在承保時規定一個當貨物發生保險責任範圍內的損失時可以免賠的百分比。免賠率有相對免賠率（Franchise）和絕對免賠率（Deductible）兩種。水漬險中有免賠率的規定，在免賠率範圍之內，保險人不承擔賠償責任。如對散裝穀物、油菜子、豆類等，規定短量免賠率為 $0.5\% \sim 1\%$。免賠金額的計算公式如下：

$$免賠重量 = 已損貨物件數 \times 每件貨物原裝重量 \times 免賠率$$

$$賠償重量 = 損失重量 - 免賠重量$$

$$賠償金額 = 保險金額 \times \frac{賠償重量}{保險重量}$$

5. 賠款的支付

賠款金額核定後，應辦理付款事宜。它包括以下兩個項目：

（1）繕制賠款計算書。列出計算方式，列出貨物本身的損失，分析受損原因等（見表1）。

表 1

中國人民保險公司廣東省公司出口賠款計算書

2011 年 8 月 5 日

賠案編號	CL2011254	保單批單號次	PIYT20115647259855589712
出口公司	TCL IMPORT & EXPORT CO.	保險金額	USD 110,000
運輸工具	BLUE BIRD V20	保險險別	ALL RISKS
運輸路線	自 GUANGZHOU 到 BOMBAY	保品及件數	100 CARTOONS OF WHITE SHIRTS
開航日期	02 - 05 - 2011		
理賠代理人	BOMBAY INSURANCE COMPANY		
檢驗人	BOMBAY INSURANCE COMPANY		
索賠人	INDIA TRADE COMPANY		

表1（續）

計算方式： PARTIAL LOSS：100 × 5000 = 500000 YUAN LESS DEDUCTIBLE 500000 ×1％ = 5000 YUAN 500000 − 5000 = 450000 YUAN				受損原因分析： WET DAMAGE 有否船方責任：NO
項 目	金		額	備 註：
賠 款	人民幣	匯率	外 幣	
檢 驗 費	1,000	1：8	USD 125	
應付收貨人	450,000	1：8	USD 56,250	
核 賠 費	1,000	1：8	USD 125	
其 他				
小 計	452,000	1：8	USD 56,500	
手 續 費	1,000	1：8	USD 125	
本案合計	453,000	1：8	USD 56,625	

復核：遠明　　經辦：張平

（2）填製賠款收據。賠款收據通常和權益轉讓書合併在一起的，不僅證實被保險人已收到賠款，而且還表明被保險人把取得賠款部分的貨物權益轉讓給保險公司。賠款收據及權益轉讓書的格式如表2：

表2

RECEIPT AND SUBROGATION FORM

Loss No **Cl25698**　　　　Policy/Certificate No **PIYT2011564725985589**

　　　　　　Insured Amount　　**USD 1,100,000**

To the People's Insurance Company of China：

Received from the People's Insurance Company of China the sum of **ONE HUNDRED THOUSAND UNITED STATES DOLLARS ONLY** full and final settlement of the claim under the above–mentioned Policy/Certificate on **PIYT2011564725985589745** shipped per S/S **BLUE SKY V50** from **GUANGZHOU** to SINGAPORE.

In consideration of having received this payment, we hereby agree to assign, transfer and subrogate to you, to the extent of your interest, all our rights and remedies in and in respect of the subject matter insured, and to grant you full power and give you any assistance you may reasonably require of us in the exercise of such rights and remedies in our or your name and at your own expenses.

Dated at 08–05–2011

　　　　　　　　　　　　　　　　　　　　　　　Signed **康潔**
　　　　　　　　　　　　　　　　　　　　　　　Stamp：

(N. B. This document must bear the Legal Stamp necessary for Agreement.)

三、理賠英文函的寫作

1. 寫作要求

根據賠案的情況擬寫賠付信函寄給索賠人。表 3 是保險公司同意賠付給索賠人的英文信函：

表 3

Letter of Marine Claim

Our Policy No **PIYS123654799521456**

Your letter of **08－05－2011**

Dear Sirs：

　　We are in receipt of your letter with enclosures in connection with a claim under the above policy.

　　Upon examination, we agree to pay for the claim, which is calculated as follows：

　　Regarding settlement, please refer to the paragraph marked「X」as below：

■ Enclosing herewith our cheque / draft for the above amount.

■ Sending you a mail transfer through the Bank of China, Guangzhou.

　　We enclose herewith a blank Receipt and Subrogation Form which please return to us duly signed by the Consignees.

---

2. 注意事項

要列出保險號碼、對方索賠信函的日期等，收信人的姓名、地址要核對清楚。在信稿上要根據案件辦理的進程列明處理情況。

四、理賠計算、填表模擬練習

1. 模擬內容

（1）賠案編號：CL 2011258

（2）保單、批單號次：PIYT 123546879154

（3）出口公司：HUALIING IMPORT & EXPORT CO.

（4）運輸工具：SUNNY SKY V30

（5）保險險別：ALL RISKS

（6）運輸路線：自 GUANGZHOU 到 NEW DELHI

（7）保品及件數：500 SETS OF AIR CONDITIONERS

（8）開航日期：2011－06－08

（9）理賠代理人：INDIA NATIOANL INSURANCE COMPANY

（10）檢驗人：INDIA NATIONAL INSURANCE COMPANY

（11）索賠人：INDIA TRADE COMPANY

（12）檢驗費：USD 120

（13）應付收貨人
（14）核賠費：USD 150
（15）手續費：USD 100

2. 案例

500臺 KF23GW 華凌空調出口到印度的新德里，投保海洋運輸貨物一切險，CIF 價格成交，保險金額 USD 165,000。在運輸途中 50 臺被盜。根據保險條款，屬於保險責任範圍。保險人應賠償多少？

3. 動手操作

根據以上內容和案例，計算保險賠款，並填寫以下賠款計算書。

表4

中國人民保險公司廣東省公司出口賠款計算書

年　月　日

賠案編號		保單批單號次	
出口公司		保險金額	
運輸工具		保險險別	
運輸路線	自　　　到	保品及件數	
開航日期			
理賠代理人			
檢驗人			
索賠人			

計算方式：	受損原因分析：
	有否船方責任：

項目	金　　額			備註
賠　款	人民幣	匯率	外幣	
檢驗費				
應付收貨人				
核賠費				
其他				
小計				
手續費				
本案合計				

復核：　　　　　　經辦：

實訓 5　保險人的理賠

259

實訓 6 保險人的追償

一、背景知識

海洋運輸貨物保險的追償是指保險人根據代位追償權向第三者索賠的一種法律行為。《中華人民共和國海商法》第二百五十二條規定：保險標的發生保險責任範圍內的損失是由第三人造成的，被保險人向第三人要求賠償的權利，自保險人支付賠償之日起，相應轉移給保險人，被保險人應當向保險人提供必要的文件和其所知道的情況，並盡力協助保險人向第三人追償。

二、追償程序

1. 立案登記

收到理賠部門轉來的追償案件後，應分別按「自追」和「代追」進行登記。「代追案件」還應進一步按不同代理人分戶登記。登記的內容包括：

(1) 追償案編號。
(2) 收到案子的日期。
(3) 船舶名稱。
(4) 船東。
(5) 貨物名稱。
(6) 提賠日期。
(7) 追償期限。
(8) 展期情況。
(9) 追償金額。
(10) 追回金額。
(11) 處理摘要。

2. 出口追償記錄卡及代理人代追記錄卡式樣（見表1和表2）

表 1　　　　　　　　　　出口追償記錄卡

立案登記	保單號碼	賠案號碼	索賠對象	船名	追償金額	追償時限	已申展至	款到日期	追回外幣	折人民幣	占貨損%

表 2　　　　　　　　　　代理人代追記錄卡

代理人名稱：

立案日期	保單號碼	賠案號碼	代理人編號	貨損金額	款到日期	追償淨額	折人民幣	備註

3. 審核

審核的內容包括：

（1）責任範圍。根據提單和《海牙規則》確定貨損原因是否屬於承運人責任範圍。如果不是承運人的責任範圍，應按照港口條例、理貨章程、倉庫規則決定是否向這些部門追償。

（2）責任期限。貨損發生的時間是否在承運人管轄期內。

（3）有效單證。追償時，船方、港方等有關部門的簽證是追償的有效單證，同時應提供提單、發票、查勘報告、權益轉讓書。常見的有效追償包括船上檢驗報

告、船方代理出具證明、卸貨公司或碼頭方證明、港方或海關證明、貨物檢驗報告。

4. 追償金額計算

追償金額應包括標的損失、各項費用兩部分內容。關於標的的損失，可按檢驗報告等單證確定的損失數量以及發票所載明的貨價，計算出可向承運人追償的金額。

在出口追償的情況下，計算公式為：追償金額＝發票價×損失數量。

在進口追償的情況下，計算公式為：追償金額＝FOB 貨價×損失數量×（1＋運費率＋保險費率）。或追償金額＝C&F 貨價×損失數量×（1＋保險費率）。

5. 繕制索賠清單

內容包括索賠案號、船名、提單號、航程、開航日期、到岸日期、貨物名稱、保單號碼、損失原因、索賠金額。索賠清單一式兩份，一份寄給責任方，一份存檔備查。（見表 3）

表 3

中國人民保險公司廣東省分公司
People's Insurance Company of China, Guangdong Branch
索賠清單

STATEMENT OF CLAIM Claim No

地址
Address：

日期
Date：

船名
Vessel

航程
Voyage：

提單號碼
Bill of Lading No

開航日期
Sailing Date：

到岸日期
Arrival Date：

貨物名稱
Commodity：

保單號碼
Pol./Cert. No

損失原因
Cause of Loss：

索賠金額
Amount Claimed

簽字
（Signed）＿＿＿＿

6. 結案

經保險人審核，如果同意船方的賠款數額，往往要去函復證。復函結案的樣式

如表4：

表4

> In reply to your letter dated 02－05－2011. We are pleased to inform you that we are willing to accept your offer of USD 100,000 in full and final settlement of our claim.
> We shall be obligated, if you let us have your remittance/cheque as soon as possible.

如果對方將匯款匯來後，應向對方開具收據。收據樣式見表5：

表5

> We acknowledge with thanks that we have already received your remittance USD 100,000 in full and final settlement of this claim.

三、追償函的英文寫作

1. 寫作要求

按照英文信的格式進行寫作，並列出相關的追償清單。

2. 注意事項

要注意查清承運人的名稱和詳細地址，以免誤投，造成不必要的延誤。表6是追償函的英文樣式：

表6

Claim for the Damage/Loss

Dear Sirs:

　　We enclose herewith our statement of claim in duplicate and other relevant documents as follows:

Bill of Lading

Invoice

Short－landing Certificate/Cargo Delivery Receipt/Port Authority's Certificate

Survey Report

Receipt and Subrogation Form

　　You will note from these documents that the goods in question were found to have sustained damage/loss at time of discharge at destination, and therefore the Ship owners should be held responsible for the loss/damage. The total amounts of damage/loss are USD80,000.

　　Your early settlement of our claim will be appreciated.

四、追償函英文模擬寫作練習

1. 模擬內容

（1）保單號碼：CPYT 123546879135

（2）提單號碼：WO－M－08.

（3）檢驗報告單：Survey Report

（4）索賠表：Statement of Claim

（5）損失件數：5 輛

（6）開航日期：2011－04－06

2. 案例

50 輛 HONDE ACCORD 汽車從廣州出口到菲律賓首都馬尼拉，投保海洋運輸貨物一切險，發票價為 USD 1,250,000，CIF 價格成交，保險金額為 USD 1,375,000。在卸貨港 5 輛被盜。根據運輸合同條款，屬於港方責任。保險人在賠償了被保險人之後，是否可向港方追償？如果能追償，追償金額為多少？

3. 動手寫作

根據以上內容，向港方提出索賠申請，向港方發出英文索賠函件。

附錄 海上保險模擬試題及部分自測題參考答案

海上保險模擬試題（一）

姓名：　　　　學號：　　　　班級：
（時間：120分鐘　滿分：120分）

一、判斷題（每題1分，共30分）

1. 海上風險是指船舶、貨物在海上運輸過程中可能發生損失的風險，即導致海上貨物運輸發生損失的不確定性。（　　）

2. 保險公司也可以將自己所承擔下來的這些風險全部地或部分地向其他再保險公司投保，這種方式是風險的保險轉移。（　　）

3. 海上保險是以海上貨物運輸有關的財產、利益或責任作為保險標的，海上保險涉及的主要標的物包括船舶、貨物、運費及船東責任等。（　　）

4. 最早以法律的形式規定海上保險必須具備可保利益的是法律是1906年英國《海上保險法》。（　　）

5. 海上保險中的可保利益同其他財產保險的可保利益一樣，必須是能夠用金錢或貨幣衡量的利益。（　　）

6. 投保人故意不履行如實告知義務的，保險人對於保險合同解除前發生的保險事故，不承擔賠償或者給付保險金的責任，但是可以退還保險費。（　　）

7. 海上保險合同，是指保險人按照約定，對被保險人遭受保險事故造成保險標的的損失和產生的責任負責賠償，而由被保險人支付保險費的合同。（　　）

8. 在海上保險合同中，作為保險人，對價體現在得到了被保險人交納的保險費「損害」，同時也付出了承擔賠償責任的「利益」。（　　）

9. 中國目前已成立了許多保險經紀人公司，其中最早的三家是廣州長城保險

經紀有限公司、北京江泰保險經紀有限公司和上海東方保險經紀有限公司。
（　　）

10. 保險標的發生保險事故後滅失，或者受到嚴重損壞完全失去原有形體、效用，或者不能再歸保險人所擁有的，為實際全損。（　　）

11. 船舶發生保險責任事故後，如果實際全損已經不可避免，或者為避免發生實際全損所需支付的費用沒有超過保險價值，被認為推定全損。（　　）

12. 船舶在海上航行中發生火災是常有的事。為撲滅大火而採取的措施造成的貨物損失或船舶損失和運費損失不屬於共同海損的範圍。（　　）

13. 運輸貨物保險中的「貨物」是具備商品性質的貨物，但是不包括包裝材料及標籤在內。（　　）

14. 租船運輸沒有預訂的船期表，只根據承租人的需要與出租人簽訂租船合同安排運輸事宜。租船運輸主要是從事貨量大、運費負擔能力較小的大宗貨物的運輸。（　　）

15. 交貨不到險是指從被保險貨物裝上船舶開始，5 個月以內不能運到目的地的交貨，保險人將按全部損失賠償。（　　）

16. 海上運輸貨物的投保是指投保人或被保險人向保險公司表示訂立保險合同的意向的一種要約行為。（　　）

17. CIF 是成本加保險費、運費，賣方將貨物裝上船只，並支付啟運港口直到目的港口的運費和保險費。保險是由賣方辦理並由其承擔保險費用。（　　）

18. 信用社規定，保險單據必須在表面上由保險公司或承保人或其代理人或保險經紀人開立並簽署。（　　）

19. 海上保險費率是指保險公司按保險金額等保險條件向投保人或被保險人收取一定的保險費比例。（　　）

20. 附加費率是一定時期保險業務活動的各營業支出的百分比，另外還包括保險經營的盈利因素。附加費率具有一定的主觀性。（　　）

21. 被保險人申報的保險金額大於保險價值，就是超額保險。在不定值保險條件下，超額部分無效。（　　）

22. 保險索賠是保險標的在遭受保險事故後，保險人憑保險單有關條款的規定，向被保險人要求賠償損失的行為。（　　）

23. 索賠是指對保險賠案的處理，它包含保險貨物發生損失後，被保險人向保險公司的索賠以及保險公司接到報損通知後處理賠案的全過程。（　　）

24. 主要保險制是指當有兩家以上保險公司承保同一保險標的時，投保人最先購買的保險單為主要保險，在以後購買的保險單中，承保金額在主要保險的承保金額之內，則被認為是一種有效保險。（　　）

25. 保險人向被保險人支付保險賠償金後，取得向第三者責任方追償的權利。保險人向承運人等第三者索回已支付給被保險人的賠款，稱之為補償。（　　）

26. 1992 年《中華人民共和國海商法》第二百五十三條規定：「被保險人未經

保險公司同意放棄向第三者要求賠償的權利，或者由於過失致使保險公司不能行使追償權利的，保險公司可以相應扣減保險賠償。」 （ ）

27. 如果證明有關的滅失或損害既不是由於承運人的實際過失或私謀，也不是承運人的代理人或雇傭人員的過失疏忽所造成，可免除責任。 （ ）

28. 船舶保險是以各種船舶及其附屬設備和相關責任為標的物的一種保險。自然災害和意外事故不能完全避免，因此，船舶需要通過保險的方式來補償損失。
 （ ）

29. 船舶保險只承保適航的船舶，如果船舶在保險責任開始前已不適航，即使保險合同已經簽訂，保險合同也無效。 （ ）

30. 載貨船舶的保險責任自起運港裝貨時開始，直到目的港卸貨完畢時終止。自保險責任開始，航次保險一律不辦理退保和退費。 （ ）

二、單項選擇題（從 ABCD 選項中，選擇一個正確答案。每題1分，共30分）

1. 意外事故是指船舶或其他海上運輸工具遭遇外來的、突然的、非意料中的事故，下列不屬於海上風險中意外事故的是＿＿＿＿。

　　A. 擱淺　　　　　　　　B. 沉沒
　　C. 暴力盜竊或海盜　　　D. 洪水

2. 火災是指船舶在航海中，因意外起火失去控制，使貨物被燒毀、燒焦、蒸熏等造成貨物的損失。在英國海上保險實務中，保險價值的＿＿＿＿遭受火災損失，才構成火災風險，保險公司才對火災造成的損失給予賠償。

　　A. 5%　　　　　　　　　B. 3%
　　C. 2%　　　　　　　　　D. 6%

3. 勞合社是目前世界上唯一允許個人經營保險業務的＿＿＿＿，它與英國另一個由保險公司組成的公司市場並存，構成具有特色的雙軌制保險市場。

　　A. 保險公司　　　　　　B. 私人公司
　　C. 保險市場　　　　　　D. 法人公司

4. 最早以法律的形式規定海上保險可保利益的是＿＿＿＿。在這部法律頒布之前，海上保險人通常並不要求被保險人證明他們對投保的船舶或貨物擁有所有權或其他合乎法律規定的利益關係。

　　A. 1764 年英國《海上保險法》　　B. 1906 年英國《海上保險法》
　　C. 1746 年英國《海上保險法》　　D. 1960 年英國《海上保險法》

5. 海上保險承保的運費是指貨物經過海上運輸所支付的報酬。投保運費保險以訂有運輸合同為條件，運費有三種支付方式。承運人只對＿＿＿＿投保。

　　A. 一部分預付、一部分到付運費　　B. 預付運費
　　C. 其中兩種運費方式　　　　　　　D. 到付運費

6. 海上保險中的近因是指造成保險事故＿＿＿＿。

　　A. 時間上最近　　　　　　　B. 空間上最近
　　C. 最直接、最接近起主要作用　D. 損失程度最重

7.「海上保險合同，是指保險人按照約定的方式和範圍，對與海上冒險有關的海上損失，向被保險人承擔賠償責任的合同。」這一定義出自_____。

    A. 日本《商法》

    B. 英國 1960 年《海上保險法》

    C. 1992 年《中華人民共和國海商法》

    D. 英國 1906 年《海上保險法》

8. 在海上保險合同中，作為_____，對價體現在獲得保險人風險承保的「利益」，同時也要付出支付保險費的「損害」。

    A. 保險人　　　　　　　　B. 代理人

    C. 被保險人　　　　　　　D. 受益人

9. 海上保險合同與其他保險合同一樣，其法律要求基本是一致的。為了使海上保險合同在法律上能夠得到執行，必須符合合同的_____基本要素：

    A. 五個　　　　　　　　　B. 四個

    C. 三個　　　　　　　　　D. 六個

10. 委付是指保險人向被保險人支付賠償後，由被保險人提出把權利轉交給保險人。下列不是委付成立的必要條件是_____。

    A. 委付應是就保險標的全部提出要求

    B. 委付不得附有條件

    C. 委付必須經過被保險人同意

    D. 委付必須由被保險人向保險人提出

11. 共同海損是在意外的情況下做出犧牲一部分船體或貨物。如果發生共同海損損失，分攤責任由_____。

    A. 遭受損失的一方自負

    B. 船方負責

    C. 所有貨主共同分攤，但是不包括蒙受損失的一方

    D. 有關利益方與遭受損失的一方共同承擔比例分攤責任

12. 共同海損與單獨海損都是海上損失，是兩個不同的概念。單獨海損損失的分攤原則是由_____。

    A. 受損方承擔　　　　　　B. 所有貨主共同分攤

    C. 由受損方承擔一部分　　D. 所有貨主共同分攤一部分

13. 中國海上貨物運輸保險條款的保險責任範圍可以從小到大進行排列，正確的排列是_____。

    A. 水漬險，一切險，平安險　　B. 平安險，一切險，水漬險

    C. 平安險，水漬險，一切險　　D. 水漬險，平安險，一切險

14. 在海上運輸貨物保險中，對貨物的偷竊做了明確的解釋，一般附加險中有一條「偷竊、提貨不著險」，其中的「偷」是指_____。

    A. 整件貨物被偷走

268

B. 包裝完整的整件貨物中一部分被竊取

C. 公開的使用暴力手段劫奪

D. A 和 B 選項均是

15. 交貨不到險是指保險貨物裝上船舶時開始，不論由於何種原因，如保險貨物不能在預定抵達目的地日期起＿＿＿＿個月以內交貨，保險人將賠付全部損失，該貨物的全部權益應轉移給保險人。

A. 1　　　　　　　　　　　B. 3

C. 6　　　　　　　　　　　D. 9

16. 1992 年《中華人民共和國海商法》及國際貿易慣例都規定海上運輸貨物保險的保險金額的確定可在 CIF 價格的基礎上加成＿＿＿＿。

A. 10%　　　　　　　　　 B. 15%

C. 20%　　　　　　　　　 D. 25%

17. 在國際貿易商品交往中，常採用的貿易價格條件有三種，其中，國際貿易價格條件中最常見的一種是＿＿＿＿價格條件。

A. FOB　　　　　　　　　 B. CFR

C. CIF　　　　　　　　　　D. FIC

18. 《跟單信用證統一慣例》中關於貨物保險投保的規定中，＿＿＿＿開立的暫保單將不被接受。

A. 買方　　　　　　　　　 B. 保險代理人

C. 保險經紀人　　　　　　 D. 賣方

19. ＿＿＿＿是投保人或被保險人支付的費用，作為保險公司根據保險合同的內容承擔賠償或給付責任的一種對價。

A. 手續費　　　　　　　　 B. 保險費

C. 運輸費　　　　　　　　 D. 保險金額

20. 保險金額原則上應與保險價值相等，但實際上也常出現不一致的情況。保險金額與保險價值相等稱為＿＿＿＿。

A. 足額保險　　　　　　　 B. 不足額保險

C. 足值保險　　　　　　　 D. 超額保險

21. 被保險人申報的保險金額大於保險價值，就是超額保險。在＿＿＿＿條件下，保險人只按照保險價值賠付。

A. 定額保險　　　　　　　 B. 定值保險

C. 不定值保險　　　　　　 D. 預約保險

22. ＿＿＿＿是指被保險人直接向保險人或其代理人提出賠償請求。按照這種方式，不論遭受損失的一方是誰，只要有保險損失發生，被保險人就可以向保險人提出索賠。

A. 追償索賠　　　　　　　 B. 直接責任索賠

C. 代位索賠　　　　　　　 D. 間接責任索賠

23. ＿＿＿＿＿＿＿＿是指被保險人先直接向負有責任的第三者提出索賠，然後就第三者賠償後的不足部分向保險人或其代理人提出索賠。

  A. 代位追償索賠   B. 間接責任索賠

  C. 轉位責任索賠   D. 直接責任索賠

24. 檢驗報告是證明損失原因、損失程度、損失金額、殘餘物資價值及受損貨物處理經過的證明，是確定保險責任和賠償金額的主要證件。一般來說，出口貨物往往由＿＿＿＿＿＿或檢驗人出具檢驗報告。

  A. 保險責任人   B. 保險代理人

  C. 保險公估人   D. 保險經紀人

25. 在海上貨物運輸險的理賠中，保險人向被保險人支付賠償後，按照提單、運單規定，向負有責任的第三者進行追償。在這裡，第三者指的是＿＿＿＿＿＿。

  A. 承運人   B. 船舶所有人

  C. 投保人   D. 被保險人

26. 海上運輸貨物的收貨人或保險公司向承運人追償時，以海上運輸的法規和＿＿＿＿＿＿為依據。

  A. 提單   B. 保險單

  C. 投保單   D. 發票

27. 《維斯比規則》規定，承運人對每件貨物的賠償限額為＿＿＿＿＿＿或者每公斤貨物賠償限額為 30 金法郎或 2 特別提款權，以高者為準。

  A. 1,500 金法郎   B. 100 英鎊

  C. 150 美元   D. 1,000 金法郎

28. 船舶保險的承保標的分為有形標的和無形標的兩種。屬於無形標的物的是＿＿＿＿＿＿。

  A. 引擎   B. 鍋爐

  C. 通信裝置   D. 預期利潤

29. 出口貨物運輸保險按某一航程來劃分，即從發貨人倉庫起到收貨人倉庫止。船舶保險可分為＿＿＿＿＿＿的定期險和以航程為單位的航次保險。

  A. 以年為單位   B. 以月為單位

  C. 以季為單位   D. 以半年為單位

30. 載貨船舶自起運港裝貨時開始直到目的港卸貨完畢時終止，但自船舶抵達目的港當日午夜零點起最多不超過＿＿＿＿＿＿。自保險責任開始，航次保險一律不辦理退保和退費。

  A. 60 天   B. 30 天

  C. 20 天   D. 15 天

三、多選題（每題包含兩個或兩個以上的答案，多選或少選不能得分，每題 1 分，共 30 分）

1. 海上保險的保障對象大多是從事國際貿易的經營者，因而成為一種國際性

保險。它有許多與眾不同的特點，其中包括：_____。
　　A. 承保風險的綜合性　　　　B. 保險種類的多樣性
　　C. 保障對象的多變性　　　　D. 保險關係的國際性
　　E. 確定責任的複雜性　　　　F. 保險關係複雜性
　2. 海上保險可以按保險期限進行分類，這種分類包括_____。
　　A. 航程保險　　　　　　　　B. 定期保險
　　C. 預約保險　　　　　　　　D. 混合保險
　3. 我們也可以把海上保險單按承保方式進行分類。這種分類包括_____。
　　A. 逐筆保險　　　　　　　　B. 定期保險
　　C. 預約保險　　　　　　　　D. 流動保險
　　E. 總括保險
　4. 保險利益是保險合同的重要原則之一，是判斷海上保險合同是否有效的重要依據。海上保險可保利益包括_____。
　　A. 船舶　　　　　　　　　　B. 汽車
　　C. 貨物　　　　　　　　　　D. 相關責任
　　E. 運費
　5. 如果投保人或被保險人謊稱發生了保險事故，向保險人提出賠償或者給付保險金的請求的，保險人有權_____。
　　A. 解除保險合同　　　　　　B. 不退還保險費
　　C. 退還保險費　　　　　　　D. 不承擔責任
　6. 保險補償原則是指當保險事故發生時，被保險人從保險人那裡得到的賠償應填補其因保險事故所造成的損失。保險補償_____。
　　A. 以保險金額為限
　　B. 以被保險人對標的保險利益為限
　　C. 以個人利益為限
　　D. 以實際損失為限
　7. 海上保險合同與其他保險合同一樣，其法律要求基本是一致的。為了使海上保險合同在法律上能夠等到執行，必須符合以下基本要求_____。
　　A. 協議　　　　　　　　　　B. 建立法律關係的意向
　　C. 對價　　　　　　　　　　D. 履行合同的能力
　　E. 合法的目的　　　　　　　F. 合同的形式
　8. 海上保險合同發生的權利和義務關係有其特殊性，所以海上保險合同除具有一般經濟合同的共同屬性外，還有以下特性：_____。
　　A. 海上保險合同是射幸合同
　　B. 海上保險合同是單務合同
　　C. 海上保險合同是保障合同
　　D. 海上保險合同是最大誠信合同

E. 海上保險合同是附合性合同

9. 海上保險合同的形式多種多樣，經常使用的形式大致可分為＿＿＿＿＿。
   A. 投保單　　　　　　　　　　B. 暫保單
   C. 保險單　　　　　　　　　　D. 保險憑證
   E. 批單

10. 實際全損是保險標的實際上根本不能恢復或完全滅失或不可避免地要完全滅失。構成實際全損的條件包括＿＿＿＿＿。
    A. 保險標的完全滅失
    B. 保險標的已失去原有的使用價值
    C. 被保險人對喪失了的保險標的不能恢復所有權
    D. 被保險船舶失蹤達到 3 個月
    E. 被保險船舶失蹤達到 6 個月

11. 保險標的在受損之後，雖然沒有達到完全滅失的程度，但是，其實際全損無法避免。推定全損構成的條件包括＿＿＿＿＿。
    A. 保險標的雖然沒有達到完全滅失的狀態，但是完全滅失不可避免
    B. 修理費、續運到目的地費用超過貨物在目的地完好狀態的價格
    C. 被保險人喪失了對保險標的的所有權
    D. 保險人無條件接受委付
    E. 貨物修理費和繼續運抵目的港的費用之和將超過保險的價值
    F. 被保險人必須向保險人辦理「委付」手續

12. 單獨海損是保險標的因海事危險或其他意外事故造成局部損失。這部分損失只與單方利益方有關，單獨海損主要可以分為＿＿＿＿＿。
    A. 船舶損失　　　　　　　　　B. 貨物損失
    C. 運費損失　　　　　　　　　D. 船艙損失

13. 中國海上貨物運輸保險條款參照了倫敦協會貨物運輸舊條款制定而成。它分基本險和附加險，基本險包含＿＿＿＿＿。
    A. 平安險　　　　　　　　　　B. 水漬險
    C. 雨淋險　　　　　　　　　　D. 盜竊險
    E. 一切險

14. 中國海上貨物運輸保險條款參照了倫敦協會貨物運輸舊條款制定而成。它分基本險和附加險，其中附加險包括＿＿＿＿＿。
    A. 一般附加險　　　　　　　　B. 特別附加險
    C. 特殊附加險　　　　　　　　D. 專門附加險

15. 中國海上運輸貨物的一般附加險承保一般外來原因所造成的貨物損失，一般附加險的種類繁多，其中包括＿＿＿＿＿。
    A. 偷竊、提貨不著險　　　　　B. 艙面險
    C. 串味險　　　　　　　　　　D. 受潮受熱險

E. 短量險

16. 就被保險人的利益來說，選擇符合實際投保需要的險種和保險條件十分重要。通常要考慮因素包括_____。

　A. 貨物的種類與價值　　　　B. 包裝情形
　C. 運輸方式　　　　　　　　D. 戰爭及罷工的危險。
　E. 附加危險　　　　　　　　F. 國際貿易條件

17. 核保過程是海上保險承保活動中的關鍵環節，是保險公司對投保標的物的選擇和風險的控制，其主要內容包括_____。

　A. 保險標的　　　　　　　　B. 被保險人的信譽
　C. 運輸工具　　　　　　　　D. 行程及地區
　E. 未來損失率　　　　　　　F. 保險條件
　G. 過去的損失率

18. 在簽訂貿易合同時，必須明確雙方成交的價格條件。當價格條件確定為 CIF 價格時，_____。

　A. 由賣方辦理保險　　　　　B. 費用由買方支付
　C. 費用由賣方支付　　　　　D. 由買方辦理保險
　E. 費用由經紀人支付

19. 制定保險費率的一般原則是所有保險業務包括海上保險業務在確定費率時必須遵循的原則，主要包括_____。

　A. 公平合理原則　　　　　　B. 可行性與保證償付原則
　C. 負債原則　　　　　　　　D. 盈利原則
　E. 相對穩定原則

20. 海上風險的因素及風險的多樣性影響海上保險費的確定。就海上風險而言，影響費率的因素包括_____。

　A. 貨物的種類、性質、特點和包裝
　B. 運輸工具、運輸線路和港口情況及運輸方式
　C. 未來損失記錄
　D. 保險責任範圍和保險條件
　E. 被保險人和船東信譽以及以往的損失記錄

21. 按 CIF 術語成交的合同，賣方交貨後辦理交單議付，必須提交的單據包括_____。

　A. 商業發票　　　　　　　　B. 保險單
　C. 提單　　　　　　　　　　D. 商檢證書
　E. 進口許可證

22. 保險理賠關係到被保險人的切身利益，被保險人的保險金請求權必須得到保護。做好保險理賠工作的意義在於_____。

　A. 保障被保險人生產穩定經營

B. 促進國際經濟交往順利進行
C. 促進保險制度不斷完善
D. 從理賠中獲取風險管理資料和數據

23. 當被保險人保險的貨物遭受到損失後，按照保險單的規定向保險公司辦理索賠手續，同時還應以收貨人的身分向承運方辦妥必要的手續，其索賠方式包括_____。

    A. 直接索賠　　　　　　　B. 超額索賠
    C. 間接索賠　　　　　　　D. 低額索賠

24. 當被保險人獲悉或發現保險貨物已經遭受損失，應立即向保險公司報告，然後按照相關索賠程序提出索賠，其中包括_____。

    A. 損失通知　　　　　　　B. 準備必要的索賠單證
    C. 採取合理施救措施　　　D. 向承運人等有關方提出索賠

25. 保險人向承運人等第三者索回已支付給被保險人的賠款，稱之為追償。追償成立的條件包括_____。

    A. 損失由第三者造成
    B. 由被保險造成
    C. 由投保人造成
    D. 保險人取得被保險人向第三者的追償權

26. 海上保險追償的對象是負有責任的第三者，向負有責任的第三者追償的依據包括_____。

    A. 發票依據　　　　　　　B. 價格依據
    C. 法律依據　　　　　　　D. 合同依據

27. 海上保險單的形式有保險單、保險憑證等。而海上貨物運輸合同一般分為_____。

    A. 租約　　　　　　　　　B. 發票
    C. 提單　　　　　　　　　D. 收據

28. 船舶保險是指以各種船舶及其附屬設備以及相關責任的一種保險。船舶保險的承保標的分為有形標的和無形標的兩種。其中有形標的包括_____。

    A. 船殼或船體　　　　　　B. 引擎、鍋爐、發電機等
    C. 附屬器具　　　　　　　D. 船上的特殊設備

29. 船舶保險是指以各種船舶及其附屬設備以及相關責任的一種保險。船舶保險的承保標的分為有形標的和無形標的兩種。其中無形標的包括_____。

    A. 運費　　　　　　　　　B. 經營費用和保險費
    C. 預期利潤　　　　　　　D. 義務
    E. 責任

30. 船舶是為運輸人員或貨物而被用於水面或水中的航行工具，但並非所有的船舶都是船舶保險的對象。海洋船舶的種類包括_____。

A. 客船　　　　　　　B. 客貨船
C. 挖沙船　　　　　　D. 貨船

四、計算題（每題 10 分，共 20 分）

1. 有 2,000 箱進口貨物，運輸途中發生共同海損被拋棄 400 箱，剩下 1,600 箱安全到達目的地，每箱到貨價（批發市價）200 元，進口稅 10 元，運費 12 元，卸貨費 8 元。該貨物共同海損分攤價值是多少？

2. 上海對外貿易進出口公司出口玉器 200 箱，每箱 6,000 美元，每箱運費 100 美元。目的地為南非，FOB 價成交，投保中國人民保險公司海洋運輸貨物一切險和戰爭險，一切險費率 1.3%，戰爭險費率 1.5%，按照發票價加成 10% 投保。保險金額和保險費是多少？

五、案例分析題（10 分）

某海輪是國外一艘載重量近 2 萬噸的巨型油輪，建造於 1967 年。1994 年 9 月，該油輪受中國一家大型外貿企業的委派，前往南美洲阿根廷巴拉那河上游的羅薩里奧港裝載一批毛豆油前往中國青島。同時，該外貿企業在中國一家保險公司投保了貨物運輸保險。

由於該海輪上一航次裝載的是原油，必須經過洗艙方可繼續裝載毛豆油，洗艙期間，巴拉那河水位一直在下降，該輪不得不比預計裝載 18,000 噸毛豆油少裝了 6,000 多噸。9 月 8 日，該海輪在羅薩里奧港裝載了 11,425 噸毛豆油後，起航向中國青島駛去。

然而，當羅薩里奧港的身影尚未消失殆盡，該輪已擱淺在巴拉那河中，顯然，河水水位的下降是造成該海輪擱淺的重要原因之一。在試圖用自身動力起浮幾次均未獲得成功後，該海輪不得不向當地救助公司發出求救電報。隨後，一艘拖輪來到現場，與該海輪船長簽訂了勞氏「無效果無報酬」救助合約，前拖後推使該海輪脫離了險境。而該海輪經過潛水檢查，發現船體未明顯受損，故又繼續了航程。根據所學知識，分析本案的救助行為是否有效、該海輪是否應支付救助報酬。

海上保險模擬試題（二）

姓名：　　　　　學號：　　　　　班級：
（時間：120 分鐘　滿分：120 分）

一、是非判斷題（每題 1 分，共 30 分）

1. 外來風險一般是指海上風險以外的其他外來原因所造成的風險。也就是說，外來原因是因外部因素引起的風險。　　　　　　　　　　　　　　（　　）

2. 船長、船員的惡意行為是指船長或船員故意損害船東或租船人利益的行為或是船員對船長的反抗行為。構成惡意行為的條件必須是船長或船員的行為，船東事先不知情，也未縱容、共謀或授意。　　　　　　　　　　　　　（　　）

3. 善於經商的倫巴第人移居到英國，海上保險傳入英國。今日倫敦的保險中心倫巴第街道就是因為當時義大利倫巴第商人聚居而得名。　　　　　　（　　）

4. 2009 年《中華人民共和國保險法》第十二條規定：「保險利益是指投保人或被保險人對保險標的具有的法律上承認的利益」。　　　　　　（　　）

5. 默示保證是指在保單中並未載明，但卻為訂約雙方在訂約時都非常清楚的一些重要保證。　　　　　　　　　　　　　　　　　　　　　（　　）

6. 保險補償原則是指當保險事故發生時，被保險人從保險人那裡得到的賠償應填補其因保險事故所造成的損失。　　　　　　　　　　　　（　　）

7. 在海上保險合同中，作為被保險人，對價表現在他獲得了保險人承保風險的「利益」，同時也要付出支付保險費的「損害」。　　　　　（　　）

8. 海上保險合同中有直接關係的當事人包括保險人、被保險人、保險代理人、受益人和保險經紀人。　　　　　　　　　　　　　　　　　（　　）

9. 在海上保險合同中，如果船舶需要轉讓而轉讓船舶保險合同，不需要徵得保險人的同意。　　　　　　　　　　　　　　　　　　　　　（　　）

10. 查明全部損失原因的舉證責任在於被保險人或船東，如果查不出造成全部損失的原因，保險人可以拒賠。　　　　　　　　　　　　　　（　　）

11. 共同海損是指載貨船舶在運輸中遭受海上危險或外來危險。為了船舶與貨物的共同安全，採取合理措施而導致船舶與貨物一部分財產損失。這部分損失由船舶、貨物、運費有關受益各方根據船舶及貨物到達目的港時的價值按比例分攤。
　　　　　　　　　　　　　　　　　　　　　　　　　　　　　　（　　）

12. 救助費用是保險標的在運輸途中遭受到承保範圍內的災害事故時，被保險人採取救助行為而使得保險標的獲救的行為。　　　　　　　（　　）

13. 班輪運輸固定航線、固定時間、固定靠港，費率相對固定。班輪運輸不限貨物數量，便利分批零星貨運，因此適合於大額成交的貿易。（　　）

14. 一切險中的保險責任所指的「外來原因」並非運輸途中的一切外來風險，而是一般附加險中的 11 種風險。　　　　　　　　　　　　　　（　　）

15. 倫敦協會貨物條款中的惡意損害險條款是（A）險、（B）險和（C）險的附加條款。由於任何個人或數人非法行動故意損壞或故意破壞保險標的或其任何部分的損失或費用由附加險承保。　　　　　　　　　　　（　　）

16. 「Cost & Freight」（成本加運費），賣方負責將貨物運送到買方指定的口岸，貨物價格中包含運費在內，不包含保險費，貨物在運輸途中的保險由賣方辦理。　　　　　　　　　　　　　　　　　　　　　　　　　（　　）

17. 除非信用證另有規定，銀行將拒絕接受出單的日期遲於運輸單據註明的裝船或發運或接受監管日期的保險單據。　　　　　　　　　　（　　）

18. 凡是保險公司承保規定的承保條件和內容，在接到批改申請後，保險人可以同意批改。　　　　　　　　　　　　　　　　　　　　　（　　）

19. 純費率以海上保險標的可能發生危險的頻率和發生保險事故可能導致的損

毀程度為準，純費率具有一定的主觀性。（　）

20. 被保險人申報的保險金額小於保險價值，就是不足額保險。保險貨物發生損失時，保險公司按實際損失承擔賠補償責任。（　）

21. 按照國際商會制訂的《國際貿易術語解釋通則》和《跟單信用證統一慣例》中有關規定，保險金額在發票價的基礎上加成20%。（　）

22. 間接索賠指的是被保險人委託其代理人或保險經紀人以書面形式向保險人或其代理人提出索賠請求。（　）

23. 比例責任制是指依據各家保險公司的承保的保險金額，按比例分擔損失、分攤賠償金額的一種賠償方式。（　）

24. 當被保險人獲悉或發現保險貨物已經遭受損失，應該馬上通知保險公司。一經通知，表示索賠行為已經開始，但是受索賠時效的限制。（　）

25. 追償和理賠可以看做是兩個不同時期上的工作。保險公司追償是否成功與賠償沒有必然的聯繫。追償的對象是被保險人，理賠的對象是第三者。（　）

26. 船長、船員或裝卸人員的疏忽而引起的火災，由於貨物的自然特性而蔓延起來的火災引起貨物損失，以及因撲滅火災而造成的貨物損失，不能免除責任。
（　）

27. 中國承運人對貨物的滅失和損害的賠償限額，按每件或每個貨運單位為666.67特別提款權，或者按貨物毛重計算，每公斤為2.5特別提款權，以高者為準。（　）

28. 貨物裝載於子船內，子船載於母船上，到達目的港後，子船從母船上卸下，再裝載另一子船，這種船稱之為載駁船。（　）

29. 在出口貨物運輸險中，由於保險單僅作為對外貿易結算的單證之一，貨物保險單可以轉移，船舶保險單也能隨船舶所有權的轉移而轉移。（　）

30. 船舶保險一切險除負責全損險責任範圍內保險責任外，還包括部分損失以及碰撞責任、共同海損分攤，但不包括救助費用和施救費用。（　）

二、單項選擇題（從ABCD選項中，選擇一個正確答案。每題1分，共30分）

1. 共同海損的損失是指處於危險狀態中，純粹為保全_____的目的，在意外的情況下做出犧牲一部分船體或貨物或者是自願耗費的費用所導致的結果。

　　A. 個人財產　　　　　　B. 船方利益
　　C. 貨方利益　　　　　　D. 公共利益

2. 船舶或貨物遭受危險，要求請第三方進行救助，所發生的救助費用由_____支付給救助方作為救助報酬。

　　A. 政府　　　　　　　　B. 保險公司
　　C. 被救助方　　　　　　D. 船主

3. 如果共同海損犧牲或費用支出之後，船舶、貨物仍然遭受全部損失，正確的處理方法是_____。

　　A. 視為共同海損

B. 不視為共同海損，損失由各方自行承擔
C. 可以分擔
D. 對其他利害關係人主張分攤

4. 按照有關規定，如果被保險貨物遭受偷竊行為遭受損失，被保險人必須在提貨後＿＿＿＿＿日內申請檢驗。

A. 5　　　　　　　　　　　B. 10
C. 15　　　　　　　　　　 D. 30

5. 中國海上運輸貨物保險條款中的水漬險的責任範圍大於平安險，但小於一切險的責任範圍。水漬險的責任範圍是＿＿＿＿＿。

A. 平安險的各項責任加上由於海上自然災害所造成的部分損失
B. 只對貨物遭受海水損失予以賠償
C. 只對單獨海損負責賠償
D. 只要是單獨海損都是責任範圍

6. 投保了海上運輸貨物短量險的貨物，如果其包裝無破裂、扯縫等異常情況而發生的短量，則保險人＿＿＿＿＿賠償責任。

A. 承擔　　　　　　　　　 B. 不承擔
C. 按比例承擔　　　　　　 D. 以上皆不對

7. 在國際貿易商品交往中，常採用的貿易價格條件有三種，說出「離岸價格」的英文表達是＿＿＿＿＿。

A. Cost, Insurance and Freight
B. Free on Board
C. Cost and Freight
D. Free from Cost and Freight

8. 到岸價格由賣方將貨物裝上船，貨物價格中包含運費和保險費在內。這種價格條件對貨物風險的轉移，和 FOB 價格和 C&F 價格條件都一樣，但是保險及保險的交納是由＿＿＿＿＿辦理。

A. 買方　　　　　　　　　 B. 代理人
C. 經紀人　　　　　　　　 D. 賣方

9. 保險單出具以後，如果內容有變動，要求對保險單進行批改，批單出具後，保險關係雙方按照＿＿＿＿＿承擔責任，享受權利。

A. 原保險單　　　　　　　 B. 原投保單
C. 批改後的保險單　　　　 D. 批改後的投保單

10. 海上保險費率是指保險公司按保險金額等保險條件向投保人或被保險人收取保險費的比例。通常是按百分比或千分比來計算的。海上保險費率是由純費率和附加費率兩個部分構成的，兩者之和稱為＿＿＿＿＿。

A. 毛費率　　　　　　　　 B. 淨費率
C. 純費率　　　　　　　　 D. 附加費率

11. 要按照船舶名錄核對船舶的噸位、建造年份並確定船齡。一般來說，船齡在_____以上視為老船，保險公司按老船的費費率表加收保險費。
   A. 25 年　　　　　　　　　　B. 15 年
   C. 35 年　　　　　　　　　　D. 10 年

12. 停泊退費是指被保險船舶在保險人同意的港口或區域停泊，停泊天數超過 30 天，停泊期間的保險費就應按淨保險費比例的_____退還給被保險人。
   A. 25%　　　　　　　　　　 B. 60%
   C. 50%　　　　　　　　　　 D. 80%

13. 海上保險合同是一種具有法律約束力的經濟合同。對海上損失進行賠償是海上保險合同規定的_____應盡的義務。
   A. 保險人　　　　　　　　　B. 被保險人
   C. 投保人　　　　　　　　　D. 經紀人

14. 在中國，進口貨物運輸保險較多地採取_____的形式，由收貨人會同當地保險公司對現場檢驗情況進行記錄，最後由保險公司或港口公司進行核賠。
   A. 聯合檢驗報告　　　　　　B. 公正檢驗報告
   C. 港口檢驗報告　　　　　　D. 商品檢驗報告

15. 貨物損失的原因各種各樣，既有保險責任，也有除外責任。為了合理地賠付，需要一個判明危險與標的損失之間關係的標準，以確定保險人的責任。_____是確定保險賠償責任的一項基本原則。
   A. 保險利益原則　　　　　　B. 補償原則
   C. 損失分擔原則　　　　　　D. 近因原則

16. 被保險人未經保險公司同意放棄向第三者要求賠償的權利，或者由於過失致使保險公司不能行使追償權利的，保險公司可以_____。
   A. 承擔一半損失　　　　　　B. 解除保險合同
   C. 相應扣減保險賠償　　　　D. 拒絕賠償

17. 如果承運人沒有履行相應的義務使貨物受損，應承擔貨物損失的賠償責任。《海牙規則》規定，承運人對每件貨物的損害賠償的最高責任限制為_____。
   A. 100 美元　　　　　　　　 B. 100 英鎊
   C. 150 美元　　　　　　　　 D. 150 英鎊

18. 按照大多數國家的仲裁法的規定，仲裁協議的作用主要表現在雙方當事人均須受仲裁協議的約束，如果發生爭議，_____。
   A. 應以仲裁方式解決　　　　B. 向法院提起訴訟
   C. 委託律師辦理　　　　　　D. 委託法官辦理

19. 船級證書是證明船舶具備安全航行技術條件的文件，有效期為_____，期滿時需再申請檢驗，以決定是否保持船級。
   A. 4 年　　　　　　　　　　 B. 2 年

C. 3 年　　　　　　　　　D. 5 年

20. 被保險船舶在船廠修理或裝卸貨物或在保險人同意的水域停泊超過 30 天時，停泊期間的保費按淨保費的_____退還被保險人，但這一條不適用船舶全損。

   A. 月比例的 25%　　　　　B. 月比例的 50%
   C. 日比例的 25%　　　　　D. 日比例的 50%

21. 保險人對共同海損分攤的核定，是以船舶共同海損分攤價值為準的。如果船舶保險金額高於船舶分攤價值，保險公司對船舶應分攤的部分_____賠付。

   A. 比例　　　　　　　　　B. 不足額
   C. 足額　　　　　　　　　D. 分攤

22. 海上保險合同包括主體和客體。其中，海上保險合同的客體是指_____。

   A. 保險人　　　　　　　　B. 保險標的
   C. 被保險人　　　　　　　D. 保險利益

23. 合同包括當事人和關係人。海上保險合同的當事人包括_____。

   A. 投保人、保險人　　　　B. 投保人、受益人
   C. 被保險人、受益人　　　D. 公估人、代理人

24. 船舶所有權轉移有可能改變船舶的管理狀況，從而使不確定風險加大，影響保險人承保風險及其保險費率的確定。對於船舶保險合同的轉讓，必須經_____同意。

   A. 投保險人　　　　　　　B. 被保險人
   C. 經紀人　　　　　　　　D. 保險人

25. 船舶在航行或停泊中遭遇意外，使船舶底部與海底河床緊密接觸，使之處於靜止狀態，失去繼續航行能力，並造成停航 12 小時以上。這種情況屬於_____。

   A. 沉沒　　　　　　　　　B. 擱淺
   C. 觸礁　　　　　　　　　D. 失蹤

26. 海上保險財產的價值事先經保險合同關係雙方約定，並載明在保險合同之中。這種保險稱之為_____。

   A. 定額保險　　　　　　　B. 綜合保險
   C. 預約保險　　　　　　　D. 定值保險

27. 按保險期限進行分類，海上保險可分為航程保險、定期保險和混合保險，定期保險適應於_____。

   A. 船舶保險　　　　　　　B. 責任保險
   C. 運費保險　　　　　　　D. 貨物運輸保險

28. 海上保險貨物是指托運人委託承運人運送的各種物品，但不包括船長、船員或旅客的個人物品。船舶的給養和燃料_____。

A. 也屬於貨物保險的範疇　　B. 不屬於貨物保險的範疇
C. 也屬於承保責任的範疇　　D. 屬於投保的範疇

29. 某貨輪被魚雷擊中後，被拖到某港口維修，兩天後因狂風巨浪衝打，海水入艙，最後沉沒。根據近因原則判斷，艦艇損失的近因是_____。

　　A. 魚雷打中　　　　　　　B. 狂風巨浪衝打
　　C. 海水入艙　　　　　　　D. 修補不及時

30. 錯誤陳述可分為無辜性錯誤陳述、疏忽性錯誤陳述和欺騙性錯誤陳述。在英國，如果一個人以欺騙性的手段誘導某人簽訂一個長期保險合同，按照英國1986年頒布的《誤告與金融服務法》的規定，將處以_____的懲罰。

　　A. 罰款　　　　　　　　　B. 監禁
　　C. 拘留　　　　　　　　　D. 沒收非法所得

三、多選題（每題包含兩個或兩個以上的答案，多選或少選不能得分，每題1分，共30分）

1. 海上意外事故是指船舶或其他海上運輸工具遭遇外來的、突然的、非意料中的事故，包括_____等等。

　　A. 擱淺　　　　　　　　　B. 洪水
　　C. 觸礁　　　　　　　　　D. 碰撞
　　E. 失蹤　　　　　　　　　F. 暴風雨

2. 投棄是指當船舶遇到海上災害事故處於緊急情況下，船長為了共同安全而命令將船上貨物及其財產、物料等投棄入海中的一種行為。被投棄的貨物_____。

　　A. 必須是以適當方式積載於船上，並具有事實上的使用價值
　　B. 必須是按照慣例或訂有協議可裝於甲板上的貨物
　　C. 必須是船長或船員的自身所帶的貨物
　　D. 必須是保險公司承保的風險
　　E. 必須是正常性質的貨物

3. 海上保險的產生到發展，經歷很長的時間。國內有些學者把海上保險的形成分為以下幾個階段：_____。

　　A. 一般借貸階段　　　　　B. 正常買賣階段
　　C. 冒險借貸階段　　　　　D. 假裝買賣階段
　　E. 保險借貸階段　　　　　F. 海上保險階段

4. 保險利益是指投保人對保險標的具有法律上承認的利益。海上保險可保利益的特點與作用包括_____。

　　A. 能用貨幣計算的經濟利益
　　B. 是合法的利益
　　C. 是確定的利益
　　D. 能限制保險賠償的範圍

E. 可以防止賭博行為的發生
F. 可以防止被保險人道德風險的產生

5. 無論保證對風險是否重要，都是一種必須嚴格遵守的原則。保證可分為_____。

　　A. 明確保證　　　　　　　　B. 默示保證
　　C. 明示保證　　　　　　　　D. 暗示保證

6. 最大誠信原則對保險合同雙方都具有約束力。如果保險人未盡告知義務，也要承擔相應的法律責任，這些責任包括_____。

　　A. 保險人未明確說明免責條款，該條款不產生效力
　　B. 保險人未履行告知義務，但不構成犯罪，對保險公司處以罰款
　　C. 對有關工作人員給予批評
　　D. 構成犯罪的，依法追究刑事責任
　　E. 對有關工作人員給予處分

7. 海上保險合同的主體可分為與海上保險合同有直接關係的當事人。當事人包括_____。

　　A. 保險人　　　　　　　　　B. 投保人
　　C. 受益人　　　　　　　　　D. 被保險人
　　E. 代理人

8. 保險經紀人是投保人的代理人，受投保人的委託代向保險人辦理投保手續、代繳保險費以及提出索賠。中國成立許多保險經紀人公司，其中最早的三家是_____。

　　A. 廣州長城保險經紀有限公司
　　B. 上海東大保險經紀有限公司
　　C. 西安保險經紀有限公司
　　D. 北京江泰保險經紀有限公司

9. 海上保險合同簽訂之後，如果發生了一些特殊情況，可以變更海上保險合同。變更包括_____。

　　A. 海上保險合同主體的變更
　　B. 海上保險合同客體的變更
　　C. 海上保險合同風險的變更
　　D. 海上保險合同內容的變更

10. 共同海損條款就是船舶保險合同和貨物運輸保險合同的重要條款，受到保險合同雙方的重視。共同海損具備的條件包括_____。

　　A. 危險必須是真實的，並危及單獨貨物的安全
　　B. 危險必須是真實的，並危及船舶與貨物的共同安全
　　C. 共同海損損失的費用必須是額外支付的費用
　　D. 共同海損的犧牲或支付的費用必須有效果

E. 措施必須是為了共同危險而採取有意的、合理的措施

11. 共同海損包括船舶的共同海損和貨物的共同海損兩種，其中貨物的共同海損包括_____。

　　A. 拋棄貨物造成的損失
　　B. 因撲滅大火行為造成的損失
　　C. 火災燒毀直接造成的損失
　　D. 擱淺的船舶重新浮起引起的卸貨損失

12. 救助費用是保險標的在運輸途中遭受到承保範圍內的災害事故時，由第三者採取救助行為，救助費用產生的條件包括_____。

　　A. 救助人必須是海難中財產關係方的第三者
　　B. 救助人可以是海難中財產關係的被保險人
　　C. 救助行為必須是自願的
　　D. 救助行為必須具有實際效果

13. 中國海上運輸貨物的特別附加險不包括在一切險責任範圍以內，特別附加險的種類包括_____。

　　A. 交貨不到險　　　　　　B. 拒收險
　　C. 黃曲霉素險　　　　　　D. 包裝破裂險
　　E. 進口關稅險

14. 中國海上運輸貨物的特殊附加險和特別附加險一樣，不能單獨承保。特殊附加險的種類包括_____。

　　A. 罷工險　　　　　　　　B. 戰爭險
　　C. 武器險　　　　　　　　D. 盜竊險

15. 專門險是指海上運輸冷藏貨物保險承保海運冷藏貨物因自然災害、意外事故或外來原因造成冷藏貨物的腐爛造成的損失。這種專門險可分為_____。

　　A. 冷藏險　　　　　　　　B. 腐爛險
　　C. 冰凍險　　　　　　　　D. 冷藏一切險

16. 批改一般由投保人或被保險人提出申請，保險公司經審核無誤給予確認後，方可辦理批改手續，批改法律效力包括_____。

　　A. 被保險人對批改的內容不知是否有損失
　　B. 批單的內容應與原保單相聯繫
　　C. 代理人簽發的批單，沒有法律效力
　　D. 批單由保險公司簽發

17. 根據規定，在被保險人不存在詐欺的情況下，保險費應退還給被保險人。因承保失效而產生退費的稱承保失效退費，有以下幾種情況：_____。

　　A. 風險從未開始而退費　　B. 解除合同而退費
　　C. 沒有保險利益而退費　　D. 重複保險而退費
　　E. 超賠保險而退費　　　　F. 超額保險而退費

18. 在海上保險合同中，保險人按一定方式退還一定的保險費，同解除或部分解除承保責任，這種退費稱為協議退費。協議退費有以下幾種情況：_____。
   A. 承保風險有所改善
   B. 保險船舶的船級社或船級發生改變
   C. 保險船舶的所有人、船旗等發生改變
   D. 當事人同意註銷保險合同
   E. 停泊退費

19. 停泊退費是指被保險船舶在保險人同意的港口或區域停泊達到相應的停泊天數，保險人就退費給被保險人。下列說法正確的是_____。
   A. 超過 30 天為船舶退費日期
   B. 超過 45 天為船舶退費日期
   C. 停泊期間，退 50% 的保費
   D. 停泊期間，退 25% 的保費
   E. 停泊期間，退 35% 的保費

20. 對海上損失進行賠償既是海上保險合同規定的保險公司應盡的義務，也是被保險人應該享受的權利。保險公司的賠償原則包括_____。
   A. 重合同、守信用原則   B. 主動、迅速原則
   C. 先追償、後賠償原則   D. 先賠償、後追償原則
   E. 賠償適當原則   F. 遵循國際慣例原則

21. 貫徹賠償適當的原則的途徑有以下兩種：_____。
   A. 按比例分擔原則   B. 以實際損失為賠償原則
   C. 被保險人與船方分擔原則   D. 保險人與被保險人

22. 直接索賠是指被保險人直接以書面形式向保險公司提出索賠，它包括_____。
   A. 直接索賠   B. 直接責任索賠
   C. 轉位責任索賠   D. 間接索賠

23. 海上保險關係雙方往往會因為賠償數額發生爭議和糾紛，對於這些爭議或糾紛，按照國際慣例可採用_____。
   A. 扣押   B. 和解
   C. 仲裁   D. 訴訟

24. 仲裁是由海上保險關係雙方當事人在爭議發生之前或之後達成書面協議，自願把爭議提交給雙方同意的第三者裁決。仲裁的特點包括_____。
   A. 武斷性   B. 自願性
   C. 公正性   D. 效率性

25. 在辦理追償中，不論是協商還是訴訟，一定要有確鑿的證據。向船方索賠要有理、有據，要有確鑿的證據證明損失確屬於船方責任。證據包括_____。
   A. 舉證責任   B. 明示證明

C. 船舶不適航的證明　　　　D. 權益證明

26. 船舶保險承保船舶在航行或停泊期間所發生的各種事故。船舶保險的特點是_____。

　　A. 財產保險的一種　　　　B. 可以隨保單轉移
　　C. 不能隨便轉移的　　　　D. 高風險業務
　　E. 定期保險或航次保險

27. 中國貨物運輸保險可分為基本險、附加險和專門險三種，而中國船舶保險基本險包括_____。

　　A. 全損險　　　　　　　　B. 戰爭險
　　C. 罷工險　　　　　　　　D. 一切險

28. 船舶保險責任的終止是指船舶保險合同不再承擔相應的責任，具體情況如下_____。

　　A. 按全損賠付後，保險責任自動終止
　　B. 船舶的船級社變更，註銷或撤回等，保險責任終止
　　C. 船舶載貨或正在海上時，保險責任終止
　　D. 船舶光船出租他人使用或船舶被當局徵用，保險責任終止

29. 英國1983年制訂的《倫敦保險協會定期船舶保險新條款》一經問世，便受到世界各國的廣泛關注，它具有以下特徵：_____。

　　A. 增加了有關法律適用的規定
　　B. 採用列明風險的做法
　　C. 擴大了承保責任範圍
　　D. 調整了排列順序

30. 保賠保險是海上保險的內容之一，但與普通商業保險有明顯的差別。因此，船舶保賠協會具有自身的特點，包括_____。

　　A. 船東保賠保險是一種互保性質的保險
　　B. 保賠保險是非營利性保險
　　C. 船東保賠保險有最高賠償限額的規定
　　D. 船東保賠保險沒有最高賠償限額的規定
　　E. 保賠保險承保的是一種責任險

四、計算題（每題10分，共20分）

1. 中國石油進出口公司從科威特石油公司進口原油2,000桶，每桶重100公斤，其中200桶發生滲透，短量5,000公斤。免賠率為5%，保險金額為220,000美元。計算保險公司應賠償多少美元。（註：計算過程保留小數點4位，計算結果保留整數位。）

2. 順德家具公司出口紅木家具2,000件，目的地為馬來西亞，每件500美元，CFR價成交，費率為1.2%，按CIF價加成10%，投保中國人民保險公司海洋運輸平安險，加保破損險。計算保險金額和保險費各是多少。（註：同時用英文寫上保

險金額與保險費）

五、案例分析題（10分）

第一次世界大戰期間，萊蘭航運公司的一艘船舶在英吉利海峽航行時被德國潛水艇發射的魚雷擊中，船殼被擊出一個大洞。該船後來被拖輪拖到離出事地點25海里的法國勒阿弗爾港，系泊於內港碼頭待修。港口當局擔心嚴重損壞的船舶會沉沒堵塞航道，遂下令其往外港停泊。兩天後，由於惡劣氣候，船舶受狂風巨浪的衝擊，海水從破洞口不斷進入船艙內，船舶最後沉沒。試分析船舶損失的近因是什麼。

部分自測題參考答案

第1章

一、是非判斷題

1. Yes 2. No 3. Yes 4. Yes 5. Yes 6. Yes 7. Yes 8. No 9. Yes 10. No 11. No 12. Yes

二、單項選擇題

1. D 2. D 3. B 4. B 5. A 6. D 7. C 8. B 9. A 10. C

第2章

一、是非判斷題

1. No 2. No 3. Yes 4. Yes 5. No 6. Yes 7. Yes 8. No 9. Yes 10. Yes

二、單項選擇題

1. C 2. A 3. B 4. D 5. B 6. A 7. D 8. D 9. B 10. B

第3章

一、是非判斷題

1. Yes 2. No 3. Yes 4. No 5. Yes 6. No 7. Yes 8. Yes 9. No 10. Yes

二、單項選擇題

1. D 2. B 3. D 4. C 5. B 6. A 7. A 8. C 9. D 10. B

第4章

一、是非判斷題

1. Yes 2. No 3. Yes 4. No 5. Yes 6. Yes 7. No 8. No 9. No 10. Yes

二、單項選擇題

1. C 2. D 3. D 4. D 5. A 6. C 7. A 8. B 9. B 10. A

第5章

一、是非判斷題

1. Yes 2. Yes 3. No 4. Yes 5. No 6. No 7. No 8. No 9. No 10. Yes

二、單項選擇題

1. C 2. B 3. B 4. A 5. C 6. A 7. C 8. D 9. B 10. C

第 6 章

一、是非判斷題

1. Yes 2. No 3. No 4. Yes 5. No 6. Yes 7. No 8. Yes 9. Yes 10. Yes

二、單項選擇題

1. A 2. D 3. B 4. C 5. A 6. D 7. C 8. C 9. C 10. A

第 7 章

一、是非判斷題

1. Yes 2. No 3. No 4. Yes 5. Yes 6. No 7. Yes 8. Yes 9. No 10. Yes

二、單項選擇題

1. B 2. C 3. A 4. A 5. D 6. B 7. C 8. A 9. C 10. B

第 8 章

一、是非判斷題

1. No 2. No 3. Yes 4. No 5. Yes 6. Yes 7. No 8. Yes 9. No 10. Yes

二、單項選擇題

1. B 2. C 3. A 4. C 5. D 6. A 7. B 8. C 9. D 10. C

第 9 章

一、是非判斷題

1. No 2. Yes 3. No 4. Yes 5. No 6. No 7. Yes 8. Yes 9. No 10. Yes

二、單項選擇題

1. A 2. D 3. C 4. A 5. C 6. B 7. D 8. B 9. A 10. C

第 10 章

一、是非判斷題

1. Yes 2. No 3. Yes 4. Yes 5. No 6. No 7. Yes 8. Yes 9. No 10. Yes

二、單項選擇題

1. D 2. B 3. A 4. A 5. C 6. D 7. B 8. D 9. C 10. A

國家圖書館出版品預行編目（CIP）資料

海上保險原理與實務 / 袁建華 編著. -- 第一版.
-- 臺北市：財經錢線文化發行：崧博, 2019.12
　　面；　公分
POD版

ISBN 978-957-735-952-0(平裝)

1.海上保險

563.76　　　　　　　　　　　　　　108018085

書　　名：海上保險原理與實務
作　　者：袁建華 編著
發 行 人：黃振庭
出 版 者：崧博出版事業有限公司
發 行 者：財經錢線文化事業有限公司
E - m a i l：sonbookservice@gmail.com
粉 絲 頁：　　　　　網　址：
地　　址：台北市中正區重慶南路一段六十一號八樓 815 室
8F.-815, No.61, Sec. 1, Chongqing S. Rd., Zhongzheng
Dist., Taipei City 100, Taiwan (R.O.C.)
電　　話：(02)2370-3310　傳　真：(02) 2388-1990
總 經 銷：紅螞蟻圖書有限公司
地　　址：台北市內湖區舊宗路二段 121 巷 19 號
電　　話：02-2795-3656　傳真：02-2795-4100　　網址：
印　　刷：京峯彩色印刷有限公司（京峰數位）
　　本書版權為西南財經大學出版社所有授權崧博出版事業股份有限公司獨家發行電子
　　書及繁體書繁體字版。若有其他相關權利及授權需求請與本公司聯繫。

定　　價：480 元
發行日期：2019 年 12 月第一版
◎ 本書以 POD 印製發行